价值共创视角下的
东北全域旅游协同发展研究

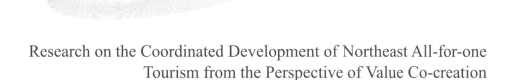

Research on the Coordinated Development of Northeast All-for-one
Tourism from the Perspective of Value Co-creation

霍 红 詹 帅◎著

经济管理出版社
ECONOMY & MANAGEMENT PUBLISHING HOUSE

图书在版编目（CIP）数据

价值共创视角下的东北全域旅游协同发展研究/霍红，詹帅著 .—北京：经济管理出版社，2022.10

ISBN 978-7-5096-8784-0

Ⅰ.①价… Ⅱ.①霍…②詹… Ⅲ.①地方旅游业—旅游业发展—研究—东北地区 Ⅳ.①F592.73

中国版本图书馆 CIP 数据核字（2022）第 195374 号

组稿编辑：范美琴
责任编辑：范美琴
责任印制：黄章平
责任校对：董杉珊

出版发行：经济管理出版社
　　　　　（北京市海淀区北蜂窝 8 号中雅大厦 A 座 11 层　100038）
网　　　址：www.E-mp.com.cn
电　　　话：(010) 51915602
印　　　刷：唐山玺诚印务有限公司
经　　　销：新华书店
开　　　本：720mm×1000mm/16
印　　　张：19
字　　　数：341 千字
版　　　次：2022 年 11 月第 1 版　　2022 年 11 月第 1 次印刷
书　　　号：ISBN 978-7-5096-8784-0
定　　　价：88.00 元

前　言

　　全域旅游是指在一定区域内，以旅游业为优势产业，通过对区域内经济社会资源（尤其是旅游资源）、相关产业、生态环境、公共服务、体制机制、政策法规、文明素质等进行全方位、系统化的优化提升，实现区域资源有机整合、产业融合发展、社会共建共享，以旅游业带动和促进经济社会协调发展的一种新的区域协调发展理念和模式。伴随着经济高速发展以及互联网时代的到来，我国旅游业面临着新的挑战，传统旅游业已经满足不了当前经济社会的发展需求，因此价值共创视角的引入，给旅游业的发展提供了新的思路。

　　本书的研究内容主要集中在以下两个方面：首先，对东北三省当前旅游状况进行了详细的分析，其中包括地理环境、旅游资源以及旅游要素，合理分析了各个省份的优势、劣势，并且给出了相应的发展对策；其次，从价值共创的视角来构建东北全域旅游协同发展体系，通过拉近消费者和景区的关系，充分发挥多方主体在价值创造过程中的能动作用，推动东北全域旅游一体化进程，使东北全域联系得更加紧密，促进东北地区旅游经济及服务经济的发展。

　　本书的研究成果是课题组集体研究的结晶，霍红作为研究成果的总负责人，负责研究思路的设计、研究框架的构建和研究成果的审阅。书稿撰写具体分工如下：第一章、第五章、第九章、第十章及第十二章由霍红撰写，第二章至第四章及第六章、第八章由詹帅撰写，第七章由杨若冰撰写，第十一章由陈雨秋撰写，第十三章由张菁家撰写。另外，博士研究生张冬冬、韩福丽、孙宏斌、贾雪莲、硕士研究生白艺彩参与了前期资料收集与后期资料整理工作。

　　由于笔者的水平有限，书中疏漏和不当之处在所难免，恳请各位读者批评指正，以期今后不断完善。

目　录

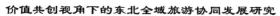

第一章　绪论

一、研究背景

（一）政策背景

1. 政策文件明确支持全域旅游发展

2017年，"全域旅游"首次被写入政府工作报告。国务院印发的多项文件均强调旅游业全面融入国家战略体系，并明确指出我国旅游业的发展趋势之一就是"发展全域化"。党的十九大报告中指出，我国社会的主要矛盾已经发生转化，现阶段的主要矛盾是人民日益增长的美好生活需要和不平衡不充分的发展之间的矛盾。全域旅游的发展对于解决我国社会主要矛盾有重要作用，可以通过整合区域内相关资源和共建共享设施环境，通过推进地区产业结构调整来发挥促进经济社会稳定发展的作用，从而更好地满足人民的追求。全域旅游不仅是努力迈向优质旅游发展新时代的重要路径，而且对于实现我国旅游业各项发展目标和提升国家综合竞争力都具有重要作用（毛慧，2019）。全域旅游相关的政策文件及内容如表1-1所示。

表 1-1　全域旅游相关的政策及文件内容

政策文件名称	政策内容	年份
关于开展"国家全域旅游示范区"创建工作的通知	第一次提出"全域旅游"，全域旅游要做到空间、参与和设计产业的"全"，将各个行政区转化成一个景区。要打破以往的封闭旅游自循环，建设开放的"旅游+"体制，东北各省应把握这次机会，开发出一条崭新的发展路径，大力发展全域旅游下的旅游产业	2015

续表

政策文件名称	政策内容	年份
推进东北地区等老工业基地振兴三年滚动实施方案（2016-2018 年）	着力完善东北地区体制机制、着力推进结构调整、着力鼓励创新创业、着力保障和改善民生四大任务	2016
国务院关于促进旅游业改革发展的若干意见	提出"推动区域旅游一体化"，要"完善国内国际区域旅游合作机制，建立互联互通的旅游交通、信息和服务网络，加强区域性客源互送，构建务实高效、互惠互利的区域旅游合作体"	2017
关于促进旅游产品转型升级的意见	促进旅游业由单一观光型向观光与休闲体验、养生度假型并重转变，由门票经济型向多元化产业经济型转变、由点线布局向集聚发展转变、由景点旅游模式向全域旅游模式转变，全面提升旅游产业专业化、市场化、规模化水平，不断提高旅游业综合竞争力	2017

2. 对接和服务国家战略

京津冀旅游协同发展的工作在 2014 年 4 月就已经展开。京津冀在推进旅游建设的过程中是以任务分解的方式从市场推广、监管合作方面逐渐开展的。近年来，辽宁、吉林、黑龙江三省在习近平总书记提出"绿水青山是金山银山，冰天雪地也是金山银山"之后纷纷在各自的生态、冰雪等优势资源的基础上推进旅游产业转型发展。黑龙江省第十二次党代会也指出要"以打造'绿水青山和冰天雪地两座金山银山'为目标，发展森林、生态和冰雪旅游，带动经济发展的同时推进生态文明建设"。强化旅游基础设施建设，着力发展生态、边境和滨海旅游，促进文旅融合推动全域旅游发展，打造国际知名旅游景区。国务院在"十三五"开局之年实施的新一轮东北振兴战略中明确提出，积极发挥大东北地区的冰雪资源，湿地资源，边境、民俗资源等自然人文独特气候条件方面的优势，加快带动旅游产业、休闲产业的发展，努力实现东北地区成为世界知名生态休闲旅游景区的目标。在国家的《"十三五"旅游业发展规划》中进一步强调"大力发展冰雪旅游"。推动东北地区经济发展过程中，东北地区旅游协同发展的意义重大。

因此，东北三省应在国家政策良好的大背景下，增加在放松休闲、吃住行等基础设施方面的投入，充分发挥各自的资源环境优势，共同促进全域旅游协同发展。在全域旅游协同发展的同时，解决东北旅游产业发展过程中遇到的难题，提升东北地区旅游服务品质，推动旅游产业不断升级，为促进东北老工业基地的振兴发展贡献力量（印岩，2017）。

（二）经济背景

1. 全域旅游发展的市场需求

2017年，我国旅游人数达52.71亿人次（包含国内、入境和出境旅游三大市场），当年的旅游总收入达到了5.40万亿元。全年全国旅游业对GDP的综合贡献高达9.13万亿元，占全国GDP总量的11.04%。旅游就业人数占全国就业人数的10.28%，其中直接就业人数高达2825万人，直接和间接就业人数高达7990万人。近5年来，随着我国人民生活水平的提高，旅游消费者人数平稳上升，2017年，旅游在我国居民的生活中已经不可或缺，国内消费者高达50.01亿人次（见图1-1）。东北地区第三产业服务业发展迅速，2017年仅黑龙江省就达到了8%的增长速度。东北地区的冰雪资源、草原资源、森林资源、湖泊资源是独一无二的，是其发展旅游产业的独特优势，要充分发挥这些资源优势。东北地区可以通过加大对旅游业及第三产业的投入，带动其他行业的发展。而目前东北旅游经济发展不完善，占GDP比例较小，所以其具有巨大的发展空间。东北三省在促进经济发展过程中要将旅游业作为支柱产业，在深化改革、破除体制机制障碍的同时也要提高服务水平和工作效率，加大在宣传推广方面的投入，形成品牌效应。

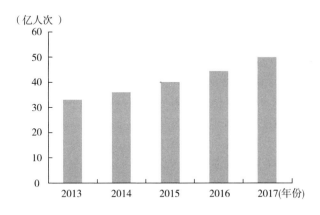

图1-1 2013~2017年国内旅游人数

2. 经济战略转型的需要

服务业是中国在经济转型、促进产业结构的升级以及发展方式转变过程中的关键和突破口。尽管现阶段我国经济整体运行速度有所放缓，但旅游业却长期保持较快的增长速度，并且旅游业发展的作用还体现在促进经济结构调整和优化、拉动内需、增加就业、改善民生等方面。在当前新的消费市场背景下，面对消费者偏好的个性化、互联网和物联网的应用，旅游业的发展正处于转型时期。未来的市场潜力巨大，现在中国的一大批投资者开始青睐旅游行业。旅游业作为新常态下经济发展新增长点，不仅在国民产业结构调整以及社会经济结构的转型中发挥着重要作用，而且在中国经济社会发展全局中具有不可低估的重要意义。近几年，黑龙江、吉林、辽宁三省开展了互联互通的旅游合作（在线路、客源、景区等方面），在市场共建、资源共享方面取得了一些成绩。但东北三省在现阶段仍未能形成有效且适合的发展机制和模式，主要是受到行政区划、经济状况和旅游资源时空分布不均等因素制约。实现区域一体化发展目标的关键是全域旅游协同发展，这是发挥区域比较优势、解决经济发展不平衡、满足消费者多样化旅游需求的重要途径。全球旅游市场在世界经济一体化、区域经济集团化的发展趋势下进一步开放和融合，旅游产业区域合作的步伐进一步加快。

二、研究目的与意义

（一）研究目的

1. 探索价值共创视角下的东北地区全域旅游协同发展

在国家层面被提到的全域旅游，已经成为我国经济发展的重要引擎。国内外的学者对我国全域旅游发展问题有极大兴趣，本书通过参考已有的文献资料以及进行实地调研，进行了大量的从定性和宏观发展到定量和微观的研究，了解到东北各省旅游业现阶段的发展状况，既可以助力当地的经济和相关产业的发展，又能推动当地其他产业的发展，同时满足本地居民的旅游需求。然而由于东北地区经济发展较慢，本地区旅游业仍存在许多亟待解决的问题。

2. 促进政策与市场需求导向下的全域旅游理论创新，实现理论反哺实践

在 2016 年的全国旅游会议上，全域旅游的概念首次被提出，并提出整合区域内所有的旅游资源是发展全域旅游的首要任务，通过让消费者在游玩过程中感受到如在家一般的舒适来提高旅游服务质量（鞠巍，2019）。旅游业作为东北地区的重要产业之一，改善旅游行业的现状是很有必要的。在全域优化配置经济社

会发展资源的同时，整个东北地区旅游景点的环境卫生、基础设施和公共服务体系也都会得到相应的改善（白然，2016）。国家重点发展示范性全域旅游和国民度假区旅游，提出将东北建设成为"世界知名生态休闲旅游目的地"的战略定位和发展方向。近年来，东北地区已投入大量资金来促进旅游业的发展，但由于许多设施建设仍停留在规划上没有实施，东北地区的旅游发展遇到很大的障碍。全域旅游协同发展是东北旅游业发展的新方向，应利用东北各省的资源优势建立全域旅游示范区，推广冰雪文化、农耕文化、民俗文化和饮食文化，打破发展的瓶颈，促进旅游可持续发展。

（二）研究意义

1. 推动东北全域旅游一体化发展，实现区域经济互联互通

将全域旅游作为新一轮振兴东北战略的重要举措是东北地区向一体化发展、建立旅游合作机制迈出的重要步伐。东北地区旅游业落实新发展理念的重要表现是发展全域旅游。从创新发展的角度来看，对发展理念和发展模式的创新是全域旅游并且是旅游业升级的目标。东北区域旅游发展空间的拓展、区域旅游经济的增长、市场新主体和消费新热点的出现都可以在发展全域旅游的过程中实现。

2. 利用价值共创构建协调、绿色、开放、共享的大东北旅游新格局

从协调发展的角度来看，发展全域旅游在统筹实施供给侧结构性改革以及带动供需协调方面有积极的作用；对东北各区域特色资源的利用、各个区域景区之间的内外协调、产业配套要素和软硬件设施的完善、整体服务水平和规模质量的提升方面都有积极作用。从绿色发展的角度来看，发展全域旅游可以使资源和产品对接，可以做到生态和旅游相结合、资源保护和发展相结合，实现绿水青山向金山银山的转变，充分开发生态环境在旅游产业发展中的优势。从开放发展的角度来看，全域旅游的发展要重视探索发展空间，形成开放发展的大格局，打破地域分割以及各种制约。从共享发展的角度来看，全域旅游不仅能带动东北各地区的基础设施投资，更能提高区域内人们的生活质量。通过发展全域旅游，带动东北各区域有关产业的资源整合、产业融合、区域联合互动发展，推动经济社会健康且快速地发展，形成目标明确、架构清晰、前景广阔的大东北旅游格局（李燕和赵政华，2017）。

3. 平衡东北地区旅游资源的禀赋差异，实现旅游资源共享，提升服务质量

东北地区的旅游资源优势难以发挥，主要是因为东北三省的旅游资源差异性较小，区域间的旅游经济发展失去平衡，地方保护主义问题突出，区域旅游市场

建立困难，地区利益不协调并且各地区旅游产品趋同问题严重，使东北地区区域旅游难以形成规模经济。在新一轮东北振兴战略实施的背景下，东北三省为了解决上述发展难题，联合成立了能够实现资源互补、产品互补、市场互推、客源互送、形象共树的具有跨省性质的区域旅游合作组织。通过协同开发异质性的旅游产品，提高对消费者的吸引力，要促进共享、合作和协调发展在信息、基础设施、环保以及旅游企业等方面的应用，扩大旅游市场，实现区域旅游规模经济（潘芬萍等，2012）。通过全域旅游的协同发展，推动东北各领域融合发展。

4. 破除东北全域旅游协同发展的体制机制障碍，丰富全域旅游的理论内涵

在东北三省经济增长中，旅游业等服务业态作为新的经济增长点的作用进一步增强。在全域旅游背景下，统一的理论指导在现阶段尚不完备。推进全域旅游改革工作如果仅凭借经验或效仿他人存在科学性缺乏和规范性缺陷，造成全域旅游发展体制机制不健全。因此，加强关于全域旅游管理体制机制的探索，能够为旅游服务业的改革提供科学的理论指导。

三、国内外研究现状

国内外关于旅游的研究始于 20 世纪 80 年代，随着时间的推移，关于旅游的研究逐渐从游记式研究向多角度研究转变，对国内外全域旅游及旅游服务的相关研究按由浅入深的顺序进行梳理与分析如下。

（一）国外研究现状

1. 全域旅游研究现状

国际上，全域旅游的翻译有两种：一是 "high-priority tourism development"，即高程度优先发展；二是 "tourism as a regional pillar industry"，即旅游作为主要产业。国外学者并没有真正提出 "全域旅游" 的概念，但在国外发展生态旅游和乡村旅游的同时，也有学者提出了与全域旅游相关的理念。

研究显示，旅游目的地在不同阶段，其演化的影响因素和机制是不同的，而需求—供给系统是影响旅游目的地发展的主要机制，旅游目的地发展的主导机制是旅游需求的变化，反馈机制是旅游目的地供给的变化。

2. 价值共创研究现状

价值共创的内涵最早是由 Ramírez（1999）从经济学的视角进行阐述的。基

于服务主导逻辑的价值共创理论由 Vargo 和 Lusch（2004）提出。Prahalad 和 Ramaswamy（2004）从消费者和企业一起创造价值产生独特消费者体验的角度拓展了这个概念，共同创造也可以描述为消费者创造或集体创造。现如今，共同创造价值是企业创新与发展的重要力量。Vargo 和 Lusch（2016）认为，经济（或其他社会）网络是自我调节的服务生态系统（包括个人、企业、政府等），通过协调自己的资源在不同层面共享价值。

3. 旅游协同研究现状

"协同"这一专有词汇在研究过程中出现的次数并不多，通常要使用到的情况有"合作""协作"等。例如，Selin 和 Kim（1991）对区域旅游合作的行为、动机、限制因素、合作的重要性进行了探讨，构建了区域旅游合作的理论框架。McIntosh（1973）最早提出对于旅游业带动旅游目的地相关产业的评价方法。对于旅游业发展对旅游目的地其他产业的发展的影响有两种不同的研究结论。Dogru 和 Bulut（2018）研究得出旅游业的发展对旅游目的地其他产业的发展有促进作用。而 Li（2011）基于产业摩擦效应理论研究旅游产业发展对其他产业的影响，研究证实旅游业的发展会对其他产业的发展产生影响，在当地旅游业发展异常繁荣时反而会抑制其他产业的发展，会导致旅游目的地的产业结构不合理。

（二）国内研究现状

1. 全域旅游研究现状

20 世纪 90 年代，中国优秀旅游城市的创建代表了全域旅游业的兴起。2008年，中共绍兴市委、绍兴市政府首次提出了全域旅游的概念。2013 年，宁夏、浙江、山东、重庆开始实践全域旅游发展。2015 年，国家高度重视发展全域旅游，打造全域旅游示范区。

关于旅游产业的相关研究。马舒霞等（2018）构建了全域旅游指标体系，对影响全域旅游的因素进行评价，指出各个指标在经济发达地区的评价得分普遍高于经济欠发达地区，并从政府、生态保护和利益相关者方面给出了发展全域旅游的对策和建议。林明水等（2018）从全时空、全产业、全要素、全管理和全支持五个方面系统地构建了国家全域旅游示范区竞争力评价指标体系，对国家全域旅游示范区的竞争力进行了测度。王虹和胡胜德（2017）依据国家政策构建"一带一路"我国沿线省份旅游产业效率评价的投入产出指标体系，并测算了"一带一路"沿线省份的旅游产业效率。李燕和骆秉全（2019）从空间布局、产业构成、产业价值三个方面对京津冀体育旅游产业进行了分析。林文凯和林璧属（2018）运用超效率 DEA 模型对 2011～2016 年江西旅游产业生态效率进行综合评价，并运用 ESDA 空间分析方法探究其空间差异特征。

与全域旅游发展策略相关的研究。刘书畅和宋晓丽（2017）以海口演丰镇为例做实证分析，研究结果显示，全域旅游对海口演丰镇旅游两极分化和动力不足的问题有改善作用，同时提出统筹全局与局部突破是未来的必然趋势。高春艳（2018）分析了当下的时代背景，从传播角度提出旅游政务微信发展的新趋势。张春香（2018）对当前研究成果进行了系统归纳，分析了当前河南省全域旅游发展的情况以及存在的问题，从"全"和"域"两个维度提出发展策略。

2. 价值共创研究现状

令狐克睿等（2018）为了厘清生态系统中的价值如何被创造，对价值共创的研究焦点从最初的顾企二元交互情境逐渐转移至社会经济参与者构成的网络系统。李雷等（2018）研究发现，在电子服务环境下，顾客的认知资源与企业提供的技术资源交互（人机交互）是实现价值共创的重要手段。楼芸和丁剑潮（2020）指出，现有的价值共创相关研究主要集中在生产领域、消费领域和虚拟品牌社区领域三个方面。李文勇等（2018）基于价值共创的角度，通过构建模型对旅游网站用户的体验以及感知价格等关系进行了探讨。

3. 旅游协同研究现状

旅游协同发展的概念也有许多学者在进行研究。蒋丽芹（2011）提出协同是旅游合作进入成熟阶段的标志。陈炜和黄碧宁（2018）指出旅游业的发展给其他产业带来了不利影响。吴有进（2018）研究证实了旅游业发展对农业发展及其经济结构发挥积极作用。王慧（2016）在研究中发现旅游产业发展会对其他产业产生不利影响。

针对旅游协同发展参与主体的研究。鲁宜苓等（2021）在区域旅游双核结构与川渝旅游协同发展的研究中不仅提出了区域旅游双核结构的概念，而且对旅游学与地理学核心城市做出了区分，丰富了旅游协同的理论，为实践提供了理论指导。

针对旅游协同发展的战略问题。袁毅和陈云川（2021）探讨了旅游的产学研协同创新。杨德进和徐虹（2017）在分析京津冀风景名胜区发展现状的基础上，针对两市一省具有代表性的风景名胜区提出了四项双赢建议，分别是建立风景名胜区供应链战略联盟，鼓励旅游企业进行合作与竞争；引导景区供应商与中介的跨境联盟，整合并推出多元化旅游产品；加强对旅游供应链的监督管理，形成健康有序的竞争合作环境；搭建大型景区信息网络平台，确保旅游供应链的高效稳定。

通过梳理国内外研究文献可以发现，国内外学术界对旅游业自身发展及其影响因素和旅游对经济、服务业发展的影响等方面开展了许多卓有成效的研究，也对旅游区域协同发展进行了初步探索式研究，对本书研究具有直接的启发性，为价值共创视角下东北全域旅游协同发展实施路径的研究奠定了基础。但是，以往的国内外研究还有以下缺陷：第一，针对旅游方面的研究多是从旅游业、体育学、新闻学的角度出发，研究对象多为旅游这一行为本身，从经济学及管理学角度出发研究旅游发展的文献相对较少，并且有待深入；第二，由于受到经济及科技发展水平的限制，以往针对价值共创视角下的旅游方面的研究多是从旅游线路规划等方面入手，较少结合价值共创视角研究旅游经济；第三，在针对旅游区域协同的研究中受到区域限制，较少有具体到东北全域旅游的协同发展方面的研究，定量研究全域旅游发展公共服务问题的文献更是鲜见，这些研究上的留白为本书的探究提供了指引方向。因此，对价值共创视角下东北全域旅游协同发展实现路径进行研究，深入探索全域旅游与经济发展的关系，具有重要的理论价值和深远的现实意义。

四、相关理论基础

（一）价值共创理论

价值共创的概念是在 1993 年由 Normann 等提出的，他们认为创造价值的基础是消费者和供应商之间的互动，随后其他学者也从不同层面展开了研究。对于价值共创的概念，虽然目前国内外尚未形成统一的意见，但就参与生产和交流的利益相关者之间能够发挥优势、相互协作、共同创造和分享价值的核心内容学者们具有一致观点。

消费者的感知价值以及消费者的体验价值就是企业和消费者共同创造的价值。例如，Prahalad 等认为，企业要为顾客创造个性化体验，并由此提升客户体验价值。价值共享方式主要在企业与供应商之间、企业与客户之间和所有利益相关者之间三种（刘娜等，2015）。

经过多年的学术研究，形成了多种价值共创理论派别，其中，Prahalad 和 Ramaswamy 提出的基于消费者体验的价值共创理论，以及 Vargo 和 Lusch 提出的基于服务逻辑的价值共创理论是目前学术界比较权威的理论。

1. 基于消费者体验的价值共创理论

以消费者体验为基础的价值共创理论是 Prahalad 和 Ramaswamy 从管理的视角对新环境下企业经营战略的思考。主要观点是：共同创造消费体验是消费者与企业间创造价值的核心，通过价值网络成员之间的交互实现价值创造。

2. 基于服务逻辑的价值共创理论

Vargo 和 Lusch 提出服务是一切经济交换的基础，消费者是价值的共同创造者，共同创造的价值从营销的角度产生于消费者的使用和消费过程。在比较分析上述理论的基础上，本书采用 Prahalad 与 Ramaswamy 的基于消费者体验的价值共创理论，并提出以下观点：旅游目的地和消费者是价值的共同创造者；消费者在所有阶段参与价值共创来创造价值；在旅游业发展过程中不断提高价值共创水平是消费者和景区的根本课题；消费者和景区、消费者和消费者、企业和企业包括消费者和企业员工之间通过互动实现价值共享。

（二）全域旅游理论

针对全域旅游的概念，学者提出了不同的定义，目前比较典型的观点认为，全域旅游是借助旅游开发和整合地区资源，同时促进系统和生态的优化，使旅游业与区域经济保持平衡、协调，达到统一发展。发展至今，全域旅游已成为区域整体发展的新规划，全域旅游也成为助力东北地区经济成长的新方式。在"全域旅游"理念的指导下，政府为企业的成长给予了前所未有的政策扶持，全区旅游示范区建设可以整合各地区的旅游资源，实施动员，促进整体创新，提高居民生活水平，满足消费者多样化需求，提高消费者体验。下面对其核心内涵进行梳理：

1. 全域旅游的核心理念

全域旅游始终围绕着两个核心概念展开，分别是"旅游+互联网"和"'旅游+全方位'、多层次、多模式"。它包括潜在市场的充分挖掘、旅游平台的搭建，同时通过平台建立，由供求驱动，在社会经济发展的同时，充分发挥渠道的功能。"旅游+"也在逐渐多样化，单一的内容已经不能适应市场的需要。互联网出现后，大众旅游时代到来，人们的生活方式发生了翻天覆地的变化，旅游成为人们生活的重要组成部分。旅游产业也打破了过去一成不变的发展模式，旅游业的动态化发展为不同产业的沟通合作提供了桥梁。科技发展、新技术进步、新产业出现，为各个产业的充分整合提供了动力以及多种新模式（物联网、新零售、移动终端等）的同时，旅游产业朝着更智能、更高水平的方向发展。

2. 全域旅游的五大要素

全域旅游业的发展要具备一定的条件：第一，旅游业的发展与景点、旅游活动、旅游资源和相关的服务设施这些基本条件的完善是分不开的。第二，区域旅游发展要依托于旅游区（名胜地、休闲场所、度假区、综合旅游等）。第三，旅游发展要配备完善的交通设施以满足市场的多样化需求。第四，促进旅游业各环节的整体发展是实现全域旅游目标必不可少的条件。第五，区域旅游发展要整合各方面的资源，发挥各方优势。综上所述，本书认为，目的地整体吸引力的提升、目的地旅游功能的凸显、旅游相关要素的完善是带动全域旅游发展的核心。开发建设综合实力强、质量水平高的旅游目的地就要通过充分利用现有旅游资源、进行产品创新、从点到面突破来扩大全域旅游企业之间的合作创新。另外，旅游发展要从票券经济和一次性旅游消费向服务经济和重复消费转型。

（三）协同理论

1. 协同理论的概念

协同效应发展管理模式的理论基础是协同效应理论，也称协同理论。协同效应这个词来自希腊语，意思是"合作的科学"。协同效应理论是由德国物理学家Haakon 在 1971 年提出的。

协同理论主要包括：协同效应、伺服原理、自组织原理。协同效应理论是系统组织理论的一种。系统论研究多部分系统如何通过各部分的协调带动系统结构功能进行有序演化。协同理论是研究协同系统从无序到有序演化的一个新的综合领域。协同系统是由许多子系统组成的开放系统，这些子系统可以通过自组织形成微观的、空间的、时间的或功能的有序结构。协同理论认为，系统具有不同的属性，但在整个环境中，不同系统之间存在着相互作用与合作的关系。它包括不同单位之间的相互协作以及部门之间的关系协调等常见的社会现象。协同理论是对于在特定条件下由许多子系统组成的系统的研究，包括从自然界到人类社会的各种系统的发展演化，以及子系统之间的相互作用与协作。应用协同理论的方法可以将研究成果类推到其他领域，为研究未知的领域提供了较为有效的方式和路径。伺服原理用一句话来概括，即快变量服从慢变量，序参量支配子系统行为。

它从系统内部稳定因素和不稳定因素间的相互作用方面描述了系统的自组织的过程。自组织是相对于他组织而言的。他组织是指组织指令和组织能力来自系统外部，而自组织则指系统在没有外部指令的条件下，其内部子系统之间能够按照某种规则自动形成一定的结构或功能，具有内在性和自生性特点。

2. 协同理论的必要性

增效发展是增效概念的促进和应用，是"发展"概念的拓展和演变，是对可持续发展的持续和深化的结果。所谓合作发展，是指"协调两种或两种以上的其他资源或个人，以达到特定目标和共同发展的双赢结果"。从协同发展的定义可以看出，它与适者生存的观点是不同的。"协同发展"强调共赢，核心在于"和谐共存"和"共同治理"。根据协作的基本原理，不同子系统和系统不同元素之间的"协作"可以将复杂性转化为一个系列，将分散的或冲突的部分转化为有序的整体协同。中国东北地区的旅游系统是一个大的区域系统，应该走健康、可持续发展和共同发展之路；否则，区域系统就会处于无序状态，开发成本就会增加。

这个理论涉及很多领域，如果应用到旅游领域，即全域旅游合作的理念。发展旅游大合作，是指区域间各旅游单元（子系统）相互协调、自我整合、高效有序整合，实现地方旅游总体的"一体化"发展。作为一个系统，其发展目标一致，合作水平高，东北旅游市场相对统一，资源共享、风险共担、共赢是东北地区旅游业发展的必然选择。

本书通过对东北地区旅游系统整体利益相关者的分析，以期实现相互协调、共同合作、相互促进，最终实现共同发展的良性循环。因此，协同效应理论对东北地区整体旅游产业的协调发展具有十分重要的指导意义。

五、研究内容与方法

（一）研究内容

本书在对相关文献进行梳理和对东北地区进行实地考察的基础上，基于价值共创视角下东北全域旅游协同发展这一主题展开，研究内容由四部分构成。首先，从全域旅游的角度出发，结合东北全域旅游的特点阐述东北全域旅游的相关概念，明确价值共创视角下东北全域旅游的内涵及特征，进一步通过网络调研与实地调研相结合分析全域旅游协同发展过程中存在的问题。其次，对价值共创视角下东北全域旅游协同发展参与主体及其关系进行研究。作为一个复杂的系统，东北全域旅游协同发展的参与主体众多，通过明确各主体的利益诉求，协调全域旅游合作中各方竞争与协作关系。再次，在分析东北全域旅游内涵、特点及存在问题之后，结合价值共创视角的新特点，对东北全域旅游协同发展的动因进行分析。在此基础上，研究价值共创视角下东北全域旅游协同发展的实现路径。以东北全域为范围通过区域协同、各参与主体协同、线上线下协同、全域旅游服务协同的方式，以资源优化配置、利益合理分配为手段实现东北全域旅游竞争力提升、旅游品牌影响力扩大、旅游经济迅速发展。最后，通过实证分析价值共创视角下东北全域旅游协同发展效果，进一步提出相应的改进措施。

（二）研究方法

1. 文献分析法

收集国内外关于价值共创、全域旅游、协同等方面的相关理论资料，对所收集的资料进一步概括、分类、提炼和分析，为全域旅游的界定、东北全域旅游协同发展网络构建等方面提供学术参考。

2. 归纳总结法

归纳总结是一种通过查阅大量的文献资料来对问题进行研究并为未来的学术研究和实践活动提供理论依据和参考建议的研究方法。本书对在价值共创视角下东北全域旅游的发展取得的成就以及相关影响进行了研究。

3. 统计分析法

通过对东北地区旅游统计数据进行整理分析以及对东北三省近年来国民经济和社会发展状况与各地的统计年鉴的分析，为今后的研究提供数据支持，指导了当地全域旅游的开发工作。

4. 实地调查法

对东北地区进行了实地调查以了解当地实际发展水平以及旅游业发展所带来的一系列影响，获取真实有效的数据资料。

5. 信息熵理论与实证分析相结合

通过选取哈尔滨、齐齐哈尔、牡丹江、伊春、尚志等东北地区具有代表性的城市进行实地考察并进行数据跟踪采集，运用信息熵理论结合模糊综合评价法进行指标权重计算，并通过相关分析、回归分析等方法结合 SPSS 软件进行实证评价分析。

六、研究创新点

在价值共创视角下以东北全域旅游协同发展为研究对象，通过分析东北全域旅游协同发展的内涵、特征找到驱动东北全域旅游协同发展的因素，将全域旅游发展难落实的根本问题转化为协同问题，通过利益分配、资源优化配置及品牌建设将东北全域旅游协同发展变得切实可行。

通过引入协同思想深入分析东北全域旅游发展的内涵，运用合作博弈理论，通过构建东北全域旅游参与主体利益协调模型，在此基础上，通过资源优化配置及全域旅游品牌建设进一步提升旅游服务质量，真正实现东北全域旅游竞争力提升、品牌影响力扩大、旅游经济迅速发展的目标。

第二章 黑龙江省旅游地理环境、资源及全域旅游要素

一、黑龙江省旅游地理环境及资源

（一）黑龙江省旅游地理环境

黑龙江省以哈尔滨市为省会，地理位置处于中国最东北部，既是中国边境的北端，又是中国边境的东端。黑龙江省是我国重要的小麦产区，也是集中了高端制造业、航空航天、机械、石油、煤炭、木材等产业的重工业基地。

1. 黑龙江省地理概况

黑龙江省是我国纬度最高、经度最东的省份，地理位置特殊。大兴安岭地区的漠河市被称为"中国的最北端"，由于其纬度高，是中国境内能够观测到极光并且可体验极昼和极夜的地方，地理位置的特殊性带动了当地旅游业的发展。黑龙江东部和北部以乌苏里江、黑龙江为界河与俄罗斯毗邻，方便了黑龙江省与俄罗斯的物质文化交流，省内现有大量富有俄罗斯风情的旅游景区，如伏尔加庄园、索菲亚教堂等。西接内蒙古自治区，南连吉林省，地理位置有利于各省份旅游业协同发展、价值共创。黑龙江省西北和东南的地势偏高，而西南部地区整体地势偏低，主要由山地、台地、平原和水域构成。复杂多样的地理特征为黑龙江省滑雪运动的开展和湿地开发提供了基础。

2. 黑龙江省气候条件概况

黑龙江省位于欧亚大陆东部并且处于太平洋的西岸，气候为温带大陆性季风

气候，相对靠近蒙古和西伯利亚的高压中心。年平均气温通常在-5℃~5℃。冬天时间较长并且气温低。全省的大部分地区于 9 月底出现初霜，末霜出现在 4 月底至 5 月底。全省年降水量通常在 400~650 毫米，中部地区的山区最多，而其他地区较少，河流湖泊较多。黑龙江省冬季寒冷漫长，由于冰冻期长、降水资源较为丰富、水域面积较大等，所以黑龙江省冰雪资源充沛。冬季可在冰雪资源的基础上发展冰雪旅游业，夏季立足于相对全国其他地区更为凉爽的气候条件，适宜发展休闲避暑康养旅游。

（二）黑龙江省旅游地理资源

黑龙江省幅员辽阔，一年四季各具特色，文化底蕴深厚，旅游资源多种多样。"黑龙江——中国旅游 COOL 省"是国际公认的黑龙江旅游形象。黑龙江省人文旅游资源丰富，人文景观可用四个主要特征概括，如图 2-1 所示。根据《中国旅游资源普查规范》所列的 68 种基本类型，黑龙江省有 60 种基本类型，占了全部类型的 88.24%，已经超过了 60% 的全国省级旅游资源丰富的指标线。

图 2-1　人文景观特点概括

1. 黑龙江省土地资源

黑龙江省森林面积居全国前列，保留了多样的珍贵树种和野生动物，其原始生态景观能够吸引国内外大量生态旅游爱好者。黑龙江省湿地资源丰富，居全国第二位，湿地公园等旅游资源的开发带动了经济发展。随着人口的增加以及工业化、城市化进程的不断加快，湿地资源现在面临着巨大的威胁。另外，黑龙江省位于东北黑土区的核心区域,整个黑土区的面积都在黑龙江省,黑土耕地多在松嫩平原和三江平原,总面积高达 1770.4 万公顷,包括 39 个县(市、区)。土壤类型丰富,涉及薄层熟黑土、黑土、暗棕壤、草甸暗棕壤、草甸黑钙土等十余种类型。

2. 黑龙江省水资源

黑龙江省处于黑龙江流域(见表 2-1),黑龙江在由黑龙江、松花江、乌苏里江和绥芬河构成的四大水系中是最大的。冬季持续将近 5 个月,在平均气温 -19℃的条件下,丰富的水资源转化为冰资源。因此,多种冰上体育运动在黑龙江省得以展开,如滑冰、冰上舞蹈、冰球等,还有像冰上自行车、冰上龙舟、冰上表演等冰上娱乐性活动。另外,黑龙江省山区的冬季雪量大、积雪度高、雪期长、雪质好,为开展多种多样的雪上项目提供了条件,如高山滑雪、越野滑雪、单板滑雪等。

表 2-1　黑龙江流域的主要河流及湖泊

资源名称	代表举例
湖泊	兴凯湖、镜泊湖、连环湖和五大连池
河流	松花江、嫩江、乌苏里江、牡丹江、呼兰河、蚂蚁河、海浪河、呼玛河、额木尔河、讷谟尔河、汤旺河、拉林河、乌斯浑河、乌裕尔河等

3. 黑龙江省矿产资源

黑龙江省幅员辽阔,矿产资源种类繁多,分布广泛(见表 2-2)。黑龙江省拥有中国最大的油田——大庆油田。2018 年末,黑龙江省已探明储量的矿产有 84 种,占全国当年具有查明资源储量矿产的 36.52%。在 84 种具有查明资源储量矿产中,石油、天然气、铀矿由自然资源部统计,地热、地下水、矿泉水属于非固体矿产,其他 78 种非油气固体矿产的资源储量均按《固体矿产资源/储量分类》标准编入《截至二〇一八年底黑龙江省矿产资源储量表》中(贾志琦等,2013)。

表 2-2　矿产资源及分布

矿产资源名称	资源分布地区
石油、天然气	集中在松辽盆地的大庆一带
煤炭	双鸭山、鸡西、鹤岗和七台河等地
黑色、有色金属矿产	主要分布于大兴安岭、小兴安岭、双鸭山和哈尔滨一带

矿产资源名称	资源分布地区
贵金属矿产	分布于黑河、大兴安岭、伊春、牡丹江等地
非金属矿产	主要分布在东部和中部地区

4. 黑龙江省生物资源

黑龙江省由于地处东西伯利亚、满洲和蒙古三个植物区系的交汇处，所以具有丰富的动植物资源，是我国生物资源的宝库（见表2-3）。黑龙江省可以利用其生物资源优势发展养生、观光、探险等旅游业，注重提高消费者的体验感受从而获得经济收益。同时不能忽略其生态价值，要控制消费者容量，减少对生态环境的压力，实现经济效益和生态效益的统一。

表 2-3　黑龙江省生物资源

资源名称	代表举例	
木材植物	红松、黄菠萝、核桃揪、水曲柳、东北红豆杉等	
野生动物共476种	国家一级保护的兽类	东北虎、豹、紫貂、貂熊、梅花鹿5种
	国家一级保护的鸟类	丹顶鹤、大鸨、白獾、中华秋沙鸭等12种
	国家二级保护的兽类	马鹿、黑熊、棕熊、雪兔等11种
	国家二级保护的鸟类	大天鹅、花尾榛鸡、鸳鸯等56种

二、黑龙江省全域旅游要素

（一）黑龙江省全域旅游吸引物

旅游资源是旅游吸引物的核心部分，但是旅游吸引物不仅包括自然资源，还包括人们创造的资源，由上文可知，黑龙江省旅游资源丰富，对消费者来说具有一定的吸引力。此外，黑龙江省的居民文化以及服务设施也是旅游吸引物要素的重要组成部分。

1. 黑龙江省居民文化

黑龙江省自古以来就是一个多民族聚居的边境省份，这些北方少数民族所特有的民俗风情仍保留着，民族文化独特多样（汤姿和石长波，2017）（见表2-4）。各民族的文化体现在衣、食、住、行各方面。各民族地区的歌舞、节日、饮食文化习俗与商业化适度结合，尽量保持民族民俗的原貌，使消费者能够体会到原汁原味的民族风情和生活。

表2-4 黑龙江省部分少数民族分布及民俗文化

名称	主要分布地区	主要居民文化
满族	全省各地	服饰、饮食、婚丧、节日、萨满宗教、民间美术等
朝鲜族	哈尔滨市、牡丹江市、佳木斯市	服饰、饮食、节日、歌舞等
蒙古族	杜尔伯特蒙古族自治县、泰来县、肇源县	衣食住行、婚丧、节日、音乐舞蹈等
达翰尔族	齐齐哈尔梅里斯区、富拉尔基区、龙江县、富裕县、嫩江县、爱辉县	"罕伯岱达翰尔族"民歌、"乌钦"曲艺、鲁日格勒舞、传统婚俗、萨满舞等
锡伯族	双城区、兰西县、杜尔伯特县、宝清县	鱼清明节、抹黑节、西迁节、传统婚俗等
鄂伦春族	塔河、呼玛县、逊克、嘉荫县和黑河市	狩猎文化、狍皮服饰、桦皮文化、古伦木沓节、"赞达仁"民歌、"摩苏昆"曲艺、"斜仁柱"民居、斗熊舞等
赫哲族	同江市、饶河县、抚远市	鱼皮文化、"伊玛堪"说唱、"木克楞"民居、天鹅舞等
鄂温克族	讷河市	桦皮文化、狩猎、驯鹿、"撮罗子"民居、"嫁令阔"民间音乐、瑟宾节等
柯尔克孜族	富裕县	服饰、口头文学、民间故事、体育游戏活动等

注：人口数据源于全国人口普查资料。

2. 黑龙江省旅游基础服务设施

旅游接待设施是黑龙江省旅游地域系统不可分割的重要组成部分。旅游星级酒店数量如图2-2所示。2019年，黑龙江省旅行社数量为837家。四星级以上高级酒店在地理位置上分布不均，省会城市哈尔滨占了全省数量的一半以上，也是黑龙江省的主要旅游集散地。全省共有五星级酒店5家，仅省会哈尔滨就占3家；四星级酒店业主要集聚在哈尔滨，其次为鹤岗和黑河。少数民族地区的民族风情民宿，可以增加消费者的选择，提高消费者的居住体验。

黑龙江省统筹全省各交通网络，设立旅游交通集散中心，掌握客户和当地居民公交、出租车、地铁等交通基础设施分布情况，及时向客户通报预警信息和临时出行情况。黑龙江省采用了智能技术，非城市区域在考虑消费者停车场和旅游景点穿梭巴士的同时兼顾设置步行和自行车道路系统。黑龙江省还加强新型基础设施建设，统筹推动产业转型升级。坚持"宜居宜游"的发展原则，建立合适的基础设施，使消费者的吃、住、行有保障，营造舒适的环境，增加消费者在旅游场所的安全感和舒适感，延长逗留时间，提高复游率。

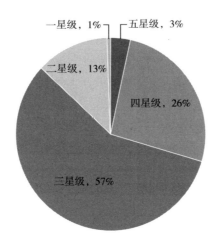

图 2-2　2018 年黑龙江省星级酒店数量

资料来源：《中国旅游统计年鉴（2019）》。

（二）黑龙江省全域旅游景区

1. 自然景观类景区

黑龙江省拥有丰富的自然保护区、森林公园、国家地质公园等自然资源，有许多省级和国家级保护区、森林公园、地质公园（见表 2-5 和表 2-6）。

表 2-5　黑龙江省自然旅游资源分类

名称	级别	数量（个）	景区（点）
自然保护区	国家级	15	五大连池自然保护区、凤凰山国家级自然保护区等
	省级	35	黑龙江东方红湿地国家级自然保护区、黑龙江乌伊岭国家级自然保护区等
风景名胜区	国家级	2	五大连池和镜泊湖
	省级	32	太阳岛、明月岛、桃山、兴凯湖、莲花湖、二龙山等

续表

名称	级别	数量（个）	景区（点）
森林公园	国家级	54	五营国家森林公园、哈尔滨国家森林公园、宁安火山口国家森林公园、牡丹江国家森林公园等
	省级	42	伊春兴安国家森林公园、加格达奇国家森林公园等
地质公园	世界级	1	五大连池
	国家级	5	伊春市嘉荫恐龙国家地质公园等

表 2-6 黑龙江省著名自然景点及介绍

景区名称	景区资源
镜泊湖景区	国家 AAAAA 级景区，是世界第一大火山熔岩堰塞湖，由百里长湖、火山口森林、渤海国遗址三个核心景区组成，森林覆盖率达 68% 以上，是集自然、历史、人文景观于一身的综合性景区
五大连池风景区	位于黑龙江省黑河市，占地 790.11 平方千米，主要由 5 个火山堰塞湖组成。被称为天然火山博物馆，在这里可以学习丰富的火山地貌知识，为科学地质研究提供了宝贵的资源，拥有"保存最完整、分布最集中、品类最齐全"的宝贵火山地质地貌
汤旺河林海奇石景区	国家 AAAAA 级景区，坐落于黑龙江省伊春市汤旺河区境内，面积 190 平方千米。置身公园云绕山梁，溪流低谷，空气负氧离子高达每立方厘米 5 万个，夏季平均温度在 18℃~23℃，是黑龙江黄金旅游线路和小兴安岭北国特色风光旅游区的核心
北极村景区	国家 AAAAA 级景区，隶属漠河市北极镇，距离漠河市 77 千米，位于祖国的最北端，在黑龙江上游南岸、大兴安岭山脉北麓，与俄罗斯隔黑龙江相望。素有"金鸡之冠""神州北极"和"不夜城"之美誉，是全国观赏北极光和极昼极夜的最佳观测点
宁安火山口国家森林公园	位于黑龙江省宁安市境内，距市中心 92 千米。森林蓄积量 100 万立方米，其中水面 417 公顷，已被国家列为珍稀保护动物的鸟类有 15 种，占全省总数的 70%；兽类 10 种，占全省总数的 27%
牡丹江柴河九寨旅游景区	位于柴河林业局宏声林场，距牡丹江市 95 千米，坐落于全国最大的国家级森林公园——威虎山国家森林公园内，公园总面积 34.5 万公顷，位于长白山余脉张广才岭东麓，景区内奶头山最高峰海拔 1018 米，是一块新近开发的原始森林风景区

2. 人文景观类景区

在封建社会，发源于黑龙江地区的鲜卑、女真、蒙古族和满族 4 个少数民族先后建立王朝。在半殖民地半封建社会时期，日本帝国主义占领东北进行侵略活动。中华人民共和国成立以来，各族人民共同建设使黑龙江省具有历史文化底蕴，历史留下的遗址、精神文化都成了宝贵的人文旅游资源。对人文景区进行游览（见表 2-7 和表 2-8）可以体会黑龙江的历史发展进程。

表 2-7　黑龙江省人文旅游资源分类

名称	级别	数量（个）	景区（点）
历史文化名城	国家级	1	哈尔滨市、齐齐哈尔市、宁安市、依兰县、阿城区、呼兰区
	省级	5	
爱国主义教育基地	国家级	5	东北烈士纪念馆、大庆铁人纪念馆、侵华日军 731 部队罪证陈列馆、虎林要塞陈列馆、瑷珲历史陈列馆
历史遗迹	国家级、省级	43	新开流遗址、金上京会宁府遗址、昂昂溪遗址、唐代渤海国上京龙泉府遗址等
重点文物保护单位	国家级	29	白金堡遗址、大庆第一口油井、八里城遗址、奥里米城址、刀背山墓地、牡丹江边墙、侵华日军东北要塞等
	省级	212	小拉哈遗址、官地遗址、呼十八站遗址、牛尾巴岗墓群、中兴古城、同仁遗址、"九一八"刻石、北山城址等

表 2-8　黑龙江省著名人文景区及介绍

景区名称	景区资源
中央欧陆风情旅游街区	国家 AAAA 级风景名胜区。始建于 1898 年，1925 年更名为"中央大街"，后来成为哈尔滨最繁荣的购物街。中央大街有 13 座受保护的建筑，它们包含了文艺复兴、巴洛克、折中主义和现代等建筑风格
哈尔滨极地馆	世界首座极地演艺游乐园，哈尔滨国际冰雪节四大景区之一，国家 AAAA 级旅游景区，中国首家以极地动物娱乐表演为特色的游乐园，拥有种类最全的南北极动物和世界顶级的极地动物表演秀，被全球最大旅游网站 TripAdvisor 评选为"全球杰出景区"
哈尔滨索菲亚广场	位于黑龙江省哈尔滨市美丽的松花江南岸，地处哈尔滨市中心繁华区域，国家 AAAA 级旅游景区。广场由圣索菲亚教堂、犹太新会堂和建筑艺术广场三部分组成。1997 年 9 月，圣索菲亚教堂修复，经哈尔滨市政府批准，将其命名为"哈尔滨市建筑艺术馆"，广场建有现代化专业展馆，近千幅精美的图片展示着文化名城哈尔滨的历史、现状与未来
东宁要塞遗址	侵华日军为防御苏军及进攻苏联而实施边境"筑城计划"中的第一期工程，其他部分的修建一直延续到 1945 年。工程规模浩大，被当时的侵华日军自诩为"东方马其诺防线"、东方首屈一指的"北满永久要塞"。遗址现存勋山、胜哄山、朝日山等部分，是现存亚洲综合规模最大、最具典型意义的筑垒地域之一
黑河瑷辉历史陈列馆	坐落在清代第一任黑龙江将军衙门驻地。1858 年《中俄瑷珲条约》的签订地——瑷珲新城遗址，现为全国重点文物保护单位。全国唯一一座以全面反映中俄东部关系史为基本陈列内容的专题性遗址博物馆

（三）黑龙江省全域旅游交通

1. 黑龙江省旅游交通现状

经过多年的发展，黑龙江省的交通设施越来越完善和发达，形成了以陆运为主，水运、空运并行的综合交通运输体系。铁路运输是黑龙江省主要的公共交通系统，有干线 7 条，专线 19 条。铁路线路总长 6 万千米，占中国铁路线路总长度的 12.8%。铁路密度一直居中国第一。哈尔滨是省会城市，交通系统北至俄罗斯，南至广州，途经全省 2/3 的市县。它是全国交通网络的最大的一个支柱，基本构成了贯通四面八方的火车运输网络。其中，哈尔滨是火车总站，连接滨遂和滨洲铁路以及西伯利亚大铁路。其他铁路中心是齐齐哈尔、牡丹江和佳木斯。木图线和拉宾线连接朝鲜。道路交通比较发达，位居全国第五（有国道 8 条，省道 20 条，边境线 6 条），总长达到了 40000 千米，占国道线路总数的 5%。国内航运便利。黑龙江、松花江等大河可通航，有 6~7 个月的通航期。黑龙江、松花江、乌苏里江是其主要运输渠道，哈尔滨、佳木斯是重要的水运港口。全省水运总里程达 6000 千米，居全国第九。民航中心是哈尔滨，开通了 47 条交通线路，连接了国内外 105 个主要城市。黑龙江省有哈尔滨、牡丹江、齐齐哈尔、佳木斯和黑河 5 座机场，所有机场都可以停放和降落大型客机。全省现有航线 76 条，对外航线 20 多条，初步形成了便捷的旅游运输通道。

2. 黑龙江省旅游交通分析

以黑龙江省为研究区域对各市和区进行公路交通可达性分析（大兴安岭地区选择该地区的几何中心塔河县），主要的研究单元是以市（区、州）作为交通网络中的节点（杨光辉和张冬有，2019），使用 GIS 技术绘制交通空间分布图（黑龙江省各交通节点与国道、高速公路、省道、铁路），并绘制平面拓扑图（见图 2-3）。将拓扑图中各市（区、州）的交通节点用代码表示（见表 2-9），在旅

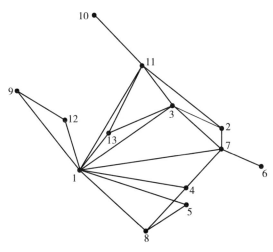

图 2-3　黑龙江省交通网络结构平面拓扑示意

游交通网络结构的研究中，主要用 m、n 和 p（本图中 $m=22$，$n=13$，$p=1$）三个基础指标，其中，m 代表旅游交通网络中边的数目；n 代表节点数，也就是旅游交通网络中顶点的数量；p 代表网络中子图的数目（马静，2010）。

表 2-9 黑龙江省交通节点及其在拓扑图中的代码

交通节点	哈尔滨	鹤岗	伊春	七台河	鸡西	双鸭山	佳木斯	牡丹江	齐齐哈尔	大兴安岭	黑河	大庆	绥化
代码	1	2	3	4	5	6	7	8	9	10	11	12	13

（1）α 指数。如下：

$$\alpha = \frac{m-n+p}{2n-5p}$$

一般来说，α 指数的取值范围为 0~1，α=0 表示网络中不存在回路，α=1 表示网络中的回路已达最大值。根据公式计算，黑龙江省的交通网络回路水平一般，α 指数为 0.476（梁欣等，2014）。

（2）β 指数。如下：

$$\beta = \frac{m}{n}$$

β 指数是对网络连接性的度量（指网络中每个节点的平均连线数目）。通常，β 的大小与不同节点之间的连通性存在正相关关系。在网络没有连接的孤立旅游点时，β 值为 0。当 β 取值在 0~1 时，说明旅游网络是树枝状。当 β>1 时，表明旅游网络为环网型。但在平面图上，一般值会在 3 以下。经计算，黑龙江省的 β 值为 1.69，所以在交通建设方面要加大投入（王慧敏等，2015）。

（3）γ 指数。如下：

$$\gamma = \frac{m}{3(n-2p)}$$

其数值变化在 0~1。当 γ=0 时，说明网络中没有连线，只有孤立点存在；当 γ=1 时，表示黑龙江省交通网络中各节点之间都存在连线。经计算，γ=0.67，说明黑龙江省旅游交通节点的连接性处于中等水平。

（四）黑龙江省全域旅游空间结构

全域旅游的空间结构是一种多种要素相互作用构成的空间组合关系，其要素包含旅游资源要素、设施要素和服务要素。各地域旅游系统中的构成要素的空间性质和相互关系可以通过全域旅游的空间结构来体现。合理的空间结构能够发挥调控作用，因此，根据黑龙江省旅游的特点对黑龙江省自然资源的特征、人文资源、地理位置等信息进行整理,对旅游发展具有调控作用(见表2-10)。

表2-10 黑龙江省旅游地域系统空间结构

"一核"	黑龙江省核心旅游地,由哈尔滨构成
	继续强化中心地位,对外加强同邻近省份合作,拓展和环渤海、长三角、珠三角的空间联系
	对内凭借强有力的经济、便利的交通和独特的地格,打造集冰雪体验、避暑度假、欧陆风情、商务会展、旅游集散功能于一体的核心旅游区
	形成区域旅游中心增长极,充分发挥龙头带动力、辐射力,助推区域旅游发展
"两翼"	以哈尔滨为中心,西南经由大庆延伸至齐齐哈尔,东南延伸至牡丹江,形成哈大齐、哈牡两翼旅游带
	依托绥满高速公路与铁路,将哈大齐打造成集湿地观光、温泉体验、石油工业旅游于一体的左翼旅游带
	哈牡以牡丹江为核心辐射鸡西、七台河,向东扩展至绥芬河,对接俄罗斯的符拉迪沃斯托克,形成集冰雪体验、避暑度假、边境旅游于一体的右翼旅游带
"三圈三轴"	伊春在区域旅游发展中具有重要作用,形成东北向哈伊旅游轴线,辐射其所辖区域
	境内拥有众多高丰度和高品位的森林资源,打造集森林避暑、养生度假、商务会展等功能于一体的旅游发展圈
	佳木斯是黑龙江省东部地区的交通中心,具备中国东极的垄断地缘优势,应依托哈同高速公路形成哈佳旅游轴线,辐射鹤岗市、双鸭山市
	黑河是边缘旅游地,但考虑到其在中国北方边境贸易城市的重要地位,依托黑大国道建设哈黑旅游轴线,并进一步向大兴安岭地区延伸,形成集火山观光、矿泉疗养、边境风情等功能于一体的旅游发展圈

1. 黑龙江省旅游资源数量的空间分布

黑龙江省地处我国的边境地区,是我国少有的融入异国风情文化的省份,其旅游资源相对于全国其他地区而言,对国内外市场具有较强的吸引力。黑龙江省近年来努力提高自身旅游产品的品位和质量,旅游活动的内容也不断丰富,能够满足消费者日益个性化的需求。但受交通条件、经济发展状况差异等影响,黑龙江省旅游资源分布相对集中于某些地区,具有显著的区域性差异(见表2-11)。

表2-11 2010~2019年黑龙江省主要旅游城市景点分布状况

项目	哈尔滨	齐齐哈尔	牡丹江	佳木斯	大庆	伊春	黑河
数量(个)	106	65	40	24	42	51	26

续表

项目	哈尔滨	齐齐哈尔	牡丹江	佳木斯	大庆	伊春	黑河
比率（%）	26.77	16.41	10.10	6.01	10.61	12.88	6.57
位次（名）	1	2	5	7	4	3	6

资料来源：根据黑龙江省各城市旅游网站整理。

（1）旅游资源丰度指数。

旅游资源丰度指数多在测量各市（区、州）旅游资源的数量和质量等综合水平的指标时得到应用，旅游局系统评定的等级景区所进行的旅游资源的分类是最全面和完整的，但由于不同景区质量之间具有显著的差异，因而会选择不同的权重，本书用 A~AAAAA 级景区数量作为测量指标，计算公式如下：

$$R_i = 5.00N_5 + 2.50N_4 + 1.75N_3 + 0.50N_2 + 0.25N_1 \tag{2-1}$$

式中，R_i 为 i 市（区、州）的旅游资源丰度指数；$N_1 \sim N_5$ 分别为 i 市（区、州）A ~ AAAAA 级景区的数量；0.25、0.50、1.75、2.50 和 5.00 分别为 A ~ AAAAA 级景区的权重。

根据式（2-1）可以计算各市（区、州）的旅游资源丰度指数，如表 2-12 所示。根据指数的 1/4 分位数和 3/4 分位数，可将旅游资源丰度指数划分为 3 个级别，旅游资源丰度指数大于 50 为丰富，15~50 为中等，小于 15 为贫乏。可分析出黑龙江省哈尔滨、伊春、牡丹江、大庆的旅游资源丰度指数都高于 50。其中，哈尔滨市最高，为 160.25；牡丹江市第二，为 63.5；伊春市第三，为 61.75。

表 2-12　旅游资源丰度指数

i	1	2	3	4	5	6	7	8	9	10	11
R	160.3	24	61.75	32.25	40.75	31	63.5	48.5	31	47.5	58.25

资料来源：黑龙江省各市（区、州）旅游统计公报和相关旅游资讯网。

（2）旅游经济指数。

旅游经济指数是分析各市（区、州）旅游经济水平的指标，测量某市（区、州）的旅游经济水平最常用的指标包括国内、国际旅游人数和国内、国际旅游收入等。消费者数量、消费能力和旅游地区的物价等诸多信息一起作为衡量旅游总收入的指标（丁敏和林源源，2018），相比其他指标更为全面、直观地代表各市（区、州）的旅游经济水平。因此，用旅游总收入来衡量各市（区、州）的旅游经济指数，其计算公式为：

$$I_i = \frac{x_i - x_{\min}}{x_{\max} - x_{\min}} \times 100 \qquad (2-2)$$

式中，I_i 为 i 市（区、州）的旅游经济指数；x_i 为 i 市（区、州）的旅游总收入，旅游经济指数大于 20 为高，5~20 为中等，小于 5 为低。由于七台河市和绥化市的旅游总收入数据难以获取，暂时仅对 11 个市（区、州）的数据进行计算分析（见表 2-13）。$x_{\min}$、$x_{\max}$ 为黑龙江省 11 个市（区、州）旅游总收入中的最小值、最大值。

表 2-13 旅游经济指数

i	1	2	3	4	5	6	7	8	9	10	11
I_i	100	4.61	18.90	7.53	0	4.37	24.46	21.32	10.07	11.90	17.62

（3）重力模型。

通过重力模型来进行空间错位分析，其中空间错位表示空间中两个密切相关的生产要素的几何重心产生分离的情况。重力模型可以计算出黑龙江省的旅游资源重心、旅游经济重心。旅游资源重心的计算公式为（朱豆豆等，2020）：

$$XR = \frac{\sum_{i=1}^{n} R_i \times X_i}{\sum_{i=1}^{n} R_i}$$

$$YR = \frac{\sum_{i=1}^{n} R_i \times Y_i}{\sum_{i=1}^{n} R_i} \qquad (2-3)$$

经计算，得出旅游资源中心为（127.633°E，46.8667°N），哈尔滨、伊春、黑河更靠近旅游资源中心，大兴安岭、双鸭山等更为偏离。这说明黑龙江省内各市（区、州）的旅游资源的集中程度有地区性差异。

（4）二维组合矩阵。

上述重力模型只能从整体上表示黑龙江省旅游资源和旅游经济的空间错位程度，要清楚地了解各市（区、州）空间错位的具体状况还需要借助数学中矩阵的表现形式，将黑龙江省各市（区、州）的旅游资源丰度指数和旅游经济指数通过二维组合矩阵分析方法进行归类（见表 2-14）。二维组合矩阵分析方法可以直观地表现出黑龙江省各市（区、州）在两组指数之间具体的错位关系，进一步分析各市（区、州）的空间错位类型。参考邓祖涛等的分区类型，通过划分等级的方式将旅游资源丰度指数和旅游经济指数进行分类，通过双指数的组合把黑龙江省各市（区、州）填入相应的组合矩阵中，就可以从矩阵图中直观地看出黑龙江省各市（区、州）在2组指数的分布情况和其所属的具体空间错位类型。

表2-14　黑龙江省旅游资源和旅游经济的二维组合矩阵

		旅游经济		
		($I \geqslant 20$)	($5 < I < 20$)	($I \leqslant 5$)
旅游资源丰度	丰富 ($R \geqslant 50$)	哈尔滨市、牡丹江市	伊春市、大庆市	
	中等 ($15 < R < 50$)	齐齐哈尔市	鸡西市、大兴安岭地区、黑河市	鹤岗市、双鸭山市、佳木斯市
	贫乏 ($R \leqslant 15$)			

2. 黑龙江省旅游资源类型的空间分布

黑龙江省的旅游资源种类丰富，其中森林、草地、湿地生态、文化旅游都包含在内，并且由于其自然气候特征，在冬季冰雪旅游资源富足（见表2-15）。黑龙江省除了最北部的少部分地区外，都处于中温带，总体来说气候较为适宜。丰富的江河湖泊和森林资源加之纬度高，所以气候凉爽，为黑龙江省的避暑旅游提供了天然的条件，各地区的地形、地貌、植被构成了丰富的生态景观（见表2-16）。黑龙江省森林资源丰富、林地面积宽广，不同城市森林覆盖率差异较大，平均覆盖率高达47.3%（陈炜和黄碧宁，2018），有包括红松、云杉、落叶松等在内的珍贵树种。黑龙江省国有林区具有很大的生态意义，它是一些重要河流的发源地（黑龙江、乌苏里江、松花江、嫩江、牡丹江、绥芬河），也是在东北亚陆地自然生态系统中发挥关键作用的主体之一。黑龙江省是我国第四纪火山多发地区，处在海拉尔—逊克火山带和密山—敦化火山带。由于火山活动，黑龙江具有丰富多样的火山地貌，山湖泉神奇壮观（见图2-4）。

表2-15　黑龙江省旅游资源结构

资源分类	概况	主要地区
冰雪资源	雪期长、雪质好，适于滑雪；各种冰雕、雪雕、冰雪文化活动	哈尔滨市、伊春市、牡丹江市和大兴安岭地区

续表

资源分类	概况	主要地区
森林资源	林地面积 2007 万公顷，森林覆盖率 43.6%，树种达 100 多种	大兴安岭、小兴安岭和长白山脉
火山资源	镜泊湖是中国最大的高山堰塞湖；拥有完整火山地质的五大连池	镜泊湖、五大连池

表 2-16　黑龙江省生态景观带及其结构

生态景观区（带）	景观结构	
大兴安岭	山地针叶林	山谷河流水系
小兴安岭	山地红松原始森林及红松针阔混交林	山谷河流水系、运材道路
东南部山地	山地森林、山地湖泊（人工水库）	山谷河流、道路网状和水库斑块状
松嫩平原	沙地、草原、湖泡湿地	天然湖泊泡沼、牧场的分散环状斑块
三江平原	农田、沼泽湿地	以农田、湿地为单元的棋盘结构
黑龙江	界江、原生山区、河道	险滩、峡谷、奇峰怪石的带状串珠结构
松花江—嫩江	滩岛、平原、河道	沿江城镇、滩涂岛屿的带状串珠结构
乌苏里江	界江、岛屿、平原、河道	以滩涂岛屿为单元的带状结构

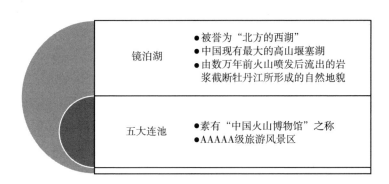

图 2-4　黑龙江省著名火山地貌

3. 黑龙江省旅游资源单体等级的空间分布

2019 年文化和旅游部公布的数据显示，黑龙江省新增一个 AAAAA 级景区——虎头旅游区（见表 2-17）。2019 年黑龙江新增 6 个 AAAA 级景区（见表 2-18）。

表 2-17　2019 年黑龙江省 AAAAA 级景区

级别	景区名称
AAAAA 级（6 个）	五大连池风景名胜区
	镜泊湖风景名胜区
	哈尔滨太阳岛风景名胜区
	漠河北极村旅游区
	伊春市汤旺河林海奇石景区
	虎头旅游景区

表 2-18　2019 年黑龙江省新增 AAAA 级景区

级别	景区名称
AAAA 级（6 个）	大庆赛车小镇旅游区
	哈尔滨融创乐园
	鸡西市兴凯湖新开流景区
	哈尔滨波塞冬旅游景区
	哈尔滨美丽岛温泉水乐园
	同江市街津口赫哲旅游度假区

（五）黑龙江省全域旅游线路模式

1. 黑龙江省旅游线路的基本情况

黑龙江省具有多条特色鲜明的旅游线路，在沿着这些线路旅行的过程中能够体验到黑龙江省的风土人情。"疫情向春，国山美"宣讲结果揭晓了黑龙江省文化和旅游厅提交的全国精品旅游活动展览主题的四条线路，包括"中国两极穿越"自驾路线、北国风光大道之旅、探索小兴安岭之旅和三江平原湿地。旅游线路主题内容丰富多样，旅游配套设施完善，市场认可度高，具有良好的口碑和形象。它从全国各地提交的近 500 个主题中被选出，跻进全国前100 名。

2. 黑龙江省旅游线路的线路模式

黑龙江省开发了"一城四线"7 条主题旅游廊道（见表 2-19），着力打造全省 25 个"必到必游"重要节点，树立全省旅游发展新典范（见表 2-20）。

表 2-19　黑龙江省主题旅游廊道

"一城四线" 7 条主题旅游廊道	黑龙江 "醉美 331 边防路" 自驾旅游廊道	以 "醉美 331 边防路" 旅游风景道为核心,重点发展自驾车旅游、户外运动、界江观光等
	黑龙江冰雪景观廊道	哈尔滨市（亚布力、凤凰山）—牡丹江市（中国雪乡、火山口地下森林、镜泊湖）—鸡西市（兴凯湖）,重点发展自驾车旅游、冰雪观光旅游、冰雪运动休闲旅游、红色与历史文化研学旅游和特色乡村民俗旅游
	乌苏里江慢游观光廊道	抚远市—虎林市—兴凯湖,重点发展慢行（自行车、徒步）旅游、自驾车旅游、民俗文化（赫哲族等）、红色教育研学、湿地旅游等
	五大连池—伊春山地探险旅游廊道	五大连池—伊春市,重点发展自驾车旅游、生态旅游、山地旅游等
	东部湿地与现代农业旅游廊道	佳木斯市—鸡西市（经双鸭山）,重点发展农业旅游、红色教育研学、湿地旅游、特色文化、乡村自驾车旅游等
	中东铁路文化遗产旅游廊道	齐齐哈尔市（经哈尔滨市、牡丹江市）—绥芬河市（沿中东铁路线）,重点发展文化遗产、工业旅游、火车旅游等
	黄金古驿路廊道	齐齐哈尔市—黑河市—大兴安岭地区,重点发展古驿站、古驿路历史文化旅游

表 2-20　"必到必游" 的 25 个重要节点

25 个重要节点	其中位于哈尔滨的有太阳岛旅游区、东北虎林园、融创乐园、伏尔加庄园、哈尔滨极地馆。五大连池旅游区、镜泊湖旅游区、汤旺河林海奇石景区、北极村景区、虎头旅游景区、亚布力滑雪旅游度假区、波塞冬海洋王国、中央欧陆风情旅游区、凤凰山国家森林公园、扎龙生态旅游区、中国雪乡旅游区、黑瞎子岛旅游区、华夏东极旅游区、兴凯湖景区、五营国家森林公园、嘉荫恐龙国家地质公园、龙江三峡、瑷珲—腾冲中国人口地理分界线主题公园、龙江第一湾景区、大兴安岭爱情小镇

3. 黑龙江省旅游线路的优化分析

旅游线路是指消费者从居住地到旅游目的地,再回到居住地所进行旅行游览活动的轨迹。具体地说,旅游线路是旅游部门凭借旅游资源、旅游设施和旅游服务,针对目标市场,为方便消费者进行旅游行动而设计,用交通线合理连接客源地和一系列旅游地、旅游区和旅游点的线性连续空间。旅游活动是消费者在地域空间上的移动，旅游线路设计得合理与否，决定着旅游产品能否畅销，旅游产品销售得成功与否，直接影响区域旅游发展的成败。合理的旅游线路优化设计具有明确导向性。旅游线路设计要考虑两个方面：一是尽可能满足消费者的出行需求，二是在有限的出行时间和条件下，增加消费者的出行收益。另外，要加强旅游经营者对旅游活动的管理和组织，以创造旅游的最大效益。因此，旅游线路的设计应遵循特色鲜明、科学合理、安全可靠的原则。基于上述理论，黑龙江省全域线路的设计应结合黑龙江省的特点和优势。以哈尔滨省会城市为切入点，设计贯穿全区的旅游线路模式（邹时林等，2008）：

（1）哈尔滨市内旅游线路。

黑龙江省的旅游资源多在哈尔滨市集中，现选出哈尔滨市九个重要的旅游节点来计算最近邻距离，9个旅游节点用代码表示（见表2-21）。最近邻距离是表示点状事物在地理空间中相互邻近程度的地理指标，计算公式为：

$$r_E = \frac{1}{2\sqrt{n/S}}$$

式中，n 为旅游节点数；S 为区域的面积。根据 n 的值为9、S 的值为53186平方千米，计算得出哈尔滨市重要旅游节点理论上的最近邻距离 $r_E \approx 38.44$ 千米。

对哈尔滨市各旅游节点之间的距离进行整理得出乌鸦矩阵（见表2-22），在此基础上算出各个旅游节点的最邻近点和最近邻距离（见表2-23）。

表2-21 哈尔滨市旅游节点代码

旅游节点	太阳岛	亚布力滑雪度假区	波塞冬海洋王国	哈尔滨极地馆	东北虎林园	融创乐园	伏尔加庄园	中央欧陆风情旅游区	凤凰山国家森林公园
代码	1	2	3	4	5	6	7	8	9

表2-22 旅游节点距离乌鸦矩阵　　　　　　　　单位：千米

景区代码	1	2	3	4	5	6	7	8	9
1	0	269.2	17.6	1.1	6.3	11.1	37.2	10.5	262.5
2		0	266	270.7	267	275.5	232.7	274.9	152.3
3			0	17.6	15.6	20.5	39.9	19.9	265.3
4				0	7	10.4	33.7	9.9	269

续表

景区代码	1	2	3	4	5	6	7	8	9
5					0	8.8	34.9	8.3	260.2
6						0	43.5	0.56	268.9
7							0	45.1	236.9
8								0	268.4
9									0

表 2-23　旅游节点最近邻距离

旅游节点	代码	最邻近点	最近邻距离（千米）
太阳岛	1	4	1.1
亚布力滑雪度假区	2	9	152.3
波塞冬海洋王国	3	5	15.6
哈尔滨极地馆	4	1	1.1
东北虎林园	5	1	6.3
融创乐园	6	8	0.56
伏尔加庄园	7	4	33.7
中央欧陆风情旅游区	8	6	0.56
凤凰山国家森林公园	9	2	152.3

在不固定游览景区的类型时，结合以上数据结果，哈尔滨市遵循以下线路可提高旅游线路效率，减少中间距离浪费的时间：太阳岛—哈尔滨极地馆—东北虎林园—中央欧陆风情旅游区—融创乐园。在考虑旅游景区类型时，可遵循表 2-24 所列的旅游线路。

表 2-24　旅游线路

线路一（城市游）	防洪纪念塔—中央大街步行街—圣索菲亚教堂—极乐寺—文庙—斯大林公园
线路二（生态游）	太阳岛风景区—东北虎林园观赏东北虎—游览森林植物园—欧亚之窗欣赏欧亚风情
线路三（山水风光游）	二龙山风景区，游湖、垂钓、爬山、骑马、乘坐滑道
线路四（休闲游）	亚布力度假区，上午可以乘缆车玩旱地滑道、旱地气垫船、滑翔伞、热气球。下午可以乘缆车去山顶观赏森林风光，看风车别墅

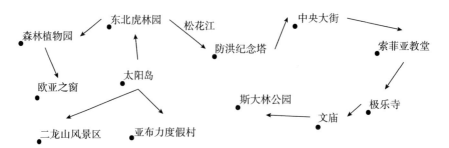

图 2-5　哈尔滨市内旅游线路

（2）黑龙江省内旅游线路（见图 2-6）。

表 2-25　省内旅游线路

线路一	兴凯湖、镜泊湖、地下溶洞、地下森林 4 日游：全程 1726 千米，哈尔滨—密山—兴凯湖—牡丹江—东京城—镜泊湖—地下森林—地下溶洞
线路二	五大连池—中俄界河—瑷珲城 3 日游：全程 1403 千米。哈尔滨—北安—五大连池—龙镇—黑河—瑷珲—黑河—哈尔滨
线路三	扎龙、北极村森林生态 3 日游：全程 2552 千米。哈尔滨—齐齐哈尔（扎龙）—西林吉—漠河—西林吉—加格达奇—齐齐哈尔—哈尔滨

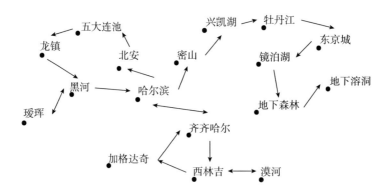

图 2-6　黑龙江省内旅游线路

（3）跨国旅游线路。

主要有两条线路：第一条是参观列宁广场、胜利广场、博物馆、市内风光的全程 3000 多千米的哈尔滨、黑河、布拉戈维申斯克 4 日游；第二条是参观中山广场、二战广场、克里姆林宫、列宁墓等景点的哈尔滨、绥芬河、符拉迪沃斯托克、莫斯科、圣彼得堡 8 日游。在遵循线路旅游的过程中能够回顾历史，也能够体验到国外的风土人情和自然风光，相较于国内的旅游线路又是不同的旅游体验。

这些旅游线路的设计体现了黑龙江省的旅游特色。例如，哈尔滨市的旅游出行线路多以冰雪旅游和城市旅游为特色。全省旅游线路主要是以全省森林草地等生态旅游资源为依托进行设计。黑龙江省的边境旅游和跨国旅游具有较大优势是因为与俄罗斯边界较长。虽然边境旅游和跨国旅游在不断发展，但也遇到了重大曲折，从长远来看，跨国旅游和边境旅游对黑龙江省的旅游业发展具有广泛而深远的影响。

（六）黑龙江省全域旅游的资源和数据

1. 黑龙江省全域旅游的数据概况

发展旅游业，是落实习近平在黑龙江省重要讲话精神的具体举措，是发挥比较优势、培育新增长点的现实路径，是高质量发展的必然选择，是推动黑龙江省经济发展和提高人民生活质量的重要途径（邸欣然和梁宏，2018）。2019 年，黑龙江省共接待国内外消费者 2.2 亿人次，旅游收入 2684 亿元，分别增长 19% 和 19.6%。对近年来黑龙江省旅游收入和国内外消费者人数进行统计（见表 2-26）发现，旅游收入和消费者数量均呈逐年递增趋势，由此可见，黑龙江省具有巨大的旅游资源开发潜力。围绕"美丽的北方，尽在黑龙江"旅游品牌，五大连池、镜泊湖、伊春森林、哈尔滨冰雪大世界、亚布力滑雪场、中国雪乡、北极村等景点及旅游产品已经成熟，随着时间的推移，人气越来越高。"哈尔滨滑雪场—亚布力—中国雪城"等精品线路已成为国内外旅游胜地。省旅游景区、旅游线路、主要自驾、城市旅游综合体、旅游美食、旅游景区、娱乐设施基本达到 A 级标准，60% 以上的旅游景点达到 AAA 级标准。

表 2-26　黑龙江省近年来的旅游收入及消费者数量

年份	2019	2018	2017	2016
旅游收入（亿元）	2684	2244	1909	1603.27
国内外消费者数量（亿人次）	2.2	1.82	1.64	1.45

黑龙江省旅游产业运行监测与应急指挥平台和黑龙江智慧旅游平台"趣龙江"上线运行。

2. 黑龙江省全域旅游的资源整合

以习近平新时代中国特色社会主义思想为指导，全面贯彻落实习近平在黑龙江省考察时的重要讲话精神和重要指示精神，贯彻"绿水青山就是金山银山，冰天雪地也是金山银山"理念，大力发展冰雪旅游。对于森林旅游、滨海旅游、旅游观光、湿地旅游、避暑旅游等发展，以供给侧结构性改革为主线，高质量发展，着力建设旅游强省，着眼国际化发展，建立新的特色旅游产品体系，培育特色体验旅游新业态，打造全民旅游目的地新典范。旅游业的发展需要一种新的思维方式和新动能，进一步释放大众旅游需求，特别是大众深度体验当地环境的需求，深化结构性改革。通过提供旅游产品，激活海量旅游资源存量；通过精品旅游，推动文化、艺术、时尚、科技、绿色旅游进入新时代；全方位、多角度推进"+旅游"，深入推进全区旅游一体化发展战略，为文旅市场主体发展壮大创造更加良好的市场环境，稳步提升旅游形象和文化软实力，有效提升消费者、企业和居民的获得感。推动黑龙江省旅游产业转型升级，整合各种碎片化的资源，形成一体化的发展和整体化的品牌，实现产业融合和区域产业整体带动。

（1）推进涉旅基础设施优先发展。

为了提高黑龙江省景区的可达性，要将地理、气候、环境等因素进行充分考虑，以此形成高可达性的目的地；要带动冰雪旅游、户外运动、生态旅游等的发展，吸引更多的消费者，就要优化相应的基础设施；把基础设施作为重要的旅游吸引力，帮助黑龙江省成为中国的自驾游大省；加强城乡旅游基础设施的有效管理；提高智慧旅游水平；以支持建设基础设施为手段，促进地方经济和全省旅游业的协调；创造一种方式来延长消费者的逗留时间，完善涉旅基础设施体系。

（2）打造主客共享的旅游环境。

在打造主客共享的旅游环境过程中，场地规划建设要完善，遵循宜居和宜游的原则；为了提高消费者的体验感受，景区氛围感的提升也十分重要；考虑各种旅游群体的个性化需求，包括不同年龄段、不同消费层次、不同消费者偏好等，也包含老人、残疾人和儿童等特殊群体；根据区位条件、场地环境和旅游景区特点，避免同质化、低标准，营造旅游景区长效、可持续发展的实体环境。

（3）创新旅游市场和品牌营销。

在黑龙江省建立现实和潜在的夏季和冬季旅游市场，以消费者为中心，以增加整体目标细分市场和旅游消费为目标；打造多元化品牌，迎合黑龙江省旅游发展愿景，提升黑龙江省雪域旅游和生态旅游目标，解决阻碍购物目标实现的问题，增加黑龙江省四季旅游目的地的吸引力，增加全省旅游收入。

（4）优化旅游经济、人力资本和统计。

以确保具有适宜的营商投资环境、人力资本基础和统计体系的目标，优化旅游营商投资环境，对中小企业的投资、成长和创新的发展进度需要进行引领；加快发展旅游装备制造业；发展消费经济而不是票务经济；改善季节性消费者的位置和流量；加强城乡联系，提高农村居民参与旅游经济的能力；升级、拓展和创新旅游教育培训服务；完善旅游统计数据采集体系，支持旅游目的地及相关业务发展。

（5）坚持自然环境保护底线。

尽量减少生态足迹，以开发促进保护；实现生态旅游战略中确定的环境目标，利用旅游动态保护生物多样性和生态系统；支持和保护黑龙江省的生态环境；减少碳足迹，实施碳抵消战略，并减少与旅游活动相关的固体垃圾及废水等；确保所有与旅游相关的基础设施的发展符合法律、法规和准则。

第三章　吉林省旅游地理环境、资源及全域旅游要素

一、吉林省旅游地理环境及资源

（一）吉林省旅游地理环境

吉林省简称"吉"，位于我国东北地区的中部，处于北温带，地跨东经121°38′~131°19′，北纬40°52′~46°18′。吉林省东西横贯约770千米，南北纵深约600千米，全省总面积约187400平方千米，占我国总面积的2%，居全国第14位。

吉林省位于东北亚地区的中心地带，吉林省东南部是朝鲜，东部是俄罗斯，西与内蒙古自治区、南与辽宁省、北与黑龙江省相连。吉林省珲春市是东北亚的几何中心，距离东海和俄罗斯的波塞湾很近，省会长春市位于东北亚的交叉路口。

1. 吉林省地理概况

吉林省的地势从东南部向西北部倾斜，东部山地和西部平原由中部大黑山线分开。以张广才岭和龙岗山脉西麓为界，东部是山区，中部和西部主要是平原。以松辽分水岭为界，北部是松嫩平原，南部为辽河平原。吉林省山区主要是长白山山区，大黑山山脉在吉林省东部山地的最西端。大黑山以东有几处东北至西南走向的山脉。其中，以张广才岭—威虎山岭—龙岗山最为高大绵长。

吉林省地形成因是由于外部力量的作用，如冰川、水力、风力。长白山如今还能看见冰川沉淀物，吉林省的地形形成的重要原因就是水。吉林省的各种山

地、台地、丘陵、平原、盆地的形成是由于遭受到侵蚀作用、剥蚀作用以及流水的冲击和沙类的堆积，主要有流水地貌、风蚀地貌、火山熔岩地貌等。火山熔岩地貌面积约为16116.4平方千米，流水地貌面积约为156479平方千米，湖成地貌、风成地貌所占面积较小，分别为4872.4平方千米、9744.8平方千米。

2. 吉林省气候条件概况

吉林省靠近亚寒带，位于北温带的最北部边缘地区，这是由于地理位置所致。吉林省东部靠近黄海和日本海，气候湿润且有雨，非常适宜生活；西部气候较干，全省都是温带大陆性季风气候，四季分明且雨热同季。吉林省的年均气温较高且多日照，阶段性的降水变化显著，但降水的区域分布不均匀。春季，吉林省中部地区和延边朝鲜族自治州降水较晚，且降水量较少，不利于从事农作物的播种和出苗等农事活动；夏季，吉林省的汛期来临，中部地区会出现暴雨、洪涝、台风等气象灾害。但总体来看，吉林省的气候条件符合农作物生长条件，2019年为丰收年。

（二）吉林省旅游地理资源

1. 吉林省土地资源

吉林省的土地面积大约为187400平方千米，土地类型主要分为以下几类：农耕用地、林业用地、草地、园林用地、交通运输用地、矿用地、水利用地以及其他用地。吉林省内的土地资源差异比较明显，整体呈现出东林、中农、西牧的基本模式。吉林省的东部是长白山区，长白山区大多是林业用地，林业用地占长白山区整体面积的81%；松辽平原位于东部，以农耕用地为主，占中部面积的45%，吉林省黑土地面积十分广阔，是世界三大黑土地之一。吉林省的水稻和玉米种植量享誉全世界，是世界黄金水稻带、黄金玉米带；科尔沁草原就位于吉林西部，面积占吉林省总面积的38%，有广阔的草原、草地、湿地荒地。农耕用地是吉林省土地资源利用结构的主体，吉林省是国家重要的商品粮基地。

2. 吉林省水资源

吉林省内部有2000余条河流，分属于松花江、鸭绿江、图们江、绥芬河、辽河五大水系。吉林省的河流分布不均，长白山区位于吉林省的东南部，河流众多，水源充足，一年四季水量充沛，是吉林省河网密度最高的地区。松花江、图们江、鸭绿江发源于长白山旁边的火山内，水流呈现辐射状，从山顶流下，因此长白山有"三江之源"之称。在吉林省西部的平原地区，除发源于内蒙古大兴安岭的洮儿河外，甘安县、通榆县、长岭县及前格尔罗蒙古族自治县南部几乎没有河流。松花江南源发源于长白山的天池，是吉林省第一大河流；图们江和鸭绿江是我国和朝鲜的界河，均发源于长白山天池周围的火山内；辽河东源发源于吉林哈达岭的寒葱顶山；绥芬河是五大水系中最小的水系流域，发源于盘岭山脉。

3. 吉林省矿产资源

吉林省位于中国东北的腹地，纵向跨越了古亚洲和滨太平洋成矿域，矿区的矿物种类齐全且地质条件较为优越。松辽盆地是国内重要的含油盆地之一，因此辽宁东部和吉林南部成为重要的含矿地区。主要分布在松辽盆地的矿产资源有煤、油、水、天然气、页岩等；煤炭资源分布在吉林省全省各地，主要是省会长春、延边自治区、吉林市等地区分布较多；金属矿类、非金属矿类、地热等资源主要分布在吉林省东部山区；延边朝鲜族自治州、白山市、吉林市、通化市分布着铁矿；桦甸、敦化地区有金矿分布；长白、临江等地区有硅藻土；梨树和磐石有硅灰石。

吉林省内发现的矿产种类多达 150 余种（亚矿种数 185 种），其中已经探明存储量的矿种有 117 种，细分为 138 种矿种（中国将 162 个已经查明储量的矿种细分为 230 个亚矿种），吉林省矿产资源数据记载有超过 120 种矿产，超过 90 种矿产已被开发和利用。

4. 吉林省生物资源

吉林省野生动物的种类超过 440 种，包括两栖类 14 种、爬行类 16 种、鸟类 335 种、兽类 80 种，被收入《国家重点保护野生动物名录》的超过 70 种，国家Ⅰ级、Ⅱ级保护动物分别有 18 种、58 种，种类繁多（满卫东等，2017）。在对国家和国际重点保护物种的拯救和保护中，吉林省政府发挥了重要作用，涉及濒危物种的保护包括东北虎、白鹤、东方白鹳、丹顶鹤等，而被列为吉林省重点保护的物种多达 445 种。

吉林省野生植物数量高达 3000 余种，占全国植物种类总数的 13%。被收入《国家重点保护野生植物名录（第一批）》的野生植物有 10 余种。此外，还有国家Ⅰ级保护植物如貂藻、东北红豆杉、长白松；13 种国家Ⅱ级保护植物如红松、水曲柳、野大豆、松茸等（杨超，2018）。由于得到了政府和人民的悉心保护，东北红豆杉和长白松这两种国家一级野生植物的数量逐年呈上升趋势。

被誉为"中国粮食主产区"之一的吉林省，处于"中国黄金玉米地带"的核心地区，吉林省能够产出含油量和含蛋白质量均高于其他地区的优质玉米；吉林大米更是因为味道好、品质高而销往全国，得到良好的口碑。吉林省特产的水果有延边苹果梨、黑水西瓜、葡萄等，均产自吉林省延边朝鲜族自治州。国家质检总局把延边地区生产的延边苹果梨、黑水西瓜等确定为原产地保护产品。

二、吉林省全域旅游要素

（一）吉林省全域旅游吸引物

全域旅游是以行政区域为旅游景点的旅游供应系统，打破了旅游的传统界限。在全域旅游的脉络中，消费者会在旅游范围内打破旅游界限（刘文慧，2018）。正所谓"消费者想去的地方都是旅游区"。因此，在构建吉林省全域旅游体系时，除传统旅游区外，吉林省应结合当地特色，满足消费者各方面的需求。

1. 吉林省饮食吸引要素

民以食为天，食在传统旅游要素中占有重要地位，吉林省地处东北地区中部，地域广阔，物产丰饶。食客会为了吃火锅专门到重庆，也会为了吃铁锅炖专门来吉林。由实践可以得知，餐饮行业存在食品质量良莠不齐、地方特色不鲜明、品种类型过于繁杂等问题。

吉林省旅游饮食吸引物体系应考虑目标客源的特点及国内消费者和入境消费者的口味与预期有差异，且大部分消费者从大城市远道而来，当地的特色农家菜会是首要选择，因此对农家菜的质量和安全更要高度重视。首先，吉林省有关部门要加强食品质量安全检测支撑体系，建立规范的餐饮食品质量标准和抽查制度，通过大数据、区块链等互联网手段的支持加快食品安全信息化、透明化；其次，各大景区要优化消费者用餐环境，在质量安全得到保证的同时提高消费者对吉林省全域旅游的满足感；最后，通过构建社会监督平台，鼓励消费者参与对旅行目的地的监督，针对新媒体报道的"黑点"，社会监督平台要发挥第三方监管作用，建立覆盖整个餐饮行业的食品安全信用体系。

2. 吉林省冰雪旅游吸引要素

文化和旅游部、国家发展改革委、国家体育总局等相关机构联合印发的《冰雪旅游发展行动计划（2021—2023）》提出，要贯彻习近平总书记"冰天雪地也是金山银山"的重要理念，加大冰雪旅游产品供给，推动冰雪旅游行业高质量发展，更好满足消费者需求，助力2020北京冬奥会，构建发展新格局。目前，吉林省冰雪旅游较为成熟的是长白山旅游度假区和吉林市冰雪项目，长白山以得天独厚的天气状况、自然景色、物产资源吸引了许多国内外消费者，独属于吉林省冰雪旅游的吸引要素当是吉林省境内有 48 个少数民族，少数民族鲜明的民族特色成为吉林地区吸引外来消费者的重要内容。应进一步探索民族文化要素，将民族文化与冰雪旅游产业相结合，形成吉林独一无二的冰雪旅游品牌。吉林省拥有丰富的历史，要推广吉林的历史文化，如伪满皇宫博物馆、东北抗联文化等（郑媛媛，2019）。将饮食文化、狩猎、旅游村相结合，打造四季旅游产品，使吉林省具有持久的吸引力。进而延续吉林省冰雪旅游项目，形成地域、季节、产品的全方面覆盖，达到可持续发展的目标。

3. 吉林省旅游基础设施吸引要素

良好的住宿环境能够带给消费者家的感觉，因此在构建吉林省旅游基础设施吸引要素时就需要关注酒店的环境、与景区的距离、服务水平和消费者满意度。吉林省内旅行社 1000 余家，有 30% 的旅行社开展国内、出入境旅游业务；有70% 的旅行社开展国内旅游和入境旅游借贷业务（白忠凯，2017）。吉林省内星级酒店 140 余家，其中，五星级高档酒店 5 家；四星级高档酒店 40 余家；三星级酒店 80 余家。省内星级酒店客房量超过 1.5 万间，年均出租率为 55%（见表 3-1）。旅游大学、学院等共计 36 所；旅游企业 9474 家。

表 3-1　吉林省星级酒店经营情况

项目	五星级	四星级	三星级	二星级	合计
饭店数量（家）	5	42	80	20	147
客房数量（间）	1515	6187	6087	1977	15766
平均出租率（%）	64	56	48	45	
平均房价（元）	480	360	221	185	

资料来源：《吉林统计年鉴》（2019）。

（二）吉林省全域旅游景区

吉林省旅游开发存在旅行资源丰富和旅行类型多样两大优势。随着景区和旅游接待设施建设的加快，截至 2018 年，吉林省共建设 324 处旅游景点，AAAAA级景区有 6 个、AAAA 级景区有 60 余个；有 19 个国家自然保护区、18 个省级自然保护区（见表 3-2）。森林自然景观在吉林省占有很大面积，有 1 个森林景区和 34 个国家森林公园在吉林省。吉林省有 6 个城市被评为"国家优秀旅游城市"，有近 30 个大型、中型滑雪场；33 处全国重点文物保护单位；217 处省级文物重点保护单位；6 个地质公园；还拥有 25 个国家教育科普基地、26 处爱国主义教育基地。吉林省的湿地资源也很丰富，向海湿地和莫莫格湿地是吉林省内两处国际级别的重要湿地，还有数个被评为国家级、省级的湿地保护区和湿地公园可供消费者游览。工农业旅游示范区有 10 余个，包括工业旅游点、农业旅游点、国家特色山水旅游镇、省级特色山水旅游镇。

表 3-2　吉林省国家 AAAAA 级、AAAA 级旅游景区一览

级别	景区名称
AAAAA 级 （6 个）	长白山景区、长春伪满皇宫博物院、长春净月潭国家森林公园、长春世界雕塑公园、长影世纪城、延边敦化六鼎山文化旅游区
AAAA 级 （61 个）	关东文化园、长影旧址博物馆、东北民族民俗馆、北湖国家湿地公园、动植物公园、天怡温泉度假山庄、农业博览园、庙香山休闲旅游度假区、吉林松花湖风景名胜区、圣德泉亲水度假花园、北大壶滑雪场、圣鑫葡萄酒庄园、拉法山国家森林公园、万科松花湖度假区、北山风景区、神农庄园、四平伊通满族博物馆、四平战役纪念馆、山葡萄酒文化产业园、叶赫那拉城、一马树森林公园、北方巴厘岛、青少年平安教育馆、辽源鴜鹭湖旅游度假区、东北沦陷时期辽源矿工墓陈列馆、道路交通安全体验公园、通化高句丽文物古迹景区、吉林市博物馆、龙湾群国家森林公园、振国壹号庄园、白鸡峰国家森林公园、大泉源酒业历史文化景区、杨靖宇烈士陵园、五女峰国家森林公园、长白山讷殷古城部落、创兴长白山原始萨满部落风景区、长白山野山参生态园、安图长白山历史文化园、龙顺雪山飞湖景区、长白山雁鸣湖温泉度假村、魔界风景区、梅河口市鸡冠山风景区、防川景区、梦都美民俗旅游度假村、延边博物馆、延边长白山峡谷浮石林景区、查干浩特旅游度假区、大戏台河景、莫莫格国家级自然保护区、嫩江湾国家湿地公园、大关东文化园、查干湖旅游度假区、白城向海国家级自然保护区、望天鹅风景区、白山露水河国家森林公园、松江河国家森林公园、松原市规划展览馆等

1. 自然景观类景区

长白山景区是 AAAAA 级国家风景区，长白山的主峰是白头山，白头山不仅风景秀丽风光独特，山体上还有许多奇异的碎石，山顶有美丽的积雪，秀美的景色吸引许多消费者前来欣赏，长白山也被赞为"千年积雪万年松，直上人间第一峰"。长白山景区的奇观有"神山、圣水、奇林、仙果"。长白山的动物繁多、资源丰富、景色宜人是旅游休闲避暑的好去处，同时也是世界罕见的"动物博物馆"和"自然植物基因库"。中国最大的自然保护区就是天池周围的长白山自然风景区，这里不仅能够旅游休闲，还有很高的科研价值。

吉林省长白山麓到科尔沁草原的过渡地带是净月潭国家森林公园，大黑山山脉的遗迹。横跨华北、长白山、内蒙古三大植物区，森林覆盖率高达总面积的

96%。包括了30多种绝美景观树种和完整的森林生物群体系，生态资源独特。山林空气每立方米含有2万个负离子，清新舒适，达到城市的400~500倍，因此被誉为"天然氧吧"。

伪满皇宫博物院是中国至今还保存完整的三大宫廷遗址之一，也是清朝最后一位皇帝溥仪担任傀儡皇帝时的居住地。总面积13.7万平方米，有大小不一的宫楼几十座，建筑风格结合了中国、日本及西方国家，是具有典型殖民特点的日本军国主义武装占领东北和实行法西斯殖民统治最典型的历史证据。

六鼎山景区是国家AAAA级旅游景区，景区在敦化市南部，靠近牡丹江南岸边约3千米，是吉林省省级旅游开发区。景区特色鲜明，汇集三大中国传统文明形式，分别是渤海文明、清代起源文明和佛教文明。由中国国家旅游设计院精心设计，重点打造，不仅对以上三种文明形式进行了史诗级发展，还增添了许多现代的旅游项目。

向海国家级自然保护区位于通榆县背部和科尔沁草原中心、内蒙古科右中旗东部。保护区在霍林河北部，东西贯通，湿地来源的河流是额穆泰河，水库的水引自洮儿河。整个蒙古族乡、四井子镇、乌兰花镇、兴隆山镇、同发牧场也在保护区内。

国家AAAA级景区北湖湿地公园位于吉林省长春市西南部，景区内有北城艺风、花影浮碧、水上邻里等十个功能旅游区。北城艺风的布局遵循"两区""三带"原则，消费者在此可享受景观赏玩、休闲娱乐等一体化的服务；花影浮碧旅游区兼顾了景色观赏和防洪设施两个要求，构建了"山随水转"的优美景观。

国家AAAA级景区五女峰国家森林公园在集安市北部，景区内有挺拔俊美的山峰少女峰、玉女峰、秀女峰、春女峰、参女峰共五座山峰。景区内森林覆盖率高达95%，盛产关东三宝人参、鹿茸、貂皮；除此之外也盛产山珍、野菜、野果。景区内还有黑熊、野猪、野狐、野兔、山鸡等多种野生动物，景区内特有的森林植物景观由杜鹃、五味子、红景天以及长白山植物系与华北植物带构成。

国家AAAA级旅游区拉法山森林公园，位于蛟河市境内。拉法山发源于长白山山脉，景区内有超过200个小景点，森林覆盖率高达85%。景区内有三大奇观堪称一绝，一是山为三面椎体，视角转换而山型不变；二是有上百种天然洞穴；三是世界独有的大气泡洞，具有赏玩和科研价值。

2. 人文景观类景区

国家AAAAA级风景区世界雕塑园是国家首批的重点公园，位于长春市人民街以南。园内有国内现代化的雕塑还有世界级雕塑，雕塑风格迥异，将自然景观和人文景观融为一体，是独具特色的现代化城市雕塑园。《思想家》《青铜时代》《卡尔雷恩人》《步行者》等众多展品都是大型雕塑作品，从罗丹博物馆引进。世界雕塑公园是全国唯一获得"新中国城市雕塑建设成就"荣誉称号的雕塑公园。

长影世纪城是国家 AAAAA 级旅游风景区，位于吉林省长春市东南部的净月湖西岸，有"东方好莱坞""世界特效电影之都"的美誉，它不光在中国负有盛名，更位于国际十大影城的榜首。长影世纪城凭借着雄厚的电影和历史文化底蕴，结合现代电影业和旅游业，为了延伸中国的电影产业链，长影世纪城还结合好莱坞环球影城的特点和美国迪士尼乐园的风格，打造了中国首个世界级电影主题游乐园。

杨靖宇烈士陵园，被评为国家 AAAA 级旅游景区，于 1954 年建成，占地面积约 2 万平方米，是抗日英雄杨靖宇的烈士陵园、安息之处。该陵园在靖宇山上，位于通化市浑江东畔。杨靖宇陵园被评为"全国中小学爱国主义教育基地""全国百大爱国主义教育基地"，还被各专业机构授予"全国爱国主义教育示范基地""国防教育示范基地""中国共产党党史吉林省教育基地"的称号，景区被列为国家"红色旅游"经典景区（许韶立，2010）。

（三）吉林省全域旅游交通

1. 吉林省旅游交通现状

（1）公路运输。

2019 年吉林省交通基础设施建设投入超过 300 亿元，全省公路达 106660 千米，等级公路占总里程超过 96%，约 10.6 万千米。其中，高速公路 3500 千米，一级公路 2000 千米，二级公路 10000 千米，其余等级公路 1.5 万千米。国省干线占 14%，约 1.5 万千米。

省内 AAAAA 级旅游景区基本实现高速公路贯通，主要旅游景区等级公路连接。全省 159 个 AAA 级以上旅游景区和 74 个 AAAA 级以上乡村旅游景区道路客运覆盖率达 100%，县级以上城市的消费者基本实现 AAA 级以上旅游景区道路运输一次换乘可到达。

（2）铁路运输。

截至 2019 年底，吉林省内共设有 1 个特等站、2 个一等站、31 个二等站、49 个三等站。省内干支线 37 条，联络线 18 条，铁路里程 4900 千米。

（3）水路运输。

2019 年吉林全省通航里程达到 1600 余千米，其中有 130 余千米三级航道、

250 余千米四级航道、530 余千米五级航道、300 余千米六级航道、120 余千米七级航道、其余航道 70 余千米。全省运输营业类船只 305 艘（包括驳船、机动船）。

（4）民用航空运输。

2019 年底，吉林省累计运营航空线路 244 条，通航城市 93 个，其中包括国际航班航空线路 17 条、地区航空线路 2 条。共有 84 个通航点，其中 14 个是国际通航点。国际航线形成全面覆盖东北亚，多点连通东南亚。

2. 吉林省旅游交通分析

采用和第二章相同的方法对吉林省各地级市和自治州的公路交通可达性进行分析。采用 α 指数、β 指数、γ 指数指标。通过绘制吉林省各城市交通节点分布图（见图 3-1），从而计算各城市的 α 指数、β 指数、γ 指数指标，用于计算吉林省交通通达情况。

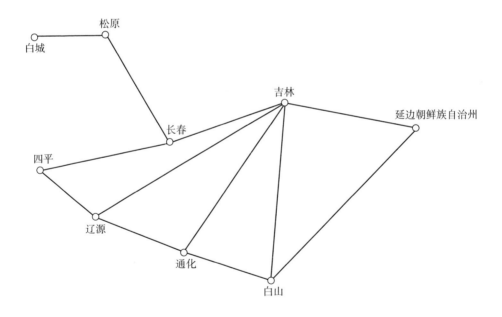

图 3-1　吉林省各城市节点

β 指数是旅游交通网络中每个节点的平均连接数。其计算公式为：

$$\beta = \frac{m}{n} \tag{3-1}$$

其中，m 为旅游交通网络中边的数目，即两两节点间的直接连接线数目；n

表示旅游交通网络中顶点的数量，即节点数量。一般来说，β 指数的取值范围是 0~3。在此范围内，该值越大表示交通网络连通性越好。

γ 指标为交通网络中某节点已经连接线路的数值与该节点上可能连接线路的最大数值之比（殷晶和高峻，2012）。其计算公式为：

$$N = \frac{m}{3(n-2p)} \quad (n \geqslant 3, \; n \in N) \tag{3-2}$$

γ 介于 0 和 1 之间。

α 指数是用于衡量网络回路的指标，表示该网络中已连接的回路数与理论连接的最大数之间的比率（周蓓，2006）。其计算公式为：

$$\alpha = \frac{m-n+p}{2n-5p} \tag{3-3}$$

α 介于 0 和 1 之间。

通过对以吉林省 9 个城市为节点的旅游交通网络进行分析，假设 $m=12$、$n=7$、$p=1$。运用上述三个公式对 α 指数和 β 指数、γ 指数进行计算，得出 $\alpha=0.67$、$\beta=1.71$、$\gamma=0.8$。旅游交通网络的结构特征反映了吉林省旅游交通连接的总体情况，主要是用于衡量吉林省旅游交通网络流畅、通达水平，从上面计算的结果可以看出，三个基本指标都高于平均水平（陈淑兰等，2009），吉林省 9 个旅游城市之间的旅游通达度比较理想，旅游交通网络整体连接比较平稳，平滑程度较高，这种交通畅通程度可以支撑消费者在吉林省 8 个地级市和 1 个自治州之间相互传送，使消费者能够随心所欲地到达旅游目的地，进一步验证全域旅游的自由度，为各个市（区、州）之间的旅游合作提供了坚实的基础设施保障。

以上三项指标主要衡量吉林省 8 个地级市和 1 个自治州之间交通网络的整体通畅度，但并不一定与网络中每个节点的通畅度一致。因此，必须要分析各个节点的交通通达度水平。节点的访问水平可用交通可达性指数来表示，该指标一般用平均路径长度表示（即某节点到另一个节点的最短路径的平均距离）（陈淑兰等，2009）。值越小，可访问性越好，平均路径长度最小的节点可视为旅游交通网络的中心。其计算公式为：

$$A_i = \sum_{i=1}^{n} \frac{D_{ij}}{n} \tag{3-4}$$

式中，A_i 为节点 i 的通达度指数，D_{ij} 为节点 i 到节点 j 的最短距离，n 为节点的个数。

在计算交通可达性时，将空间的距离转化为时间的指标更能清晰地对比各个节点城市的交通通达性。采用高速公路通行的方式，利用 ArcGIS 软件可以求得任意两个节点的最短路径，并假设出一个固定速度，用速度和时间的转换即可衡量某节点的交通可达性（陈淑兰等，2009）。由于车速取决于车辆状况、道路状况、天气状况和人为因素，为便于研究，本书以车速90千米/小时为准，选择耗时最短的到达方式进行研究。通过计算吉林省各市之间相互通达的公路最短用时来计算吉林省各市之间的交通通达度（见表3-3和表3-4）。

表3-3　吉林省各城市间高速公路最短时距　　　　　单位：小时

	长春	吉林	延边	松原	白城	四平	辽源	通化	白山
长春	0.0	1.5	5.0	2.0	4.0	1.5	1.5	2.0	3.0
吉林	1.5	0.0	4.0	3.0	5.0	3.0	2.6	3.3	3.0
延边	5.0	4.0	0.0	6.6	9.4	6.3	6.0	5.3	4.8
松原	2.0	3.0	6.6	0.0	2.3	3.3	3.3	4.8	4.8
白城	4.0	5.0	9.4	2.3	0.0	4.0	5.0	6.7	7.0
四平	1.5	3.0	6.3	3.3	4.0	0.0	1.6	3.5	4.0
辽源	1.5	2.6	6.0	3.3	5.0	1.6	0.0	2.3	6.9
通化	2.0	3.3	5.3	4.8	6.7	3.5	2.3	0.0	1.2
白山	3.0	3.0	4.8	4.8	7.0	4.0	6.9	1.2	0.0

表3-4　吉林省各城市间高速公路通达度　　　　　单位：小时

	长春	吉林	延边	松原	白城	四平	辽源	通化	白山
通达度	2.3	2.8	5.3	3.3	4.8	3.0	3.2	3.2	3.9

从表3-3和表3-4可以看出，某城市到其他城市高速公路的最短时距的最大值分别为长春市5小时、吉林市5小时、延边市9.4小时、松原市6.6小时、白城市9.4小时、四平市6.3小时、辽源市6.9小时、通化市6.7小时、白山市7小时。这意味着可以从省会长春市或者吉林市出发去吉林省的其他8个城市，最多只要5小时，这样游玩所耗费的时间是最短的，其次是四平市和松原市。此外，长春、吉林、四平三个城市在高速公路连接性的表现更为突出，位居吉林省高速公路通达度前三。特别是长春市，理论上旅游用时最短，为2.3小时，与其他城市连接良好。而延边朝鲜族自治州的高速公路连接性表现最差，只考虑了高速公路的可达性和连接性因素，来自其他城市的旅客到延边朝鲜族自治州旅行比较不方便，消费者需要花费较多的时间、资金才能到达，这在一定程度上影响了消费者到延边朝鲜族自治州的旅行计划，由于高速公路通达度不高，消费者很可

能在转车时被通达度更好的城市吸引而导致截流。

（四）吉林省全域旅游空间结构

吉林省三面环山、一面临海，气候是东部地区湿润过渡到西部半干旱地区，独特的气候条件形成了吉林省独一无二的区域自然格局，旅游资源空间组合特征明显。丰富的水资源位于吉林省东部湿润地区，使长白山自然风景区旅游资源更加丰富，吉林省的中部相较而言更适合人们生产生活，东部和中部两种风格迥异、交相辉映，形成了吉林省别具一格的地方文化景观带。东部地区的自然景观带和中部地区的生活景观带相互对立、相互依靠，共同构建了东部和中部地区旅游资源的两个主要分布轴。

吉林省有优越的旅游空间组织结构，吉林省 6 个城市构建了六大旅游资源结合区，这 6 个城市分别是吉林市、长春市、白山市、通化市、白城市以及延边朝鲜族自治州。更重要的是，这六大旅游自然资源结合区风格迥异，有各自的特点，绝不会让前往参观的消费者感到景致重复，可以说是各有千秋。吉林省省会长春市的旅游资源特色分为两种：一是生态旅游特色；二是历史文化旅游特色。例如，国家森林公园和伪满皇宫遗址这两种具有不同风格的景点都在长春市。吉林市的旅游资源结合区特点则包含了冰雪文化旅游特色、历史文化旅游特色、养老休闲文化特色。白城市旅游资源结合区的特色是生态旅游特色、宗教文化和民族文化特色；通化市旅游资源结合区的特色包含了历史文化旅游特色、生态旅游特色、冰雪文化旅游特色和中朝边境旅游文化特色，这种区域集中分布的特点使得旅游资源特征凸显，也形成了旅游资源空间上的有序分布。

1. 吉林省旅游空间结构

吉林省的旅游资源从空间结构上看是"一山、两城、四区"。"一山"是长白山，依托长白山景区构建的吉林省旅游综合文化景区十分具有地域特色；"两城"指旅游资源丰富的两座城市——长春、吉林；"四区"指白山森林生态及历史文化旅游区、白城蒙古族民俗文化旅游区、延边中朝边境文化旅游区、四平辽源火山特色地貌旅游区（崔莹，2016）。

建设以长白山为核心的旅游综合景区，需要改变固有思路，跳出旅游综合景区只有观光和旅游两种功能的局限性，长白山是吉林省最大的旅游名片，需要重点建设和保护，形成以长白山为核心的综合性全域旅游景区。建设独一无二的、依托长白山独特自然风光的旅游景致，如冰雪旅游、生态旅游、特色运动旅游、养老旅游等独具长白山特色的旅游产品。

依托长春市和吉林省一体化的整体布局，构建"清朝历史""抗战历史"两条独特的历史文化旅游线路，消费者可以欣赏两座城市独特的自然景光和历史文化景观（裴星星等，2014）。同时，注重核心旅游城市的旅游消费圈，集中消费、文化吸引和品牌展示，突出长春和吉林两座旅游城市互补互利功能。

在重点建设"四区"的旅游特色方面，要有新的能够代表"四区"特色的旅游产品，六鼎山就是一个能够很好代表"四区"特色的文化旅游产品，此外，抚松市还有疗养休闲、森林假日等新型旅游产品；而二道白河就是两大典型的国际旅游度假村产品。

因此，要想发展吉林省全域旅游，不仅要自身旅游产品实力强，还应该根据吉林省的空间特点来规划旅游产品。要扩大吉林省乡镇旅游的优势，结合吉林省各大城市旅游，在旅游资源的基础上进行创新和突破。所谓全域旅游就是要创造无边界的自由旅游产业，以此来解决吉林省旅游产品资源不足、空间结构失调等问题。

2. 吉林省旅游业指标分析

旅游资源丰度指数，即用于测量吉林省各地级市（自治州）旅游资源数量与质量的综合层次指数。经旅游局评定的 A～AAAAA 级景区，各类旅游资源覆盖最全面。同时考虑到不同景区的质量差异较大，本书选取了不同的权重，计算公式如下：

$$R_i = 5.00N_5 + 2.50N_4 + 1.75N_3 + 0.50N_2 + 0.25N_1 \qquad (3-5)$$

式中，R_i 为 i 地级市（自治州）旅游资源丰度指数；$N_1 \sim N_5$ 分别是各地级市（自治州）A～AAAAA 级景区的数量；0.25、0.50、1.75、2.50 和 5.00 分别为 A～AAAAA 级景区的比重。吉林省各地级市（自治州）旅游资源丰度情况如表 3-5 所示。

表 3-5　吉林省各地级市（自治州）旅游资源丰度

城市	延边	长春	通化	吉林	白山	辽源	四平	松原	白城
R_i	76	74.5	72	41	30.75	28	23.25	20.5	19.5

旅游经济指数，用于分析各地级市（自治州）的旅游经济水平。衡量各地级市（自治州）旅游经济水平最常用的指标，通常是国内外消费者数量和国内外旅游收入。旅游收入通常包括消费者数量、消费能力和旅游地区的价格等信息，相比其他指标，能更为全面、直观地代表各地级市（自治州）旅游经济水平。因此，用旅游总收入来衡量各地级市（自治州）的旅游经济指数，其计算

公式如下：

$$I_i = \frac{x_i - x_{\min}}{x_{\max} - x_{\min} \times 100} \tag{3-6}$$

其中，I_i 为 i 地级市（自治州）的旅游经济指数；x_i 为 i 地级市（自治州）的旅游总收入；$x_{\min}$、$x_{\max}$ 为吉林省 8 个地级市 1 个自治州旅游总收入中的最小值、最大值。

使用旅游总收入、A～AAAAA 级旅游景区数量的数据，根据式（3-5）、式（3-6）可以计算出各地级市（自治州）的旅游资源丰度指数和旅游经济指数（见表 3-6）（肖利斌等，2017）。

表 3-6 吉林省各地级市（自治州）旅游经济指数

城市	延边	长春	通化	吉林	白山	辽源	四平	松原	白城
I_i	22.33	100	10.34	51.19	7.07	0.00	0.86	5.67	1.09

吉林省旅游资源丰度指数较高的地区分布在吉林省中部和南部，其中延边自治州最高，为 76，长春市第二，为 74.5，通化市第三，为 72，结合实践分析可知，长春市是吉林省的省会城市，延边是自治州，都有 AAAAA 级景区，且 A 级以上景区数目众多，旅游资源相比其他城市较为丰富。

吉林省中部地区和东部地区的旅游经济指数较高，其中长春市最高，为 100，吉林市第二，为 51.1，延边自治州第三，为 22.3，旅游经济指数高说明旅游人次多、交通方便、旅游设施齐备等。

3. 吉林省全域旅游资源与旅游空间错位分析

空间错位是指旅游资源中心和经济重心在空间上的错位。本章利用重力模型得出了吉林省旅游资源和旅游经济的重心。旅游资源重心计算公式如下：

$$X_R = \frac{\sum_{i=1}^{n} R_i \times X_i}{\sum_{i=1}^{n} R_i}$$

$$Y_R = \frac{\sum_{i=1}^{n} R_i \times Y_i}{\sum_{i=1}^{n} R_i} \tag{3-7}$$

其中，X_R 为旅游资源重心城市的经度；Y_R 为旅游资源重心城市的纬度；R_i

为 i 地级市（自治州）的旅游资源丰度指数；X_i 为 i 市的中心位置的经度；Y_i 为 i 市的中心位置的纬度；n 为吉林省地级市（自治州）个数（代福昌，2018），取 $n=9$。把 R_i 换为 I_i 就可以计算东北地区旅游经济重心（X_I，Y_I），两个重心重合，说明旅游资源的丰富程度与旅游经济的水平相匹配，有利于旅游业的发展；两个重心不重合、不偏离，说明它们之间存在空间错位现象，需要加以纠正。

通过重力模型得出吉林省旅游资源重心与旅游经济重心分别为（126.47°E，43.16°N）与（126.45°E，43.59°N），两者错位经度 0.01°，纬度 0.4°。卫星地图显示，吉林省的旅游资源重心与旅游经济重心都在吉林市，没有空间错位。根据空间位错理论，某一单元的重心位置会向单元值高的区域倾斜，表明吉林省吉林市具有旅游资源优势，旅游业经济发展水平也不错，甚至超过吉林省省会长春市。

（五）吉林省全域旅游线路模式

1. 吉林省旅游景区空间结构分析——以长春市为例

采用最近邻距离模型，分析长春市国家 AAAAA 级、AAAA 级景区的空间结构。最近邻距离用来表示地理空间里最接近程度的地理指标，r 是每个点之间的平均距离（距离某个景点最近的一个景点的距离）。当区域内的点随机分布时，理论最近邻距离表示如下：

$$R_e = \frac{1}{2\sqrt{n/A}} \tag{3-8}$$

式中，R 为理论上最近的距离；A 为该旅游区的面积；n 为旅游节点的个数。长春市是国家著名的旅游城市，旅游景区总面积为 24662 平方千米，长春市有许多 AAAAA 级、AAAA 级旅游景区，故只选取其中具有代表性的 16 个景区作为数据，据此可以得出长春市 16 个景区随机分布的最近距离为 $R_e=19.63$ 千米。

通过计算长春市各景区最近邻距离，可以得到长春市各景区之间最短距离的乌鸦矩阵表，长春市各景区距离平均值为 $\overline{R} \approx 9.68$ 千米（王恒和李悦铮，2010）。

分布类型可分为随机分布、凝聚分布、均匀分布三种，当 $R=1$ 时，说明该地的旅游景区分布是随机的；当 $R>1$ 时，说明旅游景区的分布是均匀的；当 $R<1$ 时，说明旅游景区呈凝聚型分布。最近邻距离从小到大排序情况为凝聚型、随机型、均匀型。这三种分布情形均为点状分布（刁贝娣等，2017）。长春市各景区最短距离乌鸦矩阵图以及长春市旅游空间点最近邻距离情况如表 3-7 和

表 3-8 所示。

表 3-7　长春市各景区最短距离乌鸦矩阵表　　　　单位：千米

	1	2	3	4	5	6	7	8	9	10	11	12	13	14	15	16
1	0.0	16.6	11.3	1.3	0.6	36.5	27.8	14.7	23.7	50.3	2.5	28.3	12.3	17.2	6.2	13.5
2		0.0	9.9	21	17.3	56.3	12.6	2.4	11.8	49.6	15.5	41.3	9.1	7.4	10.8	4.7
3			0.0	13.5	11.8	48.9	18.3	7.6	21.1	56.2	8.6	31.9	1.0	6.8	6.7	5.3
4				0.0	4.4	35.7	32	19	28	56.2	5.7	27	14.5	21.5	10.4	17.8
5					0.0	39.6	28.4	15.4	24.3	52.5	2.5	30.1	12.7	17.8	6.8	14.2
6						0.0	67.3	54.3	63.2	61.6	40.9	32	49.8	56.6	45.7	53.1
7							0.0	14.0	21.6	63.5	26.5	51.6	18.8	12.4	21.9	13.8
8								0.0	15.5	49.8	13.5	39	6.8	6.4	8.9	2.4
9									0.0	48.1	22.4	50.7	20.3	19	17.9	15.9
10										0.0	49.5	77.2	56	55.5	50.1	51.7
11											0.0	30.5	9.6	15.8	4.6	12.3
12												0.0	32.9	39.6	32.8	37.4
13													0.0	7.3	6.3	4.8
14														0.0	6.2	4.8
15															0.0	7.8
16																0.0

表 3-8　长春市旅游空间点最近邻距离情况

景区名称	等级	代码	最邻近点	最近邻距离（千米）
净月潭国家森林公园	AAAAA	1	5	0.6
伪满皇宫博物馆	AAAAA	2	8	2.4
世界雕塑公园	AAAAA	3	13	1
长影世纪城	AAAAA	4	1	1.3
凯撒森林温泉旅游度假区	AAAA	5	1	0.6
御龙温泉度假村	AAAA	6	12	32
关东文化园	AAAA	7	14	12.4
孔子文化园	AAAA	8	16	2.4
北湖国家湿地公园	AAAA	9	2	11.8
庙香山休闲旅游度假村	AAAA	10	9	48.1

续表

景区名称	等级	代码	最邻近点	最近邻距离（千米）
农业博览园	AAAA	11	5	2.5
天怡温泉度假山庄	AAAA	12	4	27
吉林省酒文化博物馆	AAAA	13	3	1
长影旧址博物馆	AAAA	14	16	4.8
东北民族民俗馆	AAAA	15	11	4.6
动植物公园	AAAA	16	8	2.4

R 指数定义为实际最近邻距离与理论最近邻距离之比，经过计算可以得出 $R = \dfrac{\overline{R}}{R_e} = 0.49$，$R < 1$ 说明长春市的景区分布趋于凝聚分布，南北旅游景区距离较为集中，方便消费者从各个景区之间转换，资源整合较为紧密，已经形成长春市旅游景区的空间一体化。

2. 吉林省旅游线路优化分析

吉林省现有旅游线路存在一些问题。第一，整体企划不完善，没有鲜明的景区特色和独具一格的特点，吉林省具有丰富的自然旅游资源和人文旅游资源，但是各个景区缺乏统一的规划与管理，没有独特的品牌形象，导致消费者来吉林省游玩过后没有留下深刻的印象。要想打造出吉林省独有的旅游品牌，就必须要突出吉林省与其他省份不同的旅游资源特色，同时政府部门要统一规划，统一管理所有的旅游景区。长春市旅游经典线路是，从伪满皇宫博物馆出发途经长影世纪城、净月潭、巴蜀映巷，该路线是伪满皇宫博物馆旅游经典线路。其中还包括长春电影文化课投影。净月潭森林公园被纳入生态旅游的一部分，没有明确的目标和特色。第二，吉林省旅游品牌知名度不高，宣传力度不够。吉林省旅游线路不知名的主要原因是缺乏良好的宣传与营销，吉林省有丰富的旅游线路但是没有很好地进行宣传，所以消费者来吉林省游玩也未能尽情游览所有景点，要想改变这一现象首先要好好运用互联网"引流"，要让外地的消费者了解吉林省，从而到吉林省游玩，其次就是拓宽随处可见的宣传吉林省旅游路线的渠道。政府还应把重心放在旅游业的管制上，从而给消费者带来良好的旅游体验（李子东等，2019）。根据吉林省的特点，旅游宣传要充分利用互联网的渠道。第三，特色旅游景点之间交通不方便，特殊线路少。吉林省特色旅游景点分布在长春市各地。各个特色景点之间距离较远，出租费用较贵。公共汽车、轻轨、地铁要到达目的地需要经过几个车站。例如，暑假期间，非中国旅游团在各个景点的平均换车时间是 1.5 小时，这很容易使消费者对交通留下负面印象。

3. 吉林省旅游优化方案：以长春市为例

路线 1：该路线是赏雪、玩雪、滑雪三合一的休闲观光游览线路。四大滑雪胜地分别是莲花山滑雪场、净月潭滑雪场、净月潭国际滑雪节、越野滑雪。将著名的滑雪胜地结合在一条路线上，一定能吸引国内外消费者慕名而来、流连忘返。政府要统一协调和安排以改善各滑雪场存在的问题，如改善莲花山滑雪场的交通环境；净月潭滑雪场应改善住宿不足和停留时间短的状况，设立休闲设施，成立"观光振兴运动·观光发展运动"。同时也要保证滑雪场内的绿色生态，让消费者在游玩之际能舒缓身心，带来良好的游玩体验。

路线 2：该路线是结合了吉林省冰雪旅游文化和电影景点打卡的旅游路线。冰雪文化节、冰雪电影、《林海雪原》、《天地长白》这四个景点结合形成了吉林省电影文化主题的冰雪旅游。旅游产业也要与时俱进，开发个性化主题旅游产品。旅游资源要与各种时尚的主题结合，如电影、餐饮等，形成综合完善的旅游资源。例如，牡丹江市就将旅游景区和电影《智取威虎山》结合，形成一系列的电影主题旅游资源，吸引国内外消费者前来参观。要对旅游资源进行开发与创新，提出创意，这可以从长春冰雪旅游开发中吸取教训。取景于长白山的电影《林海雪原》由描写东北民主联军的一支小队在解放战争初期进行剿匪战斗的红色小说改编而成，为广大观众所熟知。长白山"雪山"等著名旅游资源已经有很高的知名度，长春的旅游景区依托长白山，而长白山也得益于长春丰富的文化内涵，得以吸引广大消费者，从而相互促进，共同发展。

路线 3：该路线是集夏季避暑和亲子休闲于一体的旅游路线。长春市夏季较为燥热，该线路结合了室内景区和休闲，让消费者既能感受到游玩的乐趣，也不必暴晒在烈日之下。京东动物园、长春海洋世界、欧悦冰雪休闲旅行三个景点都是孩子所喜欢的，包括长春著名的室内动物园和最大的海洋世界，适合孩子放暑假时和家长一起出行游玩。

路线 4：该路线是具有爱国教育意义的历史文化旅游线路，伪满皇宫博物馆为第一站，然后去苏联烈士纪念碑、东北沦陷博物馆、长春烈士陵园，最后来到解放纪念碑进行参观。

路线 5："俄罗斯领事馆+南满洲铁道株式会社+大和酒店+横滨 Masakum 银行+南满洲铁路电话交换机和广播局+新京百货旧址旅游路线"旅游线路。以民间部门保护的入侵遗址为重点，补充和呼应官方遗址及入侵的确凿证据，加强年青一代的爱国主义教育，同时获得经济效益。长春市有大量的殖民遗迹。殖民历史能够教育新一代的青年，牢记历史，不忘使命。殖民遗迹是长春市独有的历史资源，应当好好保存。政府要对该景区进行精心的保护，如果缺乏政府监管，一味过度开发将是文明的巨大损失，也是对文物资源的巨大破坏（李子东等，2019）。

（六）吉林省全域旅游的资源和数据

1. 吉林省全域旅游数据概况

（1）入境旅游。

2019 年吉林省入境旅游收入约 6.15 亿美元，较上年下降 10.34%。2019 年吉林省境外消费者客源国排名依次为韩国、俄国、日本、德国、新加坡、美国、澳大利亚、英国、法国、加拿大等。2019 年吉林省入境客源市场区域具体构成如表 3-9 所示。

表 3-9 2019 年吉林省入境客源市场区域构成

区域	接待人数（万人次）	同比增长（%）	占有份额（%）
亚洲	114.95	−4.88	84.16
欧洲	7.38	−20.55	5.4
美洲	5.44	0.57	3.98
大洋洲	1.52	50.24	1.11
其他	7.3	41.24	5.35

（2）国内旅游。

2019 年全省累计接待国内消费者 2500 万余人次，国内消费者主要来自吉林省、辽宁省、黑龙江省、山东省、广东省、浙江省等。国内消费者消费构成如图 3-2 所示。

2. 吉林省全域旅游的资源整合

（1）总体分布状况。

全域旅游资源是对消费者产生吸引力且具有开发利用价值，能产生社会、经济、生态、自然四大效益的自然、人文、社会资源的总和。吉林省全域旅游资源雄厚，拥有优越的自然资源和丰富的人文资源，是我国旅游大省之一，并且旅游资源类型丰富、千姿百态、独具特色。截至 2019 年底，A 级景区数量达到 231 家，其中包括 AAAAA 级景区 7 家、AAAA 级景区 63 家、AAA 级景区 111 家、

AA 级景区 43 家、A 级景区 7 家，所占比重分别为 3.0%、27.3%、48.1%、18.6%、3.0%（见表 3-10）。

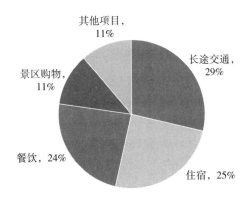

图 3-2 旅游人均消费构成

表 3-10 吉林省 A 级旅游资源

	AAAAA	AAAA	AAA	AA	A	汇总
数量（家）	7	63	111	43	7	231
比重（%）	3	27.3	48.1	18.6	3	100

按照旅游资源评价标准，吉林省景观类旅游资源共计 59 种，占全国的 60%。人文资源和自然资源所占比例分别为 75.8% 和 24.2%，可以看出人文旅游资源是吉林省的主要旅游资源，人文旅游资源可进一步细分为遗址遗迹类、建筑设施类、旅游商品类及人文活动类，所占比重分别为 10.8%、53.3%、3.8%、7.9%。自然旅游资源可进一步细分为地文景观、水域风光、生物景观、天象气候景观，所占比重分别为 8.5%、9.2%、5.9%、0.6%（见表 3-11）。

表 3-11 吉林省旅游资源分布状况

	景观类别	数量（个）	比重（%）
人文旅游资源	遗址遗迹	2272	10.8
	建筑设施	11234	53.3
	旅游商品	791	3.8
	人文活动	1653	7.9

续表

	景观类别	数量（个）	比重（%）
自然旅游资源	地文景观	1797	8.5
	水域风光	1974	9.2
	生物景观	1240	5.9
	天象气候景观	129	0.6
合计		21063	100

（2）区域分布状况。

吉林省全域旅游资源具有鲜明特色，且综合性相对较强，各个市（州）之间的旅游资源具有非常强的联动性。A 级以上旅游资源主要分布在延边州、通化市、长春市、吉林市（见表 3-12、表 3-13）。

表 3-12　吉林省各市（州）A 级以上旅游资源分布状况　　单位：家

区域	AAAAA	AAAA	AAA	AA	A	合计
长春	4	12	10	9	2	37
吉林	0	10	7	9	1	27
四平	0	5	4	1	0	10
辽源	0	4	10	1	0	15
通化	1	7	29	2	1	40
白山	0	3	15	7	0	25
松原	0	2	8	0	3	13
白城	0	4	4	5	0	13
延边州	1	12	22	8	0	43
长白山	1	3	0	0	0	4
梅河口	0	1	2	0	0	3
公主岭	0	0	0	1	0	1
总计	7	63	111	43	7	231

表 3-13　吉林省各市（州）主要 A 级以上景区分布状况

区域	级别	主要旅游资源
长春	AAAAA	净月潭国家森林公园、长春世界雕塑园、长影世纪城、伪满皇宫博物馆
	AAAA	现代农业博览园、酒文化博物馆、妙香山风景区、东北民俗馆、孔子文化园、北湖国家湿地公园

续表

区域	级别	主要旅游资源
吉林	AAAA	吉林省博物馆、圣鑫葡萄酒庄园、吉林市满族博物馆、拉法山国家公园、北大湖滑雪场、松花湖、红石国家森林公园
四平	AAAA	叶赫那拉古城、北方巴厘岛、四平战役纪念馆、牧情谷旅游风景区
辽源	AAAA	辽源矿工墓陈列馆
通化	AAAA	杨靖宇烈士陵园、五女峰国家森林公园、鸡冠山国家森林公园
白山	AAAA	露水河国家森林公园、望天鹅景区
松原	AAAA	查干湖自然保护区
白城	AAAA	向海自然保护区、莫莫格国家级自然保护区
延边	AAAAA	敦化六鼎山文化旅游区
	AAAA	防川风景区
长白山	AAAAA	长白山自然保护区

第四章 辽宁省旅游地理环境、资源及全域旅游要素

一、辽宁省旅游地理环境及资源

旅游的地域性吸引了许多消费者,发展地域特色不仅能够促进当地经济的发展,而且可以弘扬传统文化。辽宁省既具有地域优势也具有丰富的旅游资源。辽宁省旅游业发展潜力巨大,但是辽宁省旅游业的发展水平偏低,存在着经济收入低、规模小等问题。虽然辽宁省拥有很多独特的旅游文化资源,但是这些资源没有被合理地开发和利用,因此没有形成合力。

(一) 辽宁省旅游地理环境

地理环境是影响一个地区旅游行业发展的基础因素,当前,人们越来越重视环境问题,并且将其付诸实践。要探讨辽宁全域旅游发展问题需要了解辽宁的旅游地理环境。

1. 辽宁省旅游地理概况

辽宁省位于中国东北的南部,是中国东北地区通往关内的交通要道,也是东北地区和内蒙古通向世界、连接欧亚大陆桥的重要门户。

全省地势总体上看是北高南低,从陆地逐渐向海洋倾斜,山脉和丘陵分别位于东部和西部,同时向中部平原倾斜。地形分为东部山地、西部山地和中部平原三个区域(见图4-1)。

东部山地丘陵区主要是长白山山脉的西南延伸。以沈丹铁路为界,可划分为

东北低山区和辽东半岛丘陵区。东北部低山区，是长白山支吉林哈达岭和龙岗岗的延续，由南北两座平行的山脉组成，海拔 500~800 米，为锋岗山的最高峰，位于抚顺市东部，与吉林省接壤，海拔 1347 米，是辽宁省的最高点。辽东半岛丘陵区，以千山为骨干，从本溪连山关北部开始延伸至旅顺老铁山，构成辽东半岛的骨干，其中的山峰一般低于海拔 500 米。

图 4-1　辽宁省地貌占比

面积 3.7 万平方千米的中部平原主要由辽河和 30 多条支流组成。地势由东北向西南逐渐向辽东湾倾斜。辽北低丘区和内蒙古零接触区存在沙丘。辽南平原和辽东湾沿岸地势相对平坦，土壤肥沃，伴有大面积沼泽和洼地以及许多牛轭湖（朱义东，2014）。

2. 辽宁省自然气候条件概况

从自然季候的因素考虑，辽宁省位于欧亚大陆东岸，它是温带季风性气候，阳光充足，冬夏季节较长，春秋季节很短。但是总体上雨量不均，东部由于临海而气候湿润，西部则相对干燥。全省范围内温度不高，年平均气温在 7℃~11℃，同时它们会受到海洋和季风天气的影响，不同地区之间温差较大。辽宁省全年的阳光辐射总量在 418~836 焦/平方厘米，年日照时数在 2100~2600 小时。春季和冬季阳光不足，夏季阳光逐渐增多，秋季大部分时间会很多。7℃~11℃ 为全年的平均气温，最高气温可达 30℃，甚至会出现 40℃ 以上的高温和 -30℃ 以下的低温。一年有 130~200 天是无霜期，一般无霜期都在 150 天以上，从西北向东南逐渐增加。与东北其他地区相比，辽宁省的降水量更多，全年降水量平均在 700 毫米左右（王莹，2011），东部山丘地区更是能够达到 1100 毫米以上，西部地区偏少，但也维持在 400 毫米左右，中部适中能够维持在 600 毫米左右。鉴于这些地理条件，辽宁省的旅游旺季从 4 月开始至 10 月结束,但是对于中部和北部地区来说,则可以在淡季发展冰雪旅游,其气候数据如表 4-1 所示。

表 4-1 辽宁省气候数据

类型	数据
阳光辐射年总量	418~836 焦/平方厘米
平均气温	7℃~11℃
平均无霜期	130~200 天
全年平均降水量	700 毫米左右
旅游旺季	4~10 月

(二)辽宁省旅游地理资源

1. 辽宁省土地资源

辽宁省耕地面积 409.29 万公顷,占全省耕地总面积的 27.65%,其中人均耕地约为 0.096 公顷,约 80% 的耕地集中在辽宁省中部平原和辽西北低丘河谷地带。公园占地约 59.85 万公顷,占总用地面积的 4.04%。林地面积约 569.07 万公顷,占土地总面积的 38.47%。土地面积最大的一部分是林地,辽宁省林业基地位于东部山区,生态公益林是其他地区主要构成部分。草地面积约 35.01 万公顷,占总土地面积的 2.37%,草地主要分布在西北部;其他农用地面积约 49.96 万公顷,占总面积的 3.38%;居民区和独立工矿用地面积约 113.47 万公顷,占总用地面积的 7.67%;交通用地面积约 8.82 万公顷,占总用地面积的 0.6%;水利设施用地面积约 14.8 万公顷,占总用地面积的 1%。未利用土地面积约 138.31 万公顷,占总用地面积的 9.3%(冯健,2016);其他农用地面积大概有 49.96 万公顷,占总用地面积的 3.38%;居民点及独立工矿地面积大概有 113.47 万公顷,占总用地面积的 7.67%;交通用地面积大概有 8.82 万公顷,占总用地面积的 0.6%;未利用土地面积大概有 138.31 万公顷,占总用地面积的 9.3%。土地资源占比如表 4-2 所示。

表 4-2 辽宁省土地资源占比

土地资源种类	所占面积(万公顷)	占比(%)
耕地面积	409.29	27.65

土地资源种类	所占面积（万公顷）	占比（%）
公园	59.85	4.04
林地面积	569.07	38.47
草地面积	35.01	2.37
其他农用地面积	49.96	3.38
居民区和独立工矿用地面积	113.47	7.67
交通用地面积	8.82	0.6
水利设施用地面积	14.8	1
未利用土地面积	138.31	9.3

2. 辽宁省水资源

当地降水产生的地表水和地下水总量代表的是水资源总量，也可以用地表径流和降水入渗补给的总和来表示。2019 年全省水资源总量为 255.98 亿立方米，比多年平均水平下降 25.1%。

2019 年辽宁省行政分区水资源总量如表 4-3 所示。

表 4-3　2019 年辽宁省行政分区水资源总量

行政分区	年降水量（亿立方米）	地表水资源（亿立方米）	水资源总量（亿立方米）	多年平均降水量（亿立方米）	与多年平均比较（%）
沈阳	98.33	14.46	30.49	23.56	29.4
大连	76.58	19.66	19.96	32.83	-39.2
鞍山	65.46	16.22	20.38	28.64	-28.8
抚顺	89.90	24.61	24.84	30.61	-18.6
本溪	65.34	22.61	22.23	32.56	-31.7
丹东	117.54	44.71	46.03	85.94	-46.4
锦州	66.52	6.18	13.13	14.03	-6.3
营口	33.55	6.36	6.95	10.55	-34.1
阜新	63.44	4.17	7.42	8.42	-11.3
辽阳	34.10	6.43	8.72	11.22	-22.3
铁岭	104.99	24.44	30.72	25.59	20.0
朝阳	96.24	9.02	9.21	14.92	-38.3
盘锦	24.87	2.63	3.73	3.36	11.0

续表

行政分区	年降水量 （亿立方米）	地表水资源 （亿立方米）	水资源总量 （亿立方米）	多年平均降水量 （亿立方米）	与多年平均 比较（%）
葫芦岛	63.13	10.49	12.12	19.56	-38.0
全省合计	999.98	211.54	255.98	341.79	-25.1

3. 辽宁省矿产资源

辽宁省矿产资源非常丰富，已发现并探明的矿产资源有 110 种。有储量矿产资源 66 种（不含石油、天然气、煤层气、放射性矿产、地下水和矿泉水），矿产生产场所 672 个。对全国经济影响较大的 45 种主要矿产中，辽宁省有 36 种、620 个矿产地。辽宁省主要矿产资源储量如表 4-4 所示。

表4-4　辽宁省主要矿产资源储量

矿产名称	资源储量
石油	19558（万吨）
天然气	469.1（亿立方米）
锰矿	26848（千吨）
石煤	980（千吨）
铝矿	8389（千吨）
金矿	56955（千克）
银矿	829（吨）
金刚石	21031（克）
石墨	294（千吨）
硫铁矿	27328（千吨）

4. 辽宁省生物资源

辽宁省共有植物 2200 余种，其中 1300 余种植物具有经济价值。有 830 多种药用植物，如人参和细辛。有 70 多种野生水果和淀粉酿造植物，如山葡萄；有 89 种芳香油植物，如月见草和薄荷；有 149 种油料植物，如松子。

辽宁省还有许多种类的动物，包括两栖类、哺乳类、爬行动物和鸟类，国家一级保护动物 6 种、二级保护动物 68 种、三级保护动物 107 种。其中，具有科学价值和经济意义的动物有白鹳、丹顶鹤、蝰蛇、爪鲵螈、红狐、海豹、海豚等。鸟类总共 400 多种，占我国鸟类种类的 31%。

二、辽宁省全域旅游要素

通常认为，旅游六要素是指从目的地角度出发，对旅游产品进行评价，这其中包括了 6 个最主要的方面——食、住、行、游、购、娱，这些要素和需求、交通、供给等都集中在一个具体有效的框架内，可以视为满足消费者需求的服务和设施中心。

（一）辽宁省全域旅游吸引物

1. 辽宁省居民文化

每个民族在发展过程中都会留下许多文化烙印，传统民居就是其中的一种文化因素，它展现了不同地区和民族的历史形态，并且得到了认同，保存了下来的。辽宁省是我国满族主要聚居地，保留了许多清朝时期的建筑遗址，这些建筑都烙印了满族风情。东北地区自古以来就是比较寒冷的，因此满族居民会选择山区谷地进行居住，以此来抵御严寒。火炕是满族的一大特色，它不仅是满族人民睡觉的地方，也是人们日常生活取暖的设施，满族的文化伴随着火炕传承着。

2. 辽宁省基础服务设施

从旅游星级酒店的数量来看，辽宁省拥有 343 家星级酒店，其中包括 22 家五星级酒店、75 家四星级酒店、185 家三星级酒店、61 家二星级及以下酒店（以上数据截至 2018 年底，数据来源于《中国旅游统计年鉴（2019）》），辽宁省星级酒店数量分布如图 4-2 所示。

东北三省星级酒店的数量对比如图 4-3 所示。从图中可以看出，辽宁省星级酒店数量最多，其次是黑龙江省，最后是吉林省。其中，东北三省都是三星级酒店数量最多，五星级酒店数量较少，说明东北三省旅游基础服务设施建设较弱。

（二）辽宁省全域旅游景区

辽宁省具有丰富的旅游资源，并且十分强调基础设施的建设。截止到 2018 年，辽宁省有 5 家 AAAAA 级旅游景区、115 家 AAAA 级旅游景区（郭伟，2011）（见表 4-5）。还有 9 处国家重点风景区，1 处国家历史名城，35 处全国重点文物保护单位；国家级森林公园 31 处，国家级地质公园 4 处；国家级湿地公园 18

处，湿地保护区 26 个。

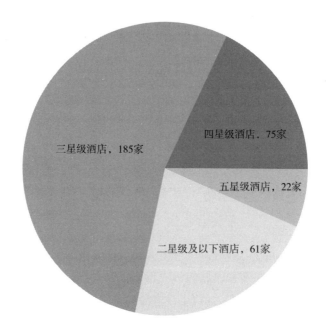

图 4-2　2018 年辽宁省星级酒店数量

资料来源：《中国旅游统计年鉴（2019）》。

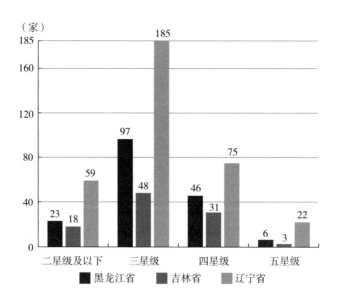

图 4-3　东北三省星级酒店数量对比

表 4-5　2018 年辽宁省国家 AAAAA 级、AAAA 级景区

级别	景区名称
AAAAA	沈阳市植物园、大连老虎滩海洋公园、大连金石滩景区、本溪市本溪水洞景区、鞍山市千山景区
AAAA	辽宁鞍山汤岗子温泉景区、鞍山玉佛苑、鞍山山水庄园、鞍钢集团展览馆景区、鞍山龙泉湖旅游度假风景区、丹东虎山长城、沈阳故宫、沈阳张氏帅府、本溪大石湖风景区、本溪桓仁五女山风景区、本溪桓仁枫林谷森林公园、本溪关门山风景区、朝阳市凤凰山、朝阳鸟化石国家地质公园、朝阳喀左龙源旅游区、朝阳喀左龙凤山风景区、朝阳北票大黑山旅游区、大连平岛辽参生态旅游区、锦州奉国寺、大连七彩南山景区、葫芦岛兴城海滨、阜新海棠山风景区、盘锦红海滩、大连西郊国家森林公园、抚顺热高乐园、大连将军石景区

1. 自然景观类景区

（1）海之韵公园。原名东海公园，位于大连滨海风景区东部，两岸临海，北至大连中山区，西南与棒棰岛景区相连。公园风景秀丽，有两个最出名的景点：一是盘山岭十八盘，风景屹立，威风凛凛，从远处看路就像一条银带漂浮在海边，有"海底大峡谷"之称；二是"奇坡"景点，这里的汽车上坡和下坡与正常情况不一样，充满乐趣。此外，还有"海韵广场"等景观（刘少才，2008）。

（2）鸭绿江。中国和朝鲜的边界，河口由双方共享。吉林省长白山南麓是鸭绿江的源头。这条河的上游过去被称为建川沟。河流从源头向南，流经长白朝鲜族自治县，然后转向西北，经过临江市后转向西南。该河干流流经吉林省和辽宁省，最终流入黄海北部的西朝鲜湾。鸭绿江全长 795 千米，流域面积 6.19 万平方千米（中国为 3.25 万平方千米），年径流量 327.6 亿立方米，还有浑江等多条支流。同时，还有多个大中型水电站和水库，包括水丰、太平湾等。

（3）兴城海滨。靠近辽东湾，自古以来就被称为"第二北戴河"。自 1988年起被定为国家重点风景名胜区（曲少康，2013）。兴城海滨国家风景名胜区美景众多，主要包含集首山、海滨、觉华岛、古城、温泉五个部分 50 多个景点。

（4）大连海滨旅顺口。位于辽宁省辽东半岛南端，东临黄海，西临渤海，是国家重点风景名胜区。海滨和旅顺口是大连的两个风景区，它与沿海 45 千米的高速公路连接成一个有机的整体。大连海滨风景区海岸线很长，长达 30 多千米，碧海蓝天，天气变幻万千。旅顺港自古以来就是中国的海上门户，地理位置重要，历史遗迹众多，包含了国家重点文物保护单位 47 处，以及记录 1894～1895 年甲午战争、日俄战争和日本侵华战争历史的防御工事、要塞等战争遗迹。

2. 人文景观类景区

（1）沈阳故宫。位于辽宁省沈阳市中心，是中国保存下来的两座宫殿建筑

群之一，也被称为盛京宫。沈阳故宫始建于 1625 年努尔哈赤时期，1636 年皇太极时期竣工。沈阳故宫博物院是古老的宫殿建筑群，以其丰富而珍贵的藏品闻名于海内外，如努尔哈赤剑、皇太极腰刀等（江渺渺，2010）。

（2）清昭陵。皇太极是清朝的第二位开国君主，皇太极陵位于沈阳北部，又称"北陵"。清昭陵是清太宗皇太极和孝端文博尔济吉特氏的陵墓，还有贵妃、淑妃等一批后宫佳丽的陵墓，是清朝关帝陵园中最具代表性的帝陵，它是目前中国古代建筑最完整的帝王陵园之一，也是全国重点文物保护单位。2004 年，被列入世界文化遗产名录（赵伟韬和叶璇，2007）。

（3）张氏帅府。张氏帅府是张作霖和张学良住过的地方，位于沈阳市，又称"大帅府"。民国三年开始建造大帅府，主要有大、小青楼，西院红色建筑群和赵四小姐建筑等，通过扩建，逐渐由东四合院、中四合院、西四合院和外四合院四部分组成建筑体系，它是东北地区现阶段保存最为完好的名人故居，同时也是全国重点文物保护单位。

（4）虎山长城。虎山由两个很高的山峰并排在一起，又称马耳山，和虎耳十分相似，也称虎耳山，到了清代演化成了今天的虎山，虎山突起在鸭绿江边上，视野十分辽阔，隔江相望，朝鲜的景色一览无余。长城作为祖国的门户被选在虎山，军事意义重大。丹东外敌入侵多次，虎山是军事要地，总是先被敌人攻击，想要占领军事的主动权必须占领制高点。

（三）辽宁省全域旅游交通

交通主要是指从事客货运输的行业，而旅游交通主要是指旅游消费者是否能够到达，是旅游景区和旅游活动的前提。对于旅游目的地来说，旅游交通是旅游目的地与区域之间的内部信息、资金流动、网络通信和能量交换的桥梁。因此，辽宁省要做好全域旅游，必须重视旅游交通体系建设。

全域旅游发展与现代交通业紧密相连，交通便利是开发旅游资源和建设旅游目的地的必要条件。全域旅游发展离不开旅游交通系统，它是一个地区能够发展的支柱。旅游交通系统的本质是分析旅游系统中的各个节点以及各领域之间的关系。下面采用拓扑分析的方法对辽宁省旅游交通系统进行分析。

1. 辽宁省旅游交通系统的现状

辽宁省在东三省最南方，与朝鲜仅隔着一条河，并且十分靠近渤海和黄海。因此，辽宁省具有巨大的地理优势。辽宁省立体交通网络发展迅速，区域经济格局变化相当大，辽宁省交通发达，陆、海、空交通网络健全，区位交汇，交通十分便利（徐丹，2018）。同时，辽宁省内有着十分发达的交通网络，各个城市之间都通了高速公路，因此城市之间互达只需几小时，城市和主要景区之间的道路也十分便捷。辽宁省完善的交通体系为旅游业的发展提供了条件。

辽宁省地理位置很关键，和许多城市都是相邻的，因此，它是通向全国甚至是全世界的一个重要门户。当前辽宁省已经建成了比较完善的交通网络，同时，通过发挥自身优势，辽宁省发展了诸多港口，其中大连港口规模最大。辽宁省的铁路交通也十分发达，经过哈大线与京哈线这两个重要的干路铁路，辽宁将东北和华北大部分地区联系起来。辽宁省高铁线路的开通对辽宁省旅游业未来的发展将会起到更大的支持作用。辽宁省还有发达的空运网络，大连、丹东、沈阳、锦州、朝阳这些城市都有机场，都开辟了同全国其他地区的航线。大连和沈阳还开辟了国际机场，是连接东北亚的主要国际机场。辽宁省的这些交通线路将会把消费者从全世界各地源源不断地送入辽宁省内。

2. 辽宁省旅游交通分析

拓扑分析主要是通过一定的标准建立一组可比较的点，然后通过分析点与点、点与集之间的关系，达到点的排列、优化的目的。在网络图中，有三个基本的指标，一是线（边或弧）的数量，二是节点（顶点）的数量，三是网络中子图的数量，如果这三个指标用 m、n 和 p 表示，就可以得到几个一般性的测度指标。具体如图 4-4 所示。

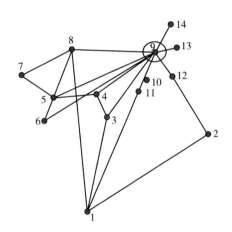

图 4-4　辽宁省交通网络结构平面拓扑示意图

将拓扑图中各地级市的交通节点用代码表示来简化操作，辽宁省各地级市的代码如表 4-6 所示。

表4-6 辽宁省交通节点及其在平面拓扑图中的代码

交通节点	沈阳	大连	鞍山	抚顺	本溪	丹东	锦州	辽阳	盘锦	葫芦岛	营口	朝阳	铁岭	阜新
代码	9	1	11	13	12	2	5	10	4	6	3	7	14	8

（1）α指数。

依据拓扑分析，辽宁省交通网络的α指数大小为0.826（图4-4中$m=32$，$n=14$，$p=1$，下同）。这说明，整体上辽宁省的交通网络回路较好，说明辽宁省的交通非常发达。

（2）β指数。

依据拓扑图分析，经过计算可得，辽宁省交通的β指数为2.286，说明辽宁省交通网络连通性较好，但是还有一定的发展空间。

（3）γ指数。

依据拓扑图分析，经过计算可得（王恒，2009），辽宁省的γ指数为0.888，说明辽宁省交通网络连通程度较高，但是有进步的空间。

（4）平均路径长。

连通矩阵是衡量网络中节点间连接程度的重要方法。如果节点之间有连接，可以标记为1，如果没有连接，则可以将其标记为0。一对节点之间的距离由沿最短路径涉及的线数表示。任何节点上的总行数是从距离度量派生的可访问性度量。网络中的平均路径长度是通过从行正直节点数减去行总数来计算的。总行数或平均路径长度越小，节点的连接性越好，反之越差。总行数或平均路径长度最小的节点是网络的中心（李淑娟，2014）。经过测度分析，可以发现辽宁省连通性最好的两个节点是沈阳和大连，其中沈阳最好，而朝阳的连通性较差，影响到了辽宁省的连通性。

（四）辽宁省全域旅游空间结构

辽宁省这几年的旅游业发展迅猛，景区的质量和人数都有了大幅度的提高，但是，目前辽宁省旅游开发程度呈现不均衡的状态，旅游资源的开发主要是在少数大城市，比如，大连和沈阳是辐射最大的两个旅游中心城市，它的旅游收入占据了全省大部分比例。从全省来看。内陆以沈阳为中心，沿海以大连为中心进行全省辐射。因此，辽宁省是双核的旅游发展模式。从次要地位来看，沿海地区主要看丹东的发展，滨海、生态、红色旅游占主导地位。内陆地区主要是鞍山，鞍山的旅游业发展十分迅速，是辽宁省仅次于沈阳的次级旅游城市。从整体发展来看，沿海地区的发展要快于内陆地区，沿海六个城市的入境旅游经济总额要明显高于内陆的八个城市。

1. 辽宁省旅游资源数量的空间分布

（1）旅游资源丰度指数。

根据第三章式（3-5）计算辽宁省各地级市旅游资源丰度指数如表4-7所示。

表4-7　2019年辽宁省各地级市旅游资源丰度指数

	沈阳	大连	鞍山	本溪	朝阳	抚顺	阜新	葫芦岛	辽阳	盘锦	营口	铁岭	锦州
丰度指数	143.5	90.25	55.5	32.5	27	39	18.25	37	18.5	13	22	20.5	39.75

根据指数的1/4位数和3/4位数，将旅游资源丰度指数划分为3个级别，旅游资源丰度指数大于50为丰富，15～50为中等，小于15为匮乏，经分析，沈阳、大连、鞍山的旅游资源丰度指数为丰富，本溪、朝阳、丹东、抚顺、阜新、葫芦岛、辽阳、营口、铁岭、锦州为中等，盘锦为匮乏。

（2）旅游经济指数。

根据第三章式（3-6）计算 x_{max} 为大连1440亿元，x_{min} 为阜新101亿元。各地级市旅游经济指数如表4-8所示（因受资源条件限制，丹东市并未公布2019年旅游经济总收入）。

表4-8　辽宁省各地级市旅游经济指数

	沈阳	大连	鞍山	本溪	抚顺	阜新	葫芦岛	辽阳	盘锦	营口	铁岭	锦州	朝阳
经济指数	49.14	100	24.60	16.96	16.95	0	7.76	9.28	11.35	12.12	4.85	8.80	6.96

将旅游经济指数划分为3个等级，旅游经济指数大于20为高，5～20为中等，小于5为低，经分析，沈阳、大连、鞍山为高，本溪、抚顺、葫芦岛、辽阳、盘锦、营口、锦州、朝阳为中等，阜新、铁岭为低。

（3）空间错位分析方法。

根据第三章式（3-7）计算得出，辽宁省旅游资源重心为（122.51°E，40.95°N），辽宁省旅游经济重心为（122.42°E，40.47°N），二者重心基本重合。

2. 辽宁省旅游资源类型的空间分布

辽宁省地理位置十分独特，它既包含沿海文化，又包含大陆文化。因此，辽宁省有多种类型的旅游项目。从相关资料来看，辽宁省旅游资源的类型以自然景观和人文景观为主，在旅游商品方面需要进一步开发。其中大连的旅游景区开发相对来说比较丰富，类型较为齐全。

3. 辽宁省旅游资源单体等级的空间分布

根据国家对景区等级的划分，等级越高，则说明旅游资源质量越高，也说明其规模越大。辽宁省共有 454 个 A 级以上旅游景区，平均每一个市有 32 个，而沈阳、大连、鞍山和本溪则超过了平均数，朝阳、辽阳、丹东、盘锦、锦州、抚顺、葫芦岛的优质旅游资源数量处于中等，而营口、铁岭、阜新则相对落后。

（五）辽宁省全域旅游线路模式

1. 辽宁省旅游线路的基本情况

从前文的分析可以看出，辽宁省地域辽阔，拥有悠久的历史文化和漫长海岸线，而且旅游资源十分丰富。这些优势为辽宁省旅游线路的设计和开发提供了有力的保障，也为今后辽宁省旅游业的发展奠定了基础。总的来说，辽宁省有很多旅游线路。据辽宁省旅游官方网站统计，辽宁省有 34 条经典线路和 23 条示范线路，这些线路吸引了大量的消费者，极大地促进了辽宁省旅游业的发展。

2. 辽宁省全域旅游线路模式

辽宁省旅游精品线路可以划分为三种类型，具体来说如下：

（1）四季精品旅游线路。

这类旅游主要和四季有关，包括春季赏花、夏季避暑、秋季采摘、冬季冰雪。其中，沈阳世博园郁金香花海、大连赏槐节、铁岭荷花节、丹东桃花节等线路主要是春季赏花线路，如图 4-5 所示。水上公园项目，包括大连、锦州、葫芦岛等沿海旅游项目主要是暑期线路。著名景点有大连金石滩国家旅游度假区、抚顺热高水上世界、红河流域漂流等，如图 4-6 所示。秋季采摘线路主要为各城市水果，如瓦房店苹果、庄河蓝莓、鞍山南果梨、丹东草莓等，如图 4-7 所示。冬季冰雪旅游项目以温泉项目为主，如鞍山汤岗子温泉、营口天沐温泉等，如图 4-8 所示。

图 4-5 春季赏花线路

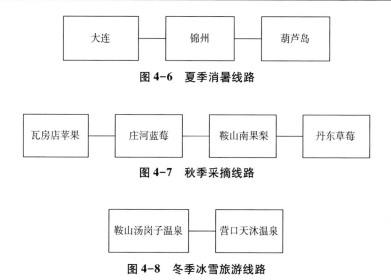

图 4-6 夏季消暑线路

图 4-7 秋季采摘线路

图 4-8 冬季冰雪旅游线路

（2）资源一体化精品旅游线路。

资源一体化精品旅游线路是以大城市为主要节点，其中还有几个特色旅游的点包括城市旅游和海滨旅游。其中，以沈阳作为旅游中心形成了"沈阳—抚顺—本溪""沈阳—铁岭—阜新""沈阳—辽阳""沈阳—鞍山""沈阳—营口"这样的旅游线路，如图 4-9 所示。以沈阳文化资源为主导，再结合其他城市的特色，这就对消费者形成了莫大的吸引。滨海旅游类型则以大连为核心，涵盖了葫芦岛、锦州、营口、丹东四个市。这条旅游线路包含了多个旅游类型。消费者在这些城市旅游不仅能够赏花、消夏、采摘和感受冰雪，而且能够感受到这些城市的独有魅力。

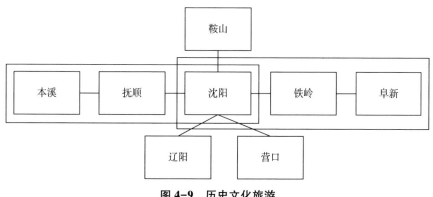

图 4-9 历史文化旅游

（3）高铁线路精品旅游。

高铁线路精品旅游是以高铁为核心构建的，以哈大高铁和沈丹客运专线这些道路交通优势作为依托，在辽宁省形成了沈阳—辽阳—鞍山—营口—大连的哈大高铁旅游线路和沈阳—抚顺—本溪—丹东的辽东边境风情旅游线路，如图 4-10 和图 4-11 所示。

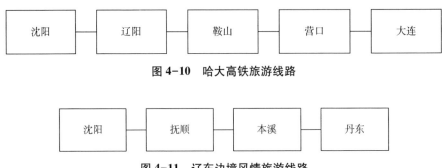

图 4-10　哈大高铁旅游线路

图 4-11　辽东边境风情旅游线路

3. 辽宁省旅游线路优化分析

通过以上论述可以看出，辽宁省旅游线路的发展具有一定资源和环境方面的优势，处于发展机遇期，但是从总体上来看，也有一定的劣势。在旅游行业发展日渐注重体验的大趋势下，辽宁省旅游线路的体验水平正在不断减弱，这就严重阻碍了辽宁省内旅游发展质量的提升。因此，为了吸引和招揽更多的消费者到辽宁，必须要提高消费者的体验质量，要在旅游线路方面做出创新，充分利用好辽宁省丰富的旅游资源。

可以通过弗洛伊德算法对旅游路线优化设计最短路线模型。对辽宁省地图进行建模，以每一个地级市为顶点，相邻市的距离为权值（单位：千米），如图 4-12 所示。

弗洛伊德算法步骤如下：将 v_i 到 v_j 的最短路径长度初始化，即 $D[i][j] =$ Garcs $[i][j]$，然后进行 n 次比较和更新。

第一步：在 v_i 和 v_j 间加入顶点 v_0，比较 (v_i, v_j) 和 (v_i, v_0, v_j) 的路径长度，取其中较短者作为 v_i 到 v_j 的中间顶点序号不大于 0 的最短路径。

第二步：在 v_i 和 v_j 间加入顶点 v_1，得到 $(v_i, \cdots, v_1)$ 和 $(v_1, \cdots, v_j)$，其中 $(v_i, \cdots, v_1)$ 是 v_i 到 v_1 且中间顶点的序号不大于 0 的最短路径，$(v_1, \cdots, v_j)$ 是 v_1 到 v_j 且中间顶点的序号不大于 0 的最短路径，这两条路径已在上一步中求出。比较 $(v_i, \cdots, v_1, \cdots, v_j)$ 与上一步求出的 v_i 到 v_j 的中间顶点序号不大于

0 的最短路径，取其中较短者作为 v_i 到 v_j 的中间顶点序号不大于 1 的最短路径。

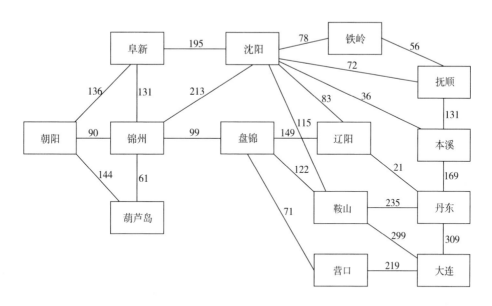

图 4-12　辽宁省各地级市线路模型

第三步：以此类推，在 v_i 和 v_j 间加入顶点 v_k，若（v_i，…，v_k）和（v_k，…，v_1）分别是从 v_i 到 v_k 和从 v_k 到 v_j 的中间顶点的序号不大于 $k-1$ 的最短路径，则将（v_1，…，v_k，…，v_j）和已经得到的从 v_i 到 v_j 且中间顶点序号不大于 $k-1$ 的最短路径相比较，其长度较短者便是从 v_i 到 v_j 中间顶点的序号不大于 $k-1$ 的最短路径。这样，经过 n 次比较后，最后求得的必是从 v_i 到 v_j 的最短路径，按此方法，可以求得各对顶点间的最短路径。据此，计算出辽宁各地级市之间的最短路径，如表 4-9、表 4-10 所示。

表 4-9　对各地级市进行编号

市区	朝阳	阜新	锦州	葫芦岛	沈阳	盘锦	铁岭	辽阳	鞍山	营口	大连	抚顺	本溪	丹东
编号	1	2	3	4	5	6	7	8	9	10	11	12	13	14

表 4-10　各地级市之间最短路径　　　　　　　　　单位：千米

	1	2	3	4	5	6	7	8	9	10	11	12	13	14
1	0	136	90	144	303	189	562	338	311	260	479	506	375	339

续表

	1	2	3	4	5	6	7	8	9	10	11	12	13	14
2	136	0	131	192	195	230	454	273	278	301	520	398	267	231
3	90	131	0	61	213	99	472	248	221	170	389	416	285	249
4	144	192	61	0	274	160	533	309	282	231	450	477	346	310
5	303	195	213	274	0	186	259	78	83	115	334	203	72	36
6	189	230	99	160	232	0	310	149	122	71	290	304	268	357
7	381	273	291	352	78	264	0	156	161	193	412	56	150	114
8	338	278	248	309	83	149	342	0	166	198	417	286	155	119
9	311	310	221	282	115	122	374	193	0	193	299	318	187	151
10	260	301	170	231	303	71	562	220	193	0	219	506	375	339
11	479	520	389	450	414	290	665	439	299	219	0	609	478	309
12	375	267	285	346	72	258	56	150	155	187	406	0	131	108
13	339	231	249	310	36	222	187	114	119	151	370	131	0	72
14	508	400	418	479	205	357	356	283	235	320	309	300	169	0

（六）辽宁省全域旅游的资源和数据

1. 辽宁省全域旅游的数据概况

2015 年开始，辽宁省旅游总收入整体态势良好，呈现上升趋势，2018 年旅游总收入为 5369.8 亿元；2019 年旅游总收入为 6222.8 亿元。2014～2019 年辽宁省旅游总收入如表 4-11 所示。

表 4-11　2014～2019 年辽宁省旅游总收入 单位：亿元

年份	2014	2015	2016	2017	2018	2019
旅游总收入	5289.5	3722.5	4225	4740.8	5369.8	6222.8

2019 年辽宁省接待国内外消费者人数为 64169.7 万人，其中国内消费者为 63875.6 万人，占总旅游人数比重为 99.54%；接待入境过夜消费者 294.1 万人。2014～2019 年辽宁省接待国内外消费者人数如表 4-12 所示。

2019 年辽宁省接待入境过夜消费者人数 294.1 万人，其中接待外国人 236.9 万人，接待港澳台同胞 57.2 万人。2014～2019 年辽宁省接待入境过夜消费者人数如表 4-13 所示。

表 4-12　2014~2019 年辽宁省接待国内外消费者人数　　　单位：万人

年份	2014	2015	2016	2017	2018	2019
国内外消费者人数	46186	39974.7	455146.6	50597.2	56499.1	64169.7
其中：国内消费者人数	45925.3	39710.7	44872.9	50318.4	556211.4	63875.6
入境过夜消费者人数	260.7	264	273.7	278.8	287.7	294.1

表 4-13　2014~2019 年辽宁省接待入境过夜消费者人数

年份	2014	2015	2016	2017	2018	2019
外国人（万人）	201.2	203.4	212.2	217	229.8	236.9
港澳台同胞（万人）	59.5	60.6	61.5	61.8	57.9	57.2
外国人增速（%）	1.7	1.1	4.3	2.3	5.9	3.1
港澳台同胞增速（%）	1.4	1.8	1.5	0.5	-6.3	-1.1

　　辽宁省旅行社数量每年都在增长，2018 年旅行社数量是 1489 家，2019 年旅行社数量是 1521 家，相比 2018 年增加 32 家。2014~2019 年辽宁省旅行社数量如表 4-14 所示。

表 4-14　2014~2019 年辽宁省旅行社数量　　　单位：家

年份	2014	2015	2016	2017	2018	2019
旅行社数量	1296	1354	1386	1443	1489	1521

　　相较于 2018 年，2019 年辽宁省旅游饭店的收入都有所下降。2019 年辽宁省旅游饭店平均营业总收入为 3107.07 万元，同比下降 21.9%；平均客房总收入为 1388.64 万元，同比下降 24.15%；平均餐饮总收入为 1312.95 万元，同比下降 18%；平均其他总收入为 405.48 万元，同比下降 25.82%。2018 年和 2019 年辽宁省旅游饭店经营数据如表 4-15 所示。

表 4-15　2018 年和 2019 年辽宁省旅游饭店经营数据

年份	平均营业总收入（万元）	平均客房总收入（万元）	平均餐饮总收入（万元）	平均其他总收入（万元）
2018	3978.5	1830.71	1601.2	546.59
2019	3107.07	1388.64	1312.95	405.48
同比增长率（%）	-21.90	-24.15	-18.00	-25.82

2. 辽宁省全域旅游的资源整合

旅游业近几年来发展迅速。2018 年全国旅游业 GDP 为 9.94 万亿元，占总 GDP 的 11.0%；到 2019 年，全国旅游业 GDP 为 10.94 万亿元，占总 GDP 的 11.05%。旅游业高速发展也反映了人们的生活水平不断提高，由此也产生了众多的旅游公司。

旅游的基本六要素为吃、住、行、游、购、娱。旅游行业主要就是尽可能地满足这六个基本要素，也是以这些标准为消费者提供服务。

互联网最近几年发展很快。2019 年，互联网普及率为 61.2%，手机接入率为 99.1%。互联网已经成为旅游业的重要组成部分。在过去，企业可以从信息不对称中获益。在当今的互联网时代，信息透明，企业需要靠自己的实力才能生存（朱豆豆，2020）。目前，国内旅游龙头企业有携程、同程、去哪儿网等，它们都有自己的战略定位。

"互联网+旅游业"是一个长期且艰巨的任务，辽宁应该结合自身情况，与时俱进，逐步革新自己的发展模式，加快推动互联网与旅游业的结合。

辽宁省要想加快"互联网+旅游业"的发展，应该认识到旅游信息对于旅游业的重要性。首先，应该加强对"互联网+旅游"的认识。辽宁省旅游企业要将各种资源信息连接起来，通过互联网了解用户需求来整合资源，促进旅游业的发展。其次，应该改变传统的管理观念。辽宁省旅游业与互联网的合作还不够深入，旅游业相关企业应该将传统的经营模式和互联网有机结合，实现旅游业内部运营的电子化、信息化和系统化，丰富其运营方式和营销手段，培养和引导用户的消费观念，培育消费者的忠诚度。

在"互联网+"时代，建立一个完善可靠的信息系统是必须的。首先，要建立数据库就需要收集各种数据，包括旅游咨询、旅游线路动态信息、酒店预订、在线论坛等旅游信息，来保证获得的信息是有效的（杨凤，2016），尽可能地满足消费者的需求；其次，应该增加特色功能来吸引消费者，可以通过结合人工智能来分析消费者的喜好，以此来推荐精品路线；最后，可以建立旅游信息共享平台，可以同时结合各个地方的优势，进行组合推荐，这样会增加景区的吸引力，也能加强区域内的合作。各景区可以联合打造区域品牌，使之有机整合在一起，提升企业的网络化经营。

第五章 东北邻近国家及区域旅游地理环境、资源及全域旅游要素

一、东北邻近国家及区域旅游地理环境及资源

世界进入了经济全球化和区域一体化的时代。合作共赢已经成为世界经济发展的趋势和热点。旅游业的发展从国家之间的竞争逐步进入区域竞争阶段。20世纪90年代初，中国东北地区的邻国和地区就开始开展旅游合作，包括日本、韩国、俄罗斯、朝鲜在内的中国的东北邻国有着多样且相互连接的文化背景。从文化根源上看，东北亚、日本、韩国、朝鲜的文化都属于汉字文化。在上千年的历史发展长河中，各个国家形成了自身的民族特点和风俗，国家之间经商往来和文化传递越来越频繁。地区旅游合作具有先天的地理优势、历史文化以及经济条件，来往国家的旅游市场具有巨大的潜力和旅游资源。随着经济全球化的发展，旅游行业不断发展，中国东北三省有望成为除欧洲、北美洲、东南亚三个地区以外最具潜力的旅游热门地区。越来越多的周边国家、地区的消费者选择来东北跨境旅行（殷勇，2018）。根据有关部门统计，每年有超过1亿人越过国境到中国东北部的邻国旅游。跨境旅游即将成为促进中国东北地区周边国家之间区域经贸合作的新突破口。

（一）东北邻近国家及区域旅游地理环境

1. 东北邻近国家的旅游地理环境

与东北邻近的国家有俄罗斯、日本、韩国和朝鲜。其中俄罗斯和东北的内陆

气候特征较为相似，而日本和韩国则具有相似的海洋气候特征。俄罗斯的旅游市场并不发达，旅游开发力度较弱。而日本和韩国的旅游市场则在世界范围内都非常有名，值得东北地区学习和借鉴。鉴于本书的篇幅限制，这里主要选取韩国进行分析。

韩国的旅游市场发展非常快，从对中国旅游服务贸易的出口发展速度来看，近年来呈现两位数的增长态势。2019 年中国赴韩旅游市场规模达 7000 亿元，并保持稳中向好的发展趋势。在众多和中国开展旅游服务贸易的国家中，韩国的地位是首屈一指的。造成这一现象的原因固然是多样的，我们可以从地理环境因素之中窥见一斑。

韩国的地形山地较多，平原较少，地势东、北区域高，西、南区域低，其中 2/3 的面积是山地和丘陵。韩国的平原地区海拔多在 200 米以下，平原地区主要集中在韩国的西部和南部的河流和海岸地带。沿黄海分布的平原是：汉江平原、湖南平原等。沿中国南海分布的平原是：金海平原、全南平原。韩国境内有两种气候类型，韩国北部是温带季风型气候，南部是亚热带气候，并且有十分明显的海洋特征。韩国的气候与中国东北地区的气候类似，冬季漫长寒冷，夏季闷热，春、秋两季较短，年内温差较大，冬季最低气温为 -30℃，夏季气温超过 30℃。韩国夏季雨量较大，可以占到全年的 70%，全年平均降雨量达到 1500 毫米左右。因此，韩国的水系非常丰富，最长河流——洛东江全长 525 千米，汉江也有 514 千米，而且水量都较大。

2. 东北邻近地区的气候条件概况

东北地区旅游行业最大的竞争者是我国的山东省和内蒙古自治区。

山东省旅游行业发达，是东北地区旅游行业的主要竞争者。山东省地处我国黄河入海口，中部山地崛起，西南、西北地势平坦，东部丘陵起伏。而且整体上，山东省地貌非常复杂，有山地、丘陵、湖泊、矮山等多达 9 种地形地貌。在气候上，山东省属于温带季风气候类型，降水集中、雨热同季，年平均气温在 11℃左右。光照资源充足，年平均光照时长达到 2500 小时左右，热量也能够满足一年两季的需求。山东省有绵长的海岸线，其中青岛是著名的海边旅游城市，出产的各类海珍品居全国首位。相对于辽宁省来说，山东省的海洋资源非常丰富，能够和辽宁省的滨海旅游一争高下。而且山东省与辽宁省不同，冬季温度相对较高，旅游淡季时间较短，更具有旅游发展潜力。

内蒙古自治区的自然资源与东北的其他两个省份吉林省和黑龙江省有一定的相似性。从广义上来说，我国东北地区不仅有黑、吉、辽三省，还有内蒙古自治区的一部分。内蒙古自治区的东北部与吉林省、黑龙江省、辽宁省西部和北部气候特征非常相似，但是也有一定的差异性。内蒙古自治区与东北三省不同，它坐落在高原上，远离海洋，四周是山。气候属典型的大陆性季风气候，降水稀少，多风，早晚温差很大。北部的大兴安岭山脉气候寒冷，是寒温带大陆性季风气候；中部巴彦浩特市是温带大陆性季风气候，通常春季气温回升，多风，夏季较短，降水量集中，秋季降温早、霜降早，冬季漫长寒冷，寒潮多发。

（二）东北邻近国家及区域旅游地理资源

1. 东北邻近国家的旅游资源分析

正如前文所述，韩国之所以会对我国有较大的旅游服务贸易逆差，是因为他们有较为丰富的旅游地理资源，以及发达的旅游市场配套体系。具体包括以下几个方面：

（1）韩国的旅游设施。韩国的国土面积较小，旅游资源也较少。韩国主要的旅游资源集中在首尔、南海岸、济州岛三个地区。济州岛的景区特点就是海滨景观、独特的亚热带生态气候、岛内民俗、休闲等（甘露，2007），韩国的旅游部门非常善于规划和利用这些资源。在开发利用旅游资源和产品的过程中，每个旅游区都会对不同的风景和景观给予关注，从而形成独特的旅游市场。例如，在首尔，韩国的传统文化和现代文明相结合，形成了富有魅力的旅游胜地；济州岛的渔夫文化与亚热带风光相融合；釜山是韩国著名的海边度假区。韩国旅游的发展重视旅游产品的开发与民族文化的衔接。旅游景区、旅游纪念品都注重传播国家的历史传统和文化，使旅游资源的附加值大幅提高。同时，韩国十分重视旅游行业的发展，这一点值得东北地区借鉴。

（2）韩国旅游发展的配套资源。自 1997 年东南亚金融危机后，韩国一直重视旅游产业的发展，因而非常重视旅游基础设施的建设。经过 20 年的建设，韩国的旅游基础设施已经步入世界先进国家的行列，在质量和规模上达到发达国家的水平。健全的陆海空交通运输条件、高中低档次齐全的食宿条件、方便的购物设施，为韩国吸引了大量的海外消费者。

直到现在，韩国政府为了扶持韩国旅游产业的发展仍旧在建设基础设施，不断增强旅游行业的接待能力。此外，韩国对旅游行业的经营体系也给予特别的关注，给旅游行业提供了多样化的优惠政策，营造了宽松的旅游经营环境。韩国政府制定了一系列优惠政策，鼓励地方政府和民间组织参与旅游业。例如，济州岛在政府政策的带动下，脱胎换骨成为拥有博物馆、民俗村、海水浴场等 100 多个小景点的著名旅游景区。

近年来，为了吸引更多的外国消费者，韩国政府新建了一些休闲类的旅游景区，增加了免税店及高档酒店的数量等。2015 年，韩国开始大规模建设旅游休闲度假区，BellerdasCity 成为亚洲最豪华的度假区之一。韩国投资兴建的其他旅游项目也都遵循严格的标准，满足超一流的规格要求。

2. 东北邻近地区的旅游资源分析

（1）山东省旅游资源分析。山东省被人们称为"孔孟之乡"，山东省自然条件优越，历史文化浓厚。《山东统计年鉴》显示，有超过 30 个"旅游精品城"坐落在山东省，山东省著名的 AAAAA 级景区有 6 个，有历史名城 10 个、超过 190 个文物保护单位，2 个保护单位被誉为"世界遗产"，有超过 40 个国家级别的森林公园，还有 8 个被国家认可的地质公园，旅游资源异常丰富（张靖雯，2015）。山东省重视旅游品牌建设，有"齐城古都""泉城济南""鲁风运河""鸢都龙城""齐长城"等十大旅游品牌。

山东省精心开发的旅游产品是旅游消费的重要增长点。滑雪场、温泉、电影院、博物馆、主题公园、城市综合体等新型旅游产品成为旅游首选，吸引着众多市民和家庭。烟台峨山温泉、东营蓝海雨花温泉中心、东营蓝海御华温泉中心、临沂智圣汤泉、威海汤伯温泉等温泉旅游项目，成为亲朋好友相聚的理想场所，温泉旅游产品丰富了冬日旅游市场。山东省的许多滑雪场都建设了娱乐性强、参与度高、吸引力大的项目，如金香山滑雪场、蓝溪滑雪场、万向滑雪场等，吸引了大量消费者，成人和儿童在雪地上嬉戏玩耍，享受着滑雪的乐趣。节日期间，各大商场、超市、电影院人满为患，消费火爆。

（2）内蒙古自治区旅游资源分析。内蒙古自治区具有独特的自然地理优势，内蒙古自治区的草原旅游是其众多旅游资源中的核心资源，内蒙古自治区也是少数民族聚居的省份，多姿多彩的民族民俗、热情好客的草原文化是吸引消费者的重要原因。内蒙古自治区的草原一望无际，面积广阔。内蒙古自治区草原类型丰富，草甸、干旱、荒漠等多种类型的草原都可以看见（张志国，2007）。每年的夏天，草原上蓝天、白云、绿草、牛羊汇成一幅极具魅力的画卷，令人如痴如醉。

内蒙古自治区东部有山林优势资源，同时也有我国第一大面积的林地。其中，大兴安岭被誉为"绿色宝库"。此外，内蒙古自治区还拥有森林、湿地和荒漠生态系统的野生动植物类型。内蒙古自治区的地质地貌资源比较丰富，有高山湖泊，有火山熔岩，内蒙古自治区的天池是可以与长白山、天山两个著名天池相媲美的第三天池。内蒙古自治区的火山内有 100 余种不同类型的火山天池，还有面积达到 2000 平方千米的第四纪冰川地貌。

内蒙古自治区是一个少数民族聚居的地区，历史上有匈奴、东侯、鲜卑、突厥、淮河、唐杭等数十个少数民族。从秦国开始，许多汉族人士移居到内蒙古自治区。在这些民族漫长的发展历史中，许多民族互相合并，逐渐形成了现在的民族体系。当前有 40 多个民族生活在内蒙古自治区这块土地上，延续着北方游牧民族的生活习性。非物质文化遗产依旧存在于内蒙古人民的日常生活中。

内蒙古自治区旅游资源独特，既有东北地区旅游资源的特色，也有独属于内蒙古自治区的特征。内蒙古自治区在发展旅游的同时也注重旅游资源的持续健康稳定发展。在借鉴全国乃至世界其他地区旅游业发展经验的基础上，高起点、高层次、高品位地规划内蒙古自治区旅游行业的发展。

二、东北邻近国家及区域全域旅游要素

全域旅游是以行政区域为目的地的旅游供应系统。它打破了传统旅游的基本空间界限，同时也打破了消费者到访的界限。因此，在构建中国东北地区周边旅游景区体系时，除传统的旅游景区外，还应结合各地区的区情特点，全方位满足消费者的需求。

（一）东北邻近国家及区域全域旅游吸引物

1. 东北邻近国家旅游吸引物

这里继续选择韩国作为分析对象。

韩国在吸引消费者来韩国旅游的过程中，除投资韩国现有的旅游资源外，还做出了许多政策性的改变。东南亚金融危机后，韩国致力于发展本国的旅游业，将其作为本国经济发展的重要支点。尤其是加强同邻近国家的合作，以壮大本国旅游产业。在旅游发展方面，韩国针对不同的区域做出了不同的改变，下面以中国消费者为对象分析韩国旅游的政策。

20 世纪 90 年代，"韩流"文化席卷亚洲国家。在这种文化的带动下，韩国逐渐把旅游产业纳入国家战略中，加大韩国旅游产业投资。金大中执政后，为了消除外汇危机对韩国产生的影响，提议将文化产业作为韩国发展的基础。此后，韩国正式将"用文化建设国家"确立为国家战略发展口号。韩国的文化产业自1998年以后逐渐成为继汽车产业之后的第二大创汇产业。2013年韩国文化产业产值达到GDP的15%以上。在"韩流"文化的带动下，旅游产业逐步兴起。

"韩流"文化成功地将韩国文化输出到世界，在全世界吸引了无数粉丝。韩剧的文化输出，无疑是我国观众了解"韩流"文化的重要渠道，韩剧的热映让我国的消费者更关注韩国这个邻近国家的发展和变化，也向我们展示了韩国的魅力（郭英之和邹蓉蓉，2008）。"用文化建设国家"国家战略提出后，韩国的旅游收入实际上连续5年在减少，但得益于"韩流"文化，从2004年开始实现增长。据韩国观光公社透露，1/4以上来自中国、日本、东南亚等地的消费者接触过"韩流"文化。

2. 东北邻近地区旅游吸引物

（1）山东省旅游吸引物。山东省具有丰富的旅游资源，是山东旅游发展的重要基础。山东省旅游能够广泛吸引消费者，是通过多项投资建设、旅游品牌管理与经营实现的。例如，青岛拥有10个国家AAAA级景区、16个AAA级景区，重点景区有青岛前海栈桥、八大关、青岛海洋科技馆、五四青年广场等。这些都是青岛通过自身的建设而逐渐形成的。除青岛外，山东的许多海滨城市都有海洋主题公园。这些主题公园为山东半岛地区创造了日进账191万元的投资神话。青岛在国家发展改革委的支持下，持续吸引全国各地的资金，建设青岛市旅游资源形成一个能够推动区域发展的有效循环。

除此之外，山东省积极开展会展节庆活动，推动各类文化和商务活动的举办。会展节庆活动成为山东省城市发展的软风景，不仅丰富了城市生活，而且是推介山东的重要方式。

山东省的旅游吸引物不仅包括已有的自然资源和人文资源，而且这些资源不断地被开发，使得不同的旅游资源具有层次感，体现出整体优势。从全域旅游的发展来看，山东省旅游资源分布总体呈现全景密集的特点。消费者来到山东省，处处都能够看到风景，感受到"好客山东"的热情。

山东旅游行业的蓬勃发展得益于政府高度重视旅游业的发展情况，旅游业更是山东省的高度发达产业，也是山东省国民经济支柱性产业，山东省的旅游业成为全国区域经济发展的主导产业（李培军，2012）。截至2017年，山东省内旅行社总数超过2200家，其中还有超过200家有出境旅游的业务，旅行社数量居全国第四位。山东省AAAAA级景区建设成果显著，共有11个AAAAA级旅游景区，全省全年A级景区共接纳消费者约8亿人次，门票收入约90亿元。在旅游宣传方面，山东省政府也十分重视，从 2017 年开始采用立体化媒体推广营销方式，发挥 CCTV、山东卫视等电视广告的突出优势，重点宣传山东省"十大旅游品牌"并在多个平台投放山东旅游文化纪录片《旅游天下》，在网络平台投放山东特色美食宣传节目《吃光全宇宙》，并且经营 10 多个微博账号用于宣传山东省旅游文化。

从上文可以看出，山东省的旅游行业之所以非常发达，是有很多原因的。山东省政府的大力支持，以及山东省对各项旅游资源的大力开发，是推动山东省旅游行业发展的重要因素。这一点值得东北地区旅游行业反思。

（2）内蒙古自治区旅游吸引物。内蒙古自治区拥有丰富的旅游资源且旅游资源分布广泛，形成了区域文化旅游资源、自然生态资源、历史遗存资源、民族文化资源四个系列。这些资源相互组合形成了良好的空间和结构特征。在不同的地域，旅游景观保持鲜明的特色，使得景观的单一性在很大程度上得到了改善。

2018 年内蒙古自治区 A 级景区达到 386 家，其中 AAAAA 级景区 5 家、AAAA 级景区 124 家。星级饭店数量约 300 家，其中 10 家五星级饭店、38 家四星级饭店。旅行社有 1091 家，其中 97 家包揽国际旅游业务。随着内蒙古自治区的旅游供给不断丰富和服务质量的提升，消费者满意度不断提高，消费者复游率高达 80%。

内蒙古自治区政府在文化旅游方面进行了大量投资，2018 年末，内蒙古自治区获得国家艺术资金扶持项目共计 18 个，资助经费超 1600 万元，全区共有 226 个文化艺术表演团体，全年共表演 3.13 万场，服务观众超过 1600 万人次，承办全国各类题材舞台作品展示活动，并广受好评。

内蒙古自治区旅游市场监管持续推进，政府加强推广旅游监管服务平台，强化旅游市场诚信体系的建设，并开展了"优质服务、诚信经营"的旅游主体活动，保证来内蒙古自治区旅游的消费者游得放心、玩得舒心。

2018 年内蒙古自治区全面推进全域旅游的建设，推动创建内蒙古自治区全域旅游示范区，积极推动全域旅游协同发展，不断开发体育旅游、红色旅游、研学旅游、康养旅游等新兴旅游业态。创新性地提出"四季旅游"的概念，夏季旅游方面积极推动以草原旅游为主的旅游产业，支持建设格根塔拉草原、呼伦贝尔草原以及乌拉盖草原等内蒙古自治区草原休闲旅游区。冬季旅游则打造了冰雪那达慕、阿尔山旅游节、中俄蒙创意冰雪旅游节等多种冬季冰雪旅游品牌。春季开展以"赏花""寻味"为主题的花季旅游活动，以"寻味内蒙古"为主题的内蒙古美食鉴赏嘉年华和蒙古族服饰艺术展成为春季旅游的特色。

总之，在内蒙古自治区，旅游的吸引物不仅仅是一些旅游资源，还包括重要的旅游支持系统。旅游市场的发展就是其中重要的因素。

（二）东北邻近国家及区域全域旅游景区

1. 东北邻近国家全域旅游景区

本书选取韩国为分析对象（见表5-1）。

表5-1　韩国的主要景点及其所在地区

景点	所在地区
景福宫	韩国首尔市钟路区世宗路1号
德寿宫	首尔中区世宗大路99
昌庆宫	首尔特别市钟路区昌庆宫185
昌德宫	首尔特别市钟路区栗谷路九九号卧龙洞2-71
世宗文化会馆	首尔市钟路区世宗路81-3
江华岛	距韩国首尔约50千米，背靠黄海之江华湾
济州岛	韩国西南海域
雪岳山	韩国东海岸江原道东草的西南方

（1）景福宫。

景福宫是朝鲜王朝时期的正宫，占地12.6万坪（57.75公顷），是首尔五大宫殿之首。景福宫历经数次破坏与重建，如今的景福宫北面是神武门，西面是迎秋门，东面是建春门。宫内有勤政殿、思政殿、慈庆殿、香远亭等殿阁，其中正殿为勤政殿，是韩国古代最大的木质建筑物，最为宏伟壮观。

（2）德寿宫。

德寿宫是首尔众多宫殿中唯一一座结合西式风格的宫殿，占地约1.8万平方米，内设中和殿、光明门、昔御堂等殿阁。德寿宫从1996年起开始门卫换岗仪式，该仪式生动地展现了韩国古代宫廷文化的面貌，使消费者在物质发达的今天也能感受到韩国古代的气息，德寿宫的门卫换岗仪式可与英国王室护卫换岗仪式相媲美。

（3）昌庆宫。

昌庆宫始建于明永乐十六年，与首尔其他的宫殿坐北朝南的设计风格不同，昌庆宫采取了坐西朝东的设计风格，昌庆宫内有明政殿、通明殿、文政殿、风旗台、观天台、弘化门等景点。明政殿是昌庆宫的正殿，也是朝鲜时期王宫里最古老的建筑物。如今，韩国许多新人选择在昌庆宫举行新婚仪式，昌庆宫负责人认为"保护文化遗产最好的方式是为其注入新的活力，而非任其经受岁月摧残"。

（4）昌德宫。

昌德宫建成于明永乐三年，宫殿按照自然地形建筑而成，是朝鲜宫殿中最具自然风貌的宫殿，同时也是保存最完整的一座宫殿，经过多次翻修重建，现存于昌德宫的建筑有 13 座约 60 间。昌德宫占地 405 公顷，内设有敦化门、仁政殿、大造殿、后苑等。建筑风格采用《周礼》中所记载的"前朝后寝""三朝五门"之制，其宫殿虽然是坐北朝南的设计风格，却是依照地势自西向东依次分布各个宫殿的。

（5）世宗文化会馆。

韩国世宗文化会馆始建于 1978 年，是用于演出、展览的建筑。会馆内设有大小剧场和美术馆等文化馆，常用于举办各类演出及展示会，吸引国内外消费者前来参观，世宗文化会馆的大剧场是主舞台，可同时容纳 3800 名观众观看演出。主舞台的风格可融合音乐剧、话剧、舞蹈、电影等各种演出题材，可根据演出内容进行相应的舞台调整。会馆内设有艺术商店、会议室、休息室等完善的便利设施，可供消费者休息参观。

（6）江华岛。

江华岛是韩国第五大岛，面积为 410 平方千米，岛上最高峰是摩尼山，高468 米，岛上设有摩尼山、传灯寺、净水寺、广城堡、普门寺等景观。岛上水文条件复杂，古代朝鲜君主遭遇北方民族入侵时常避于此。

（7）济州岛。

济州岛是韩国面积最大的岛屿，约 1800 平方千米，位于韩国西海域。由于济州岛是亚热带海洋性季风气候，所以济州岛又被称为"韩国夏威夷"。济州岛由 120 万年前的火山喷发而形成，地貌奇特，是典型的熔岩洞窟地形，岛内现存的溶洞有 60 余处。济州岛四面环海，岛上矗立着海拔 1950 米高的汉拿山，最出名的济州特产是柑橘、覆盆子、蜂蜜。岛上四季会举行各种节庆活动，消费者来到此处可领略济州岛独有的民俗风情。

（8）雪岳山。

雪岳山位于束草市，山峰发源于太白山脉，主峰大青峰海拔 1708 米，雪岳山设有阿尔卑斯滑雪场、神兴寺、马登岭等著名景点。来往的消费者冬季可到雪岳山享用滑雪场、室内游泳馆、室内保龄球馆等，夏季则可去高尔夫球场、漂流、草坪雪橇等处进行游玩。雪岳山地处温带，四季分明，秋季处处可见火红色、亮橙色、黄绿色等色彩绚烂的枫叶美景，消费者来到此处可坐缆车观景，缆车缓慢升在半空中，远眺群山，四面都是色彩绚烂的枫叶，美不胜收。

2. 东北邻近区域全域旅游景区

本书选取山东省和内蒙古自治区作为分析对象。

（1）山东省全域旅游景区。

山东省主要 A 级以上景区如表 5-2 所示。

表 5-2　山东省主要 A 级以上景区

级别	景区列表			
AAAAA 级景区	曲阜三孔	泰山景区	沂蒙山景区	蓬莱阁景区
	威海刘公岛	崂山景区	台儿庄古城	天下第一泉
	龙口南山景区	青州古城景区	华夏城景区	临沂市萤火虫水洞
	黄河口生态旅游区			
AAAA 级景区（部分）	孙膑旅游城	曹州牡丹园	汶上宝相寺	聊城姜堤乐园
	聊城东昌湖	青岛海底世界	青岛海滨风景区	中国宝石城
	万平口海滨景区	沂水天上王城	沂水地下画廊	沂水地下大峡谷
	东平湖风景区	日照五莲山景区	济南千佛山	微山湖湿地红荷景区
	威海银滩旅游景区	威海华夏城	威海石岛赤山景区	威海成山头景区
	威海仙姑顶景区	微山湖风景区	莲花湖湿地公园	汉诺庄园
	庆云海岛金山寺	周村古商城	原山国家森林公园	天宇自然博物馆
	水泊梁山景区	海滨国家森林公园	沂水彩虹谷	邹城市峄山景区
	邹城三孟旅游区	滕州盈泰温泉旅游区	新泰莲花山	冠世榴园

以下按照表 5-2 中每行自左向右的顺序依次介绍山东省 AAAAA 级风景区。

1）曲阜三孔。

曲阜三孔景区位于济宁曲阜，"三孔"分别为孔庙、孔府、孔林，为纪念我国伟大儒学家孔子所建。曲阜三孔以其悠久的历史文化、宏伟的规模以及珍藏的历史文物吸引国内外消费者前来参观、研学。孔庙、故宫、避暑山庄被称为"中国三大古建筑群"，孔庙不光在中国是著名的建筑群之一，在国际的建筑史上也有一席之地，被誉为"中国第二石碑林"。孔府又称"衍圣公府"，建于宋朝，孔子的嫡系子孙居住时期。它位于孔庙西侧，是中国贵族的豪宅，仅次于北京的皇宫。孔林是孔子和他的子孙们的坟墓，占地 3000 多亩，有 10 万多座坟墓，是中国历史上最庞大、历时最悠久、保存最完整的氏族墓葬地，同时也是一个从古代保存至今的人工花园和自然植物园。

2）泰山景区。

泰山景区在泰安市泰山区，处于山东省中部，总面积 2.43 万公顷，主峰海拔 1532.7 米。泰山绵恒蜿蜒于济南、淄博、泰安三市，古人云"泰山安，四海皆安"，泰山有幽区、旷区、奥区、妙区、秀区、丽区六大风景区，还有泰山日出、云海玉盘、晚霞夕照、黄河金带四大奇观。我国古代自秦朝至清朝，先后有 13 代帝王亲登泰山进行禅封、祭祀、朝拜等活动，泰山被视为"直通帝座"的天堂。

3）沂蒙山景区。

沂蒙山景区位于沂河流域和蒙山山系的两处形成的地理区域，主要由沂山景区、蒙山龟蒙及蒙山云蒙三个景区组成，景区面积 148 平方千米。主峰海拔 1156 米，位于蒙山龟蒙，是山东省内第一大山，同时也是第二高山。主要自然景观有玉皇顶、狮子崮、百丈崖瀑布、碑林等，在玉皇顶探海石旁能观赏到海上日出的壮丽景象。

4）蓬莱阁景区。

蓬莱阁景区位于烟台市，始建于北宋嘉祐六年，素有"人间仙境"的美称。蓬莱阁的奇观"海市蜃楼""八仙过海"享誉全世界，吸引了海内外消费者前来参观。蓬莱阁是典型的中国古代建筑风格的建筑群，以古建筑群为中轴，蓬莱水城和田横山为两翼，有悠久的历史文化底蕴，其中最具代表性的当数神仙文化和海洋文化。蓬莱水城沿着丹崖山向南建筑而成，是我国古代的海军基地，具有极高的历史研究价值。

5）威海刘公岛。

刘公岛位于山东省威海市威海湾湾口，面积约 3 平方千米，岛岸线长约 15 千米，历史上刘公岛有着至关重要的国防作用，是我国海上的天然屏障。刘公岛峰峦起伏，87%的面积被森林覆盖着，岛内存有战国时期的遗址、甲午战争时期的遗迹，具有重要的历史研究价值。刘公岛山有倒水湾、荷花湾、骡子圈湾、黑鱼屿、潮汐、海浪等自然景观。

6）崂山景区。

崂山景区位于青岛市崂山区，海拔 1132.7 米，主峰是巨峰，也称崂顶，崂山也是我国海岸线上的第一高峰，被称为"海上第一名山"，当地人云"泰山虽高，不如东海崂"。崂山沿袭着道教文化，景区内尚存有太清宫、明霞洞、太崂观、太和观、明道观等道观，是古代道教活动的重要场所。西晋时期，佛教传入崂山地区，景区内现存有 32 处有名可循的佛寺。

7）台儿庄古城。

台儿庄古城坐落于枣庄市台儿庄区，位于鲁、苏、豫、皖四省交界地带，同时也是京杭大运河的中心点，古城始建于秦汉时期，在唐宋两朝开始发展，于明清之际繁荣兴旺，清代乾隆皇帝赐之"天下第一庄"的美称。现今被世界旅游组织称为"活着的古运河"，景区内以运河文化为轴，设计了关帝庙、西门安澜、纤夫村等八大景区，建筑风格将北方大院、徽派建筑、鲁南建筑、欧式建筑等八大建筑风格有机结合，是一座独具东方特色的古水城。

8）天下第一泉。

天下第一泉景区位于济南市历下区，占地面积约 158 亩，"天下第一泉"指趵突泉，位居济南七十二泉之首。趵突泉泉群主要由金线泉、漱玉泉、洗钵泉等 30 多个名泉组成，泉水四季恒温在 18℃，周边有泺源堂、观澜亭、李清照纪念堂等著名景点可供消费者游览，趵突泉与大明湖、千佛山并称为济南三大名胜。

9）龙口南山景区。

南山景区位于胶东半岛的龙口市，全区由三大部分组成，分别是宗教文化旅游区、历史文化旅游区和东海旅游度假区。景区内主要景点有南山大佛、华藏世界、南山禅寺、香水庵、中华历史文化园等。其中景区内的南山大佛是世界上最大的锡青铜坐佛，南山药师玉佛是国内最大的室内玉佛，这两大玉佛是南山景区宗教文化的代表。

10）青州古城景区。

青州古城景区位于山东省青州市，青州是古九州之首，也是著名历史文化名城，占地约 10 平方千米。青州古城的建筑风格表现出宋明时期的典型特征，城内主要的景点有北门大街、东门大街、偶园街等超过万米的明清风格的古街道，还有青州博物馆、三贤寺、李清照纪念馆等大大小小 120 多处景点，整个景区完整地展示出青州古城的风土人情和生活习惯。

11）华夏城景区。

华夏城景区位于威海市，景区是展示古典东方文化主题的大型生态文化景区。景区内主要有华夏第一牌楼、夏园、高空玻璃桥、太平禅寺等著名旅游景点。华夏第一牌楼仿照明清时期的古代建筑形式建成，整个牌楼纵跨 86 米，是我国跨度最大的牌楼；夏园融合了东方古典建筑的风格与现代时尚的设计元素，采用蜡像、实物等表现形式展现出胶东人的日常生活。

12）临沂市萤火虫水洞。

萤火虫水洞位于临沂市沂水县，景区主要以探索地下萤火虫神秘世界为主题，是集休闲、娱乐、度假、观赏于一体的大型综合旅游区。水洞内常年恒温在18℃，洞内能看到各式各样神秘的萤火虫奇观和形态各异的钟乳石。洞内有湖光山色、星际梦幻、穿越时空、黑洞探秘、幽谷星空五个神秘的大景区，共计60余个旅游景点。景区内四季分明，气候温和，降水适中，给萤火虫的繁衍带来了良好的条件。

13）黄河口生态旅游区。

黄河口生态旅游区位于东营市，景区内有河海交汇、湿地生态、滨海滩涂等自然奇观，景区内生态系统复杂多样，有各类野生动物1500余种，还有罕见的野生植物柽柳林和刺槐林，是消费者回归自然、享受自然景观的最佳去所。黄河入口有着世界上增速最快的陆地，沧海桑田，如梦虚幻的景观令消费者惊叹不已，消费者在此可以观潮、赏月、看日出、赶海。景区内建有长800余米的木质栈道，消费者站在木质的栈道上欣赏黄河口的壮阔，有心旷神怡之感。

（2）内蒙古自治区全域旅游著名景点。

内蒙古自治区的草原上有六大令人叹为观止的奇景，分别是草原、遗址、沙漠、湖泊、森林、民俗，这六种奇观构成了内蒙古自治区主要的旅游资源。其中，森林景观资源分布在大兴安岭山脉附近，民俗游主要是带领消费者感受蒙古族的民风民俗、歌舞表演以及令人赞不绝口的那达慕大会，大会上有"蒙古三艺"——骑马、摔跤、射箭（曹子伟，2016）。内蒙古自治区主要景区如表5-3所示。

表5-3　内蒙古自治区主要景区

类别	景区		
自然风光	额济纳胡杨林国家级自然保护区	响沙湾	呼伦贝尔大草原
	乌玛自然保护区	额济纳河	怪树林
	居延海	神树	道须沟
	腾格里沙漠	海拉尔国家森林公园	二连盐池
	二连盆地白垩纪恐龙国家地质公园	哈素海	阿尔山国家森林公园
	阿尔山天池	石塘林	松叶湖
	鹿鸣湖	玫瑰峰	摩天岭
	杜鹃湖	好森沟	贡格尔草原
	阿斯哈图石林	白白奇观	乌拉盖

类别	景区		
自然风光	乌兰布统草原	希拉穆仁草原	额尔古纳河湿地
	莫尔道嘎森林公园	库布齐沙漠	巴丹吉林沙漠
人文风光	黑城遗址	策克口岸	居延文化遗址
	成吉思汗陵	嘎顺扎德盖岩画	辽中京城遗址
	二连浩特市中国古生物博物馆	界碑	国门
	恐龙广场	天鹅湖	伊林驿站博物馆
	真蒙国际地景艺术园	市门	奥林匹克公园
	阿尔寨石窟	元上都城遗址	黑山头古城
	贝子庙	昭君墓	大窑文化遗址
	诺门罕战争遗址	呼和浩特清真大寺	

由于篇幅有限，本节选取 4 个自然风光、4 个人文风光进行介绍。

1）额济纳胡杨林国家级自然保护区。

内蒙古自治区额济纳胡杨林国家级自然保护区位于额济纳绿洲，总面积超过 26000 公顷，是野生植物的自然保护区，主要保护生活在额济纳旗的胡杨林群落以及其他珍贵的濒临灭绝的物种，以维持额济纳荒漠绿洲生态系统的稳定及其生物的复杂性和多样性。保护区内地形呈扇状，地势中间是低平的，西南高、东北低，四季温差较大，年均气温约 8℃。

2）响沙湾。

响沙湾景区位于鄂尔多斯市达拉特旗响沙湾，是国家 AAAAA 级风景区，地处陕晋内三地乌金三角地带，占地面积约 24 平方千米，被称作"黄河金腰带上的金纽扣"。响沙湾紧靠沙丘，面临大川，地形呈月牙状分布，消费者从"银肯"沙丘顶往下滑时会发出轰鸣巨响，响沙湾的沙鸣之谜至今无人能解。景区内有莲沙岛、福沙岛、一粒沙、悦沙岛、仙沙岛五大度假区，是集观光、休闲于一体的大型综合度假区。

3）呼伦贝尔大草原。

呼伦贝尔大草原位于内蒙古自治区的东北部，因其依靠呼伦、贝尔两湖而得名，草原地势东高西低，总面积约 1000 万公顷，是世界四大草原之一，也是世界上最好的天然牧场之一。我国古代游牧民族匈奴、鲜卑、突厥、女真等多繁衍于此。草原上莫尔格勒河被称为"第一曲水"，河畔的金帐汗蒙古部落再现了当年成吉思汗的行帐，夏季雨水充沛、牧草肥美，附近的牧民自然聚集于此形成游牧部落群体。

4）乌玛自然保护区。

乌玛自然保护区位于额尔吉古纳市，占地面积超过 65 万公顷，超过 95% 的面积被森林覆盖，与俄罗斯隔河相望，是我国唯一的寒温带明亮针叶林区，同时也是占地面积最大、保存得最完整的原始林区。景区内四季变换鲜明，冬季漫长寒冷，夏季多雨，年均气温为−5℃。保护区内有 680 余个野生植物种类，还有 272 种野生动物，是濒危野生动植物最好的天然保护区。

5）黑城遗址。

黑城遗址位于内蒙古自治区额济纳旗，是我国古代丝绸之路规模宏大、保存完整的古城遗址，始建于西夏时期。黑城平面结构为长方形，墙体用黄土筑成，东西两面墙开有城门，城内埋藏着许多奇珍异宝，周边地区沙化现象严重，许多遗址已被黄沙覆盖，因此抢救性保护黑城遗址迫在眉睫，我国目前已采取多种措施进行抢救、维护。

6）策克口岸。

策克口岸位于额济纳旗境内，因畜牧产品、矿产资源较为丰富，成为阿拉善盟唯一对外开放的国际通道，是内、陕、甘、青、宁五省的陆路口岸，也是我国与蒙古国双边性的开放陆路口岸。

7）居延文化遗址。

居延文化遗址保存着青铜时期的 1 处遗址以及其余不同时期的城池遗址 13 座，居延文化遗址历史悠久，文化灿烂，以其古朴独特的自然风光、具有神秘色彩的历史遗迹吸引着国内外的消费者和考古学家前来游玩、探索。

8）成吉思汗陵。

成吉思汗陵位于内蒙古自治区鄂尔多斯市，陵墓占地约 5.5 万平方米，建筑风格极具蒙古特色，主体由正殿、东殿、西殿三座大殿及连接大殿的东廊、西廊和寝宫共 6 个部分组成。正殿是成吉思汗陵最大的宫殿，位于正中，高 26 米，平面呈现八角形，东西两殿高 23 米，外形是蒙古包式的穹庐顶，整体造型好似展翅雄鹰，极具蒙古建筑艺术风格。

（三）东北邻近地区全域旅游交通

交通系统是消费者活动旅行和到达旅游景区的必要条件，交通不仅是跨越地区的载体，同时也是资本、文化、能源的运输要道。从景观生态学的角度来看，旅游交通路线的景观回廊效果影响地区旅游空间的发展，对生态环境的负荷也有一定的影响。所以，交通不仅是联络地区旅游发展的命脉，也是形成空间旅游的框架。旅游交通空间结构分析的本质，是分析旅游空间结构中节点和区域之间的空间连接情况。本章具体分析我国山东省全域旅游的交通问题。

（1）山东省交通可达性测度。

对旅游交通的发展状况通常可以用"交通便利"和"交通优势"来形容。交通通达度指消费者使用特定交通工具从特定位置到达特定活动场所的便利性，旅游活动在很大程度上是在消费者的空间流动基础上产生的，因此城市交通基础设施是旅游活动发展和城市中消费者容纳能力的基础。本书对山东省各城市的位置和城市交通基础设施进行了研究。

本章构建城市交通可达性指数（赵金金，2016），公式为：

$$A = \sum_{i=1}^{3} a_i \times f_i \, (i=1, \ 2, \ 3) \tag{5-1}$$

式中，A 是城市交通便利指数；f_1 是各个节点和中心城市的位置关系指数；f_2 是各个城市之间的连通指数；f_3 是各城市外部通达指数。

利用层次分析法（AHP）将 a_1、a_2、a_3 的值设定为 0.25、0.25、0.5。山东省交通数据来自《山东交通统计年鉴》、山东省交通运输厅以及火车站、公交车站、港口和机场网站。

f_1 为与中心城市的地理关系指数，用于表示山东省各市的地理情况与交通条件，是带动城市旅游经济的重要内部动力（程钰等，2013）。计算公式为：

$$f_1(x) = \begin{cases} 0.5, & x \geqslant 160 \\ 1, & 80 \leqslant x < 160 \\ 2, & x < 80 \end{cases} \tag{5-2}$$

x 是从中心区到邻近中心区的直线距离。考虑到地理位置、经济等因素，本章选择的中心城市为济南和青岛。

f_2：从城市联通指数来看，高速公路是城市交通的主干联通模式。在这个指数中，二级以上高速公路的密度（x）用来反映城市不同景点之间的联系程度。本章使用层次分析的方法确定连接的指数。具体为：

$$f_2(x) = \begin{cases} 3, & x \geqslant 35 \\ 2.5, & 29 \leqslant x < 35 \\ 2, & 25 \leqslant x < 29 \\ 1.5, & 20 \leqslant x < 25 \\ 1, & 15 \leqslant x < 20 \\ 0.5, & x < 15 \end{cases} \tag{5-3}$$

f_3：在外可达性指数中，城际旅游交通线路主要包括铁路、高速公路、水运和空运，相应的城市交通节点依次为火车站、汽车站、港口、机场。本章使用分类分配的方法来评价城市及其邻居的交通节点的分类。具体如表 5-4、表 5-5 所示。

表 5-4　交通节点的技术等级划分及赋值

类型	子类型	标准	赋值
汽车站	一级汽车站	拥有一级汽车站	5
	二级汽车站	拥有二级汽车站	0.5
机场	干线机场	拥有干线机场	2.5
		距离 40 千米以内	1.5
	支线机场	拥有支线机场	1.5
铁路	特等站	拥有特等站	4
		距离 40 千米以内	3
		距离 80 千米以内	2
	一等站	拥有一等站	3
		距离 40 千米以内	2
		距离 80 千米以内	1.5
	二等站	拥有二等站	2
		距离 40 千米以内	1
		距离 80 千米以内	0.5
	三等站	拥有三等站	1
		距离 40 千米以内	0.4
	四等站	拥有四等站	0.5
港口	主要港口	拥有主要港口	2.5
		距离 40 千米以内	2
		距离 80 千米以内	1.5
	重要港口	拥有重要港口	2
		距离 40 千米以内	1.5
	一般港口	拥有一般港口	1.5

表 5-5 空间分异分析

类别	交通的可达性指数	城市
1	≥12	济南、青岛
2	10.5~12	威海、临沂、济宁、泰安、淄博
3	6.9~10.5	菏泽、德州、日照、聊城
4	5.375~6.9	滨州、莱芜、枣庄、东营

经过计算可以得知，交通可达性高的地区主要分布在济南、青岛两市。交通可达性较高的地区分布在山东省中南部和省会城市相邻的地区。交通可达性较低的地区大部分集中在山东省的西南部。交通可达性较差的地区主要分布在黄河三角洲。造成各个城市交通通达性差异较大的原因有很多，主要包括：地理位置、经济条件、社会条件、自然条件、政治因素等。具体差异包括：首先是方位条件，济南市是山东的省会城市，具有相当的区位优势和政治优势，交通较为发达才能起到交通枢纽的重要作用；沿海城市青岛具有独特的海陆运输条件，经济较为发达，占据山东省前列（赵金金，2016）。自然因素，如地形、水文和气象等，对交通网构成、路径方向和路径、网络密度和分布格局有重要影响。

（2）山东省全域旅游交通分析。

山东省城市间交通通达度的差异，是由山东省城市间的区位条件、自然环境条件、社会经济条件、政治文化差异所致。导致山东省各城市间旅游资源差异化发展的主要原因是旅游资源数量、地理条件、经济水平、区域发展战略等。山东省交通便利、旅游行业发达的城市主要分布在鲁南和鲁中，它们共同的特点是离省会或是沿海城市近，如威海、临沂、济宁、泰安、淄博等。此外，交通便捷的旅游资源基地城市主要包括潍坊、青岛、济南和烟台四个城市，其余城市交通接近性差，旅游资源不足。

针对以上现状，本书主要提出两点改善建议：第一，改善交通低可达性城市的外部可达性，优化交通低可达性城市的外部可达性和内部交通连贯性。滨州市、东营市、日照市、菏泽市、德州市、枣庄市、莱芜市要大力改善火车站建设水平，以满足消费者需求。第二，优化省内高速公路交通线路布局，提高高速公路线路数量和网络密度。改善枣庄市、烟台市、临沂市、菏泽市及其他中转城市的交通，连接省内省外交通，形成高效的陆上运输网络，提高消费者旅游效率。

（四）东北邻近国家全域旅游空间结构

在全域旅游发展过程中，地区的旅游资源丰度以及景点数量是东北全域旅游发展的核心。旅游资源的水平和规模对地区旅游开发非常重要，特别是景区的魅力是决定全域旅游发展规模的重要因素。旅游资源的丰富与否是消费者选择是否前往旅游的主要因素，旅游资源的数量、等级、空间分布形态，在很大程度上决定了全域旅游开发的规模、质量等级和合理的空间布局。旅游资源分布的不确定性，对全域旅游景点的开发有巨大的影响。旅游景点的空间变化会影响目的地城市的空间结构和布局的变化。本书分别分析韩国、山东、内蒙古的全域旅游空间结构。

1. 东北邻近国家旅游空间结构

韩国具有优越的地理位置、优美的自然景观、古老的历史文化、独特的民族风俗、丰富的旅游资源。韩国的高山不多，但有很多山坡和中低山。韩国的山和瀑布构成了韩国许多著名的景点。韩国有 14 个观光及疗养设施齐全的大型温泉，有许多美丽的海滩。韩国历史文化内涵丰富，庆州、釜山、首尔都有着悠久的宫廷历史。全国著名的寺庙约 60 个，其中梵鱼寺、松广寺和通度寺吸引了许多海内外消费者。

韩国面积仅有 9 万平方千米，但是有 7 处被联合国教科文组织登记的世界文化遗产。韩国的自然旅游资源较少，政府需要采取一定措施保护旅游资源，并积极开发旅游项目，让韩国成为专业的旅游之国。韩国举行了许多具有地域特色的文旅节日活动，如庆州文化博览会、庆州泡菜文化节、南道饮食文化节、仁会江留水节等 800 多个特别文旅节日。具有浓厚韩国特色的旅游节日吸引了大批来自世界各地的消费者，有力地促进了韩国旅游产业的发展。

2. 东北邻近区域旅游空间结构

（1）山东省旅游空间结构。

山东省不仅有得天独厚的自然旅游资源，还拥有历史和文化旅游资源。自然旅游资源是指依托山东省的自然环境形成的山、水、景、公园等，如巍峨的泰山、秀丽的海岸线、趵突泉、湖群、黄河入海口、沙滩等（王世旭，2005）。山东省的文化旅游资源包括景点、文物博物馆、展览馆、体育活动、艺术活动、商业市场和民俗习惯等。山东省被称为"齐鲁"的发源地、"孔孟之乡"。山东省拥有悠久的历史、灿烂的文化、光荣的革命传统和丰富的旅游资源。

目前，山东省已有超过 10 个城市被评选为"中国优秀旅游城市"，全省共有超过 660 处旅游景区，超过 220 个甲级旅游景区，13 处 AAAAA 级旅游景区（名胜区），上百个 AAAA 级旅游景区。两处景点被评为"世界遗产"，国家级、省级名胜区，国家级、省级历史文化名城以及国家级森林公园、文物保护单位和自然保护区数不胜数。山东省境内各种名胜景区（点）数以万计，构成了山、水、城、湖、林、穴等旅游产业、生态农业、森林和民风民俗等复杂多样的旅游资源。全省旅游资源优异，大部分景区（点）可视性高，全省旅游资源集约效应十分明显，省内旅游资源融合完美（卞显红，2006）。山东省旅游资源在丰富程度、质量、空间分布上有较为明显的差异。经过认真考察，山东省旅游景区的空间分布具有以下特征：

1）旅游资源空间分布广、相对稠密和突出区域。

山东省旅游资源分布范围较广，其中 AA 级旅游景区分布在 17 个城市，AAA 级及以上旅游景区分布在除菏泽以外的 17 个城市。除了德州和聊城之外，每个城市都有国家级别的森林公园。山东省在旅游资源单体分布的基础上，以优质的旅游资源单体为核心，按照山东省行政区域相对集中的旅游资源空间分布，山东省 17 个城市旅游资源具体分布在鲁东、鲁中、鲁西南及鲁北地区，每个地区的旅游资源都是独一无二的。山东省旅游区域及其特点和表现如表 5-6 所示。

表 5-6　山东省旅游区域及其特点和表现

旅游区域	城市	旅游特点	主要表现
鲁东旅游资源地区	青岛、烟台、威海、日照	以自然风光为主，山海兼备	以海滨旅游资源为典型代表，是山东省滨海度假旅游发展的重要地区
鲁中旅游资源地区	济南、泰安、莱芜、淄博、潍坊、济宁中北部	人文旅游资源丰富，名胜古迹荟萃	山东省著名的"一山一水一圣人"旅游线即位于该地区，旅游资源质量和等级都非常优秀
鲁西南旅游资源地区	菏泽、济宁南部、枣庄、临沂	自然资源和人文资源相互交融	著名旅游景点分布较为稀少，彼此距离较远
鲁北旅游资源地区	德州、滨州、聊城、东营	自然资源独具特色	资源地域分布相对集中，人文旅游资源分布较少，旅游资源总体开发相对落后

旅游资源的集中度不仅包括平面集中度，还包括线和点的集中度。山东省旅游资源集中可分为区域集中、线性集中和节点集中三种。山东旅游资源在地理划分的基础上，一是以省会济南和沿海城市青岛为中心分布形成了"两大四区"的空间布局，因此有较为明显的区域集中特性；二是淄博等地区，主要特点是以旗文化为吸引力形成的旗文化旅游区；三是以济宁、梁山、东平、运城、聊城等城市的水文化为吸引力的水文化旅游区；四是以微山、济宁、凉山、东平、聊城等城市的运河文化为吸引力形成的运河文化旅游区。

线性集中代表区域有："城"的代表城市是曲阜、邹城；"山"的特色代表是泰安；济南泉城、济宁微山湖则代表着"水"；"海岸"旅游区代表城市有日照、青岛、威海、烟台等。其他如济南、青岛、淄博等城市旅游镇较为集中，构成了旅游资源特性的节点集聚。

2）旅游区旅游资源数量和水平呈现地区差异。

山东省旅游资源数量较为广泛，但分布相对集中，鲁东地区和鲁中地区便是典型的代表。全省大部分旅游资源分布在济南、临沂、青岛、烟台、潍坊、淄博这几个城市，这六个城市集中了全省大部分重点旅游资源，A 级以上景区的数量约占全省的 60%，AAA 级及以上的景点约占全省景点数量的七成。济南和青岛是历史文化城市，代表景区有趵突泉公园、崂山国家公园、青岛海滨名胜等自然景观。这六个城市的共同特点是经济条件好、交通网络发达、地域性网络趋向明显、旅游资源比较集中。滨州、东营、菏泽、德州等鲁北城市的旅游资源等级较低，并且旅游资源排名在省内靠后。山东省旅游资源空间分布格局简单来讲为鲁东、鲁中地区强，鲁西较弱。

3）公路沿线分布着优质旅游资源。

山东省景区分布的特点是分布在高速公路要塞及铁路动脉沿线。例如，济南趵突泉、石老人景区、淄博中国陶瓷博物馆、千佛山等多处 AAA 级以上景区都是沿着高速公路分布的景区代表；此外，马踏湖、聊斋城、樵岭前风景区等多处景点都是在公路、铁路沿线分布的，沿青岛—威海公路沿线分布的景区有刘公岛公园、乳山银滩旅游度假区、长岛林海景区等。在山东省旅游景区开发过程中，高速公路分布对旅游景点的空间结构布局和旅游开发起到了重要作用，因此山东省空间旅游结构建设分布的特点相当优越，为全面开发山东省旅游景区提供了良好的区域和地理位置的条件，而且各个旅游区的衔接相对来说较为紧密，有利于山东省开发全域旅游，随着山东省的发展，旅游节点形成了区域旅游的循环，区域旅游沿线向外辐射，促进了山东省区域旅游空间结构的形成和发展。

（2）内蒙古自治区旅游空间结构。

内蒙古自治区幅员辽阔、物产丰富，位于我国的北部边境，整个自治区自东向西跨度 4000 千米，内蒙古自治区的自然条件优良复杂，生物种类丰富，植物种类多样。内蒙古自治区地形主要是森林草原、荒漠草原、典型草原、荒漠等。森林分布在内蒙古自治区东部，主要是大兴安岭林区，占地 22.6 万平方千米，是中国最大的寒温带针叶林区。草原位于内蒙古自治区中部，即内蒙古草原，占地约 60 万平方千米，是中国最大的草原，同时也是世界著名的草原之一。内蒙古自治区西部分布着沙漠，占地 32.3 万平方千米，巴丹吉林沙漠是最具代表性的沙漠，同时也是我国第二大沙漠。内蒙古自治区有达泽湖泊、乌拉盖、乌梁素海等众多著名湿地。内蒙古自治区生态系统完备，孕育着丰富的野生物种，河流系统有上千条，其中包括天然的温泉、湖泊、矿山等（彭利中等，2002）。内蒙古自治区有脊椎动物 700 余种，占我国现有种类的 11.4%，其中哺乳动物 138 种，鸟类 436 种，爬行动物 28 种，两栖动物 9 种。内蒙古自治区有高等植物 2700 余种，其中地衣类植物 550 余种，蕨类植物 62 种，裸子植物 23 种，被子植物 2155 种。

截至 2017 年 12 月底，内蒙古自治区内共有 12 个团组类型 4 处 AAAAA 级景区、120 处 AAAA 级景区和 1 处世界文化遗产。政府参与喀山—柴河景区、锡林郭勒、赤峰、通辽景区的生态系统维护、休闲度假区建设、自然景观科学研究、红山文化与辽山文化旅游核心区建设，以及巴堰景区规划建设。内蒙古自治区旅游局积极打造高级旅游区和旅游商品，积极推动景区升级，组织和完成标准化建设，加强旅游商品结构，优化宏观旅游商品系统，形成了旅游"游、行、吃、住、购买、娱乐"各个方面的产业产品升级，提升内蒙古自治区旅游产品的市场竞争力。

内蒙古自治区旅游资源丰富，但资源数量优势没有完全转变为产品优势，存在很多问题。目前，内蒙古自治区旅游资源的开发和利用存在以下三方面的问题：

1）旅游资源和产品开发水平低，规划不合理。

受地理位置和行政因素的影响，内蒙古自治区的旅游开发没有形成统一的规划和运营。相对来说，优质景区和高附加值旅游商品较少，旅游资源的开发和利用水平和程度非常低。

2）旅游产品的结构过于单一，产品同质化现象严重。

内蒙古自治区目前已开发的旅游资源经营状况良好，主要原因是旅游资源丰富、旅游资源整合完善，景区的参与性和娱乐性高，旅游收入主要取决于景点门票收益。但旅游景区受气候的限制，分为淡季和旺季，旺季主要集中在每年的 7 月、8 月、9 月，旺季时景区内基础设施容量不足，淡季的空置率高，内蒙古自治区的旅游发展因季节特点受到很大的影响。

3）旅游景区数量和旅游资源分散分布整合低。

内蒙古空间大，各旅游景点之间距离远，旅游景点相对分散。由于受时空条件的制约，旅游通行费用较高，旅游质量和数量难以满足消费者需求，因此旅游整体影响力较弱。

3. 东北邻近旅游空间结构分析

本书以山东省旅游空间结构为例进行分析。

旅游资源丰度指数是指测量山东省各地级市旅游资源质量和数量综合指标，旅游局系统评估的 A～AAAAA 级景点对多种类型的旅游资源具有最全面的统计，考虑到景区级别的不同，采取不同的权重评定，因此本章用 A～AAAAA 级景区数量作为测量指标，计算公式为：

$$R_i = 5.00N_5 + 2.50N_4 + 1.75N_3 + 0.50N_2 + 0.25N_1 \tag{5-4}$$

其中，R_i 为 i 地级市的旅游资源丰度指标；$N_1 \sim N_5$ 分别为 i 地级市 A～AAAAA 级景区的数量；0.25、0.50、1.75、2.50 和 5.00 分别为 A～AAAAA 级景区的权重。山东省各市旅游资源丰度如表 5-7 所示。

表 5-7　山东省各市旅游资源丰度

城市	济南	青岛	淄博	枣庄	东营	潍坊	济宁	泰安
AAAAA	1	1	0	1	1	2	0	1
AAAA	13	26	14	9	7	22	19	13
AAA	19	69	34	21	35	45	71	37
AA	15	16	14	21	13	26	37	23
A	1	0	0	2	0	0	0	0
R_i	78.5	198.75	101.5	75.25	90.25	156.75	195.25	113.75
城市	威海	日照	临沂	德州	聊城	滨州	菏泽	烟台
AAAAA	2	0	1	0	0	0	0	2
AAAA	12	8	28	8	5	9	4	16
AAA	27	39	63	23	30	62	10	53
AA	4	17	81	28	14	15	14	7
A	0	0	0	0	0	0	1	0
R_i	89.25	96.75	225.75	74.25	72	138.5	34.75	146.25

旅游经济指数是指分析各地级市旅游经济水平的指标，用于衡量城市旅游经济水平最常用的指标一般是国内外消费者数量和国内外旅游收入。旅游总收入的影响因素包括消费者数量、消费能力和物品价格，相比其他指标更为全面、直观地代表各地级市的旅游经济水平。因此，用旅游总收入来衡量各地级市的旅游经济指数，计算公式为：

$$I_i = \frac{x_i - x_{\min}}{x_{\max} - x_{\min}} \times 100 \tag{5-5}$$

其中，I_i 为 i 地级市的旅游经济指数；x_i 为 i 地级市的旅游总收入；$x_{\min}$、$x_{\max}$ 分别为山东省 16 个地级市的旅游总收入中的最小值、最大值。

使用旅游总收入、A ~ AAAAA 级旅游景区数量的数据，根据式（5-4）、式（5-5）可以计算出各地级市的旅游资源丰度指数和旅游经济指数，旅游总收入数据来源于《2019 年山东省所有县城国家经济社会发展统计表》，A ~ AAAAA级旅游景点数量来源于山东省所有县城旅游统计表和相关旅游资讯网。表 5-8 展示了山东省各市旅游经济指数。

表 5-8　山东省各市旅游经济指数

城市	济南	青岛	淄博	枣庄	东营	潍坊	济宁	泰安
X_i	7856.6	12001.5	5068.4	2402.4	4152.5	6156.8	4930.6	3651.5
I_i	57.7	100	29.25	2.02	19.9	40.36	27.84	14.79
城市	威海	日照	临沂	德州	聊城	滨州	菏泽	烟台
X_i	3641.5	2202.2	4717.8	3380.3	3152.2	2640.5	3078.78	7832.6
I_i	14.69	0	25.67	12.02	9.69	4.47	8.95	57.46

山东省旅游资源丰度指数较高的地级市分布在山东省中部地区和南部地区，其中最高的是临沂市，为 225.75，青岛市第二，为 198.75，济宁市第三，为 192.25。结合实践分析可知，临沂旅游特色特征有：以蒙山为代表的自然景观旅游，以汉朝、晋朝文化为代表的文化历史旅游，以革命基地为代表的红团旅游，以汤头温泉为代表的古典汤泉游，以城市旅游为代表的水城商都游，且 A 级以上景区数目众多，旅游资源相比其他城市更丰富。

青岛市不仅是被国家认可的历史文化名城，还是我国第一批次的"优秀旅游城市"，不仅如此，青岛还被称作"历史重点保护城市"。青岛有超过 30 个重点文物保护区，除此之外，著名景区崂山风景区、青岛海滨风景区也在青岛市。山东省近 300 座历史名建筑中接近 50% 都坐落在青岛，名人故居 85 处，其中列入保护名册的超过 20 处。

济宁市有两项世界级的文化遗产，国家级别的重点文物保护单位近 20 个，省级、市级文物保护单位超过 200 个，历史文化名城有 2 个，其中还有 3 个城市被评选为"中国优秀旅游城市"，AAAA 级、AAAAA 级景区有 7 个在济宁市，省级风景名胜有 4 个。其中，"三孔"旅游区更是被评选为我国第一批 AAAAA 级景区。

空间错位分析可以用来表示山东省两个生产要素的几何重心产生偏离的情况，为了分析这种情况是否存在，需要采用重力模型求出山东省旅游资源与经济的重心。旅游资源的重心算式如下：

$$X_R = \frac{\sum\limits_{i=1}^{n} R_i \times X_i}{\sum\limits_{i=1}^{n} R_i} \ , \quad Y_R = \frac{\sum\limits_{i=1}^{n} R_i \times Y_i}{\sum\limits_{i=1}^{n} R_i} \tag{5-6}$$

其中，X_R 为山东省旅游资源风景区重心的经度；Y_R 为山东省旅游资源风景区重心的纬度；R_i 为 i 市旅游资源丰度指数；X_i 为 i 市资源风景区重心的经度；Y_i 为 i 市资源风景区重心的纬度；n 为山东省地级市的数量，在本书中，n=16；把 R_i 替换为 I_i 就可以计算山东省旅游经济重心（X_I，Y_I）。若 2 个重心重合，则表明旅游资源丰富程度和旅游经济水平相匹配，有助于旅游业的发展；若 2 个重心不重合，发生偏离，则表明两者出现空间错位现象，错位需要进行矫正。

根据重力模型，山东旅游资源与经济的重心分别为（119.47°E，36.16°N）与（119.45°E，36.30°N），两者错位经度 0.02°，纬度 0.14°。卫星地图显示，山东省的旅游资源重心与旅游经济重心都在青岛市，因此山东省没有空间错位现象。空间错位理论认为，要素的重心位置会向该要素多的地区偏离，这表明山东省青岛市不仅具有旅游资源优势，旅游业经济发展水平也不错，甚至超过省会济南市。

通过空间错位分析，有利于有关部门了解山东省旅游业发展的实际情况，找到符合当地的旅游发展模式，并通过整合旅游资源、提升旅游品牌形象、发挥资源优势等方法或途径，以促进山东省旅游业的协调发展。另外，山东省的全域旅游发展缓慢，通过空间错位分析有助于山东省建立一个合理的全域旅游协调发展机制，缩小山东省各地级市旅游业发展的差距。

（五）东北邻近区域全域旅游线路模式

1. 东北邻近区域旅游景区空间结构——以青岛为例

本书主要选取青岛市，由于在国内，消费者的自由程度要远远大于国外。消费者可以通过手机上网的方式在青岛自由选择景区进行游玩，而且青岛也提供了观光、活动、购物等多样化的游玩项目。消费者只需通过 App 就可以在地图上找到自己喜欢去的地方。同程旅游、携程旅游等手机 App 可以非常快捷地向消费者提供各地的景点信息。消费者借助手机地图可以快速自行规划出一条旅行路线，非常便捷地就能够安排自己的行程，免去了第三方的管理，消费者可以感觉到更加自由、更加舒心。

本书运用景区最近距离模型分析了山东省青岛市旅游景区的空间结构。最近的邻接距离是一种地理指数，用来表示在地理空间内各点的接近程度。它测量每一个点到最近的点之间的距离，R 为平均距离（也就是最近的邻接距离）。从理论上来说，如果一个区域的点分布是随机的，那么最近的距离可以用下面的方式表示：

$$R_e = \frac{1}{2\sqrt{n/A}} \tag{5-7}$$

式中，R 为理论上最近的距离；A 为地区面积；n 为旅游景点节点数。由于山东省拥有丰富的旅游资源，青岛国家级 AAAAA 级和 AAAA 级景区被选取用于计算研究，共有 10 项，青岛市占地面积 11282 平方千米。

计算得出青岛市随机分布最近距离：$R_e = 16.79$ 千米。

通过计算得出青岛市各个景区最短距离表，并命名为乌鸦矩阵，根据表中数据分别计算出各个旅游景点的最邻近点及其距离的平均值 $\overline{R} \approx 12.36$ 千米。

在均匀、随机和凝聚三种点状分布的类型中，当 $R=1$ 时，青岛市景区资源随机分布；当 $R>1$ 时，青岛市景区资源分布均匀；当 $R<1$ 时，青岛市景区资源分布为凝聚。根据距离由小到大排序为：凝聚、随机、均匀。具体青岛市景区最短距离乌鸦矩阵以及青岛市旅游空间点最近邻距离情况见表 5-9、表 5-10。

表 5-9　青岛市景区最短距离乌鸦矩阵　　　　单位：千米

	1	2	3	4	5	6	7	8	9	10
1	0.0	18.0	30.6	101.4	27.2	17.1	25.2	90.5	22.3	99.4
2		0.0	20.5	92.0	25.0	17.1	22.1	81.0	21.9	90.0
3			0.0	72.8	28.6	28.0	25.7	61.9	27.2	70.8
4				0.0	96.1	96.7	93.2	16.4	95.0	19.5
5					0.0	10.9	2.9	85.1	5.0	94.0
6						0.0	10.1	85.7	6.0	94.7
7							0.0	82.2	4.8	91.1
8								0.0	84.0	26.3

续表

	1	2	3	4	5	6	7	8	9	10
9									0.0	92.9
10										0.0

表 5-10　青岛市旅游空间点最近邻距离情况

景区名称	等级	代码	最近邻点	最近邻距离（千米）
崂山风景名胜区	AAAAA	1	6	17.1
青岛百果山森林公园	AAAA	2	6	17.1
青岛奥林匹克雕塑文化园	AAAA	3	2	20.5
青岛西海岸生态观光园	AAAA	4	8	16.4
青岛海底世界	AAAA	5	7	2.9
青岛极地海洋世界	AAAA	6	9	6
青岛啤酒博物馆	AAAA	7	5	2.9
青岛森林野生动物世界	AAAA	8	4	16.4
青岛海滨风景区	AAAA	9	7	4.8
青岛金沙滩景区	AAAA	10	4	19.5

R 指数为实际最近邻距离与理论最近邻距离之比，经过计算可以得出 $R=\overline{R}/R_e=0.73$，$R<1$ 说明青岛市的景区分布趋于凝聚分布，南北旅游景区距离较为集中，方便消费者在各个景区之间转换，资源整合较为紧密，已经形成青岛市旅游景区的空间一体化。

2. 东北邻近区域全域旅游空间结构

内蒙古自治区共有 263 个 A 级旅游景区，数据来源于《内蒙古统计年鉴（2019）》、政府网站、内蒙古旅游局及谷歌地图软件。

（1）最邻近指数。

最邻近指数是分析大量地理空间样本点分布规律最常用的方法之一，可以用该指数较为直观地反映样本的集聚和分散状态。具体操作方法如下：

第一步：计算实际的最近邻距离，然后确定各点到最近邻点之间的距离，求出这些距离的平均值，即最近的平均最近邻距离（简称最近邻距离）。

第二步：计算理论的最近距离：

$$\overline{r_E}=\frac{1}{2\sqrt{n/A}}=\frac{1}{2\sqrt{D}} \tag{5-8}$$

式中，A 代表内蒙古自治区景点的面积，n 表示景点的节点数，D 表示密度。

第三步：通过 $R = \dfrac{\overline{r_1}}{r_E} = 2\sqrt{Dr_1}$ 计算最邻近指数。

式中，$\overline{r_1}$ 代表最近邻的点对的距离 r_1 的平均值，r_E 表示最近邻点之间的距离（王洪桥，2017）。

$R=1$，表示为随机分布；

$R>1$，表示为均匀分布；

$R<1$，表示为凝聚分布。

（2）内蒙古 A 级景区最邻近指数分析。

根据表 5-11 可知，内蒙古自治区 263 个 A 级景区在分布上较为聚集（董婷婷，2017）。A 级名胜区集中度较高的城市有包头市、呼伦贝尔市、兴安盟、乌海市、阿拉善盟、通辽市、锡林郭勒盟以及乌兰察布市，最邻近指数小于 0.4；凝集度低的城市有赤峰、巴彦淖尔、鄂尔多斯、呼和浩特，最邻近指数均在 0.4 以上。内蒙古 A 级景区最邻近指数分析结果见表 5-11。

表 5-11　内蒙古 A 级景区最邻近指数分析结果

城市	面积（万平方千米）	景区节点（个）	理论最近邻距离（千米）	实际最近邻距离（千米）	最邻近指数	空间分布类型
全区	118.3	263	106.6	24.3	0.23	集聚
呼和浩特	1.72	21	45.2	21.5	0.47	集聚
包头	2.77	11	80.1	20.5	0.26	集聚
呼伦贝尔	25.3	47	114.7	29.8	0.26	集聚
兴安盟	5.98	17	94.5	21.0	0.22	集聚
通辽	5.95	22	82.2	22.4	0.27	集聚
赤峰	9	21	32.8	19.7	0.60	集聚
锡林郭勒盟	20.26	22	150.8	31.6	0.21	集聚
乌兰察布	5.5	15	96.2	25.5	0.26	集聚
鄂尔多斯	8.68	39	74.5	35.4	0.48	集聚
巴彦淖尔	6.44	31	72.2	32.6	0.45	集聚
乌海	0.17	9	21.7	6.2	0.28	集聚
阿拉善盟	27.02	8	288.7	99.7	0.35	集聚

内蒙古自治区 A 级景区分布代表两个核心区域。以呼和浩特为中心，在呼和

浩特、包头、鄂尔多斯、贝纳尔市形成了高密度旅游区，拥有众多旅游景点以及优质旅游景点。例如，有 71 座成吉思汗墓、昭君墓、向沙湾墓等。同时，内蒙古自治区有 2 个 AAAAA 级风景区均分布于该地区。其中一个是以呼伦贝尔为中心的密度适中的呼伦贝尔草原旅游区。全市有景区 47 处，AAAA 级及以上景点 10 处，占全市的 21.28%，例如扎兰屯吊桥、呼和诺尔等景区。其他城市景区分布密度低，景区质量相对较低。

主要结论和建议如下：

1）263 个 A 级景区有两个核心呈不均匀的空间聚集分布。以呼和浩特为中心，形成了呼和浩特、包头、鄂尔多斯和巴彦淖尔市超密度 A 级景区核心。其中一个是以呼伦贝尔为中心，构成了呼伦贝尔草原的核心分布密度。联盟其他城市的旅游景点也少见，旅游景点质量相对较差。

2）内蒙古自治区 12 盟城市 A 级景区质量差的主要原因是缺乏 AAAAA 级、AAAA 级等优质景区。各个联盟城市的规模差异很大，呼和浩特、鄂尔多斯、包头的 A 级风景区规模较大，其他联盟城市的风景区规模较小。

3）内蒙古自治区旅游景点 A 级风景区集成度高，空间分布不均匀，反映了内蒙古自治区旅游开发水平低，旅游开发处于初期阶段。合理布局景区空间，调整景区的等级和规模结构，对内蒙古自治区旅游的发展有至关重要的作用。

第六章　价值共创视角下东北全域旅游协同发展问题及驱动因素

一、东北全域旅游协同发展问题

（一）东北全域旅游资源开发及分布问题

1. 区域性和季节性较强

东北地区旅游区域发展不平衡，最受欢迎的景区前十名分别为天池、雪乡、中央大街步行街、亚布力滑雪场、星海湾广场、长白山滑雪场、长白山温泉、雾凇岛、亚布力好汉岭滑雪场、防洪纪念塔。其中黑龙江省的景区占50%，辽宁省的景区占10%，吉林省的景区占40%。黑龙江省较其他省景区吸引力大。此外，2019年东北三省接待消费者人数及收入如表6-1所示，2019年，黑、吉、辽三省所接待的消费者数量分别为2.16亿人、2.483亿人、6.417亿，三省所实现的旅游收入分别为2683.8亿元、4920.4亿元、6222.8亿元。由表6-1可以看出，2019年黑龙江省与吉林省接待消费者数量远远小于辽宁省，区域性差异较大，很大程度上限制了东北地区旅游业整体效益的提升。

表6-1　2019年东北三省接待消费者人数及收入

	黑龙江省	吉林省	辽宁省
消费者人数（亿人）	2.16	2.483	6.417
旅游收入（亿元）	2683.8	4920.4	6222.8

2. 文旅融合不充分

东北三省是三个多民族的省份，拥有悠久的历史文化和丰富的旅游资源。文化产业和旅游产业的服务对象都是消费者，而且两个产业的消费者会有很大一部分的重合。在全域旅游的战略背景下，文化旅游融合发展是贯彻落实党中央、国务院提出的"宜融则融、能融尽融"指导思想所需要的，也是经济新常态下中国旅游业发展的必然需求，也是实现旅游业转型升级的必由之路。尽管东北地区各级政府和相关机构高度重视新时期文化旅游产业的现代化发展，但东北地区文化旅游产业发展尚未到位，旅游产业与文化产业之间的壁垒仍未消除，两者的统一和发展空间很大（杨絮飞，2020）。以吉林省为例，吉林省共有少数民族218.57万人，占全省人口的7.96%。朝鲜族、满族、蒙古族等少数民族文化在少数民族人口中占很大比例。自然、历史和文化交织在一起（李茜燕，2020）（见表6-2），成为吉林省文化旅游的资源基础，能促进文化的融合（李茜燕，2020）。目前，吉林省文化旅游整体呈现出"散、乱、差"的特点，在文旅融合发展过程中难以形成完整的产业结构。吉林省具有文化旅游产业资质和相关品牌的企业数量十分有限，这就限制了文旅融合的发展。

表6-2　吉林省旅游资源

资源类型	景点名称
风景名胜	长白山、净月潭国家森林公园、松花湖风景区、吉林龙湾群国家森林公园、望天鹅风景区等历史遗迹游、汽车工业游、影视文化游、雕塑艺术观光游、节庆会展观光游、生态休闲游、冰雪休闲度假游、冰雪温泉养生游、冰雪观光体验游、冰雪民俗史迹游
历史遗迹/遗址	高句丽文物古迹遗址、六鼎山渤海古墓群、将军坟、好太王碑、伪满皇宫博物院、瓦房丁子山石棺墓群、孤山子古城址、通化葡萄酒地下酒窖、黑山头遗址、土字碑、叶赫那拉古城、长影旧址博物馆、大泉源酒业历史文化景区、渤海古城遗址、东丰宝山遗址、西断梁山遗址、龙头山遗址、伪满八大部、丰满万人坑、榆树人遗址、春捺钵遗址群等
非物质文化遗产	满族说部、满族刺绣、朝鲜族洞箫音乐、朝鲜族农乐舞、朝鲜族象帽舞（金明春）、东北二人转、榆树东北大鼓、蒙古族乌力格尔、朝鲜族跳板、秋千、长白山森林号子、蒙古族民歌、阿里郎、九台满足石氏家族萨满传说、伽倻琴艺术、泡菜制作技艺、长白山满族剪纸、蒙古族马头琴等
民族、民俗及宗教	东北民族民俗馆、满族刺绣、龙潭山寺庙群、长春文庙、长春萨满欢乐园、红旗朝鲜族民俗村、长白朝鲜族民俗村等
红色文化	四平战役纪念馆、长春市东北沦陷史陈列馆、辽源市日军辽源高级战俘营旧址、杨靖宇烈士陵园、东北沦陷时期辽源矿工墓陈列馆、东北抗日联军纪念馆等

3. 旅游布局不合理

东北各省发展县域旅游之后，省会地区的发展远超其他区域。例如，黑龙江省地区生态资源和民族文化资源丰富，优势明显，伊春、雪乡、漠河、抚远等地有别具一格的地方特色，但省会哈尔滨的旅游市场占据全省 1/3 的市场份额，"一枝独秀"的地位已经保持多年，而其他县域旅游产业的发展明显不及哈尔滨。辽宁省丰富多彩的少数民族文化延续了上千年，共同构成了辽宁省现在为我们所熟知的独具特色的旅游资源。根据旅游资源的分布状况可将辽宁省旅游资源分成三大类（见表6-3），即资源集聚型、大分散小集中型、遍地开花型。

表6-3　辽宁省旅游资源分布特点

资源集聚型	单中心集聚型和多中心集聚型。资源集聚型是指旅游资源集中分布于一个或几个地区
大分散小集中型	资源分布总体是分散的，个别地区出现资源密集分布，如铁岭市和丹东市等
遍地开花型	旅游资源分散无集聚中心，如朝阳市和盘锦市

资料来源：智研咨询整理。

4. 旅游产品品牌特色不足

东北地区以冰雪旅游资源闻名全国，东北地区冰雪旅游产品大同小异，大多存在重复建设现象，仅黑龙江省就已建设有超过 50 家滑雪场，其中有七成规模较小，旅游产品不仅与省内产品相似，而且乡村旅游多停留在农家采摘的层面，漂流、温泉、水上世界等项目与其他地区也没有竞争性差别，这些项目成本较低，无法做到吸引消费者成为回头客。这些相似的旅游产品不仅使东北地区缺少自身发展潜力和市场竞争力，而且势必影响现有旅游品牌的知名度和美誉度。

（二）东北全域旅游客源市场时空分布问题

1. 东北全域旅游客源市场时间分布

旅游季节性可以体现为旅游目的地的淡季、旺季和平季。季节性特点是旅游目的地的自然和社会因素影响的结果。一年中的某个时候，与正常时期相比，消费者流量显著增加，这被称为旺季。旺季过后，客流会显著减少，这段时间称为旅游淡季。旅游季节性概念首先由 Baron 在 1975 年提出，季节性就是每年都会或多或少地在相同的时间出现相同的情况。随后 Bulter 在此研究的基础上，指出旅游季节性可以从旅游目的地的消费者数量、费用、流量等各个指标来衡量旅游暂时的不平衡性，也就是季节性。

消费者到东北旅游的高峰期为夏季和冬季。夏季，东北可以成为南方居民的避暑胜地，在冬季可以给南方的消费者提供滑雪的机会。各大旅游行业都要认真考虑通过资源的整合，提供能够满足全球消费者的高性价比的旅游产品和服务

（汤宁滔，2017）。在共享经济时代，如何合理利用闲置资源，实现买卖双方互利共赢，也为旅游业留下了一定的思考和发展空间。例如，Airbnb、Uber 等住宿和汽车租赁服务全面有效地利用闲置的房地产和车辆，为客户提供更多选择。客源市场分为三个层次：一级市场为周边短途客源，主要为休闲滑雪旅游；二级市场是黑龙江省及周边省份其他地区的消费者，以冰雪旅游为主；三级市场是港澳台及周边国家短途国际旅游线路市场。旅游项目以观光和冰雪旅游为主。总体发展思路是提升一级、拓展二级、带动三级。

2. 东北全域旅游客源市场空间分布

（1）内部市场。在人们物质文化生活水平不断提高以及文化消费观念转变的社会背景下，社会在不断进步的同时，热爱旅游的人数逐渐增加，人们会利用空闲时间去景区旅游。东北吸引了大量南方的消费者。哈尔滨、大连、沈阳等城市幅员辽阔，自然风光秀美，因此在这些城市旅游相对经济。随着当地旅游业的不断发展，国内消费者在东北地区可以享受越来越多的旅游项目。旅游部门还可以重视开发儿童市场，比如设立亲子旅游项目，在父母旅游的同时可以吸引大量儿童，扩大市场，增加收入（赵维峰，2015）。

国内资源市场应以东北、京津、长三角、珠三角等地区为主进行开发。建立深度合作机制，应以旅游资源为纽带，共同创造产品，互派客源，共同执法，实现地方资源共享、市场共享、利益共享。开辟北京、天津和东北地区的自动驾驶市场。以东北区域合作为基础，东北三省联合推出冰雪旅游线路，并将其打包，共同营销（陈曦，2011）。

（2）国际市场。我国经济发展离不开黑龙江、吉林、辽宁三省发挥的重要作用，在"一带一路"倡议下，东北地区是我国向北开放的重要窗口，因为其特殊的地理位置，方便我国与俄罗斯、朝鲜、蒙古、韩国、日本等国家进行交流与合作，也因为东北北部与俄罗斯接壤，所以可以将其作为与欧洲国家之间联系的一个窗口。凭借着旅游资源、生态环境等得天独厚的优势，东北地区已经在我国旅游目的地中占据了一席之地。在与国外交流合作的时候，东北地区在旅游方面的实力成为助推力（张新等，2016）。东北地区的外国消费者主要是来自俄罗斯远东和与中国东北接壤的四个边境地区的滨海地区，因为靠近边境的东北地区和滨海地区的旅游业具有相对较好的口岸设施和服务，也是俄罗斯消费者通过边境地区延长在中国大陆旅游的路线。由于欧美市场文化背景的差异，欧美消费者对东北地区的特色旅游更感兴趣。东北地区可依托毗邻俄罗斯的区位优势，完善重要旅游目的地体系，拓展国外市场；针对港澳台及东南亚地区，重点开发特色和差异化冰雪旅游产品。网络购物平台有待进一步建设和发展，东北三省的多语种旅游网站有待进一步优化，也可以通过线上展览的方式邀请一些有强大实力的旅游企业参加。为了旅游业得到更好更快的发展，还可以与消费者来源国合作，加大宣传的投入、与媒体的合作，拍摄具有文化特色的旅游宣传片促进两国旅游业共同发展。

（3）近中程消费者市场。根据旅游业工人的旅行距离衰减规律，消费者更愿意选择到距离自己近的地方游玩。因此，针对东北地区消费者，可以在东北地区建立消费者相互运输的合作机制，避免消费者流失。某省旅游企业有义务向前来观光的外国消费者免费提供外省旅游信息。区域内旅游企业要加强联系，共同开发建设区域市场，形成市场和客源共享机制。任何工业经济发展的最终目标都是人们的幸福。在旅游发展的过程中，要实现"主客共享"，不仅要提升消费者的体验，还要为村民的生活和经济带来改变。全域旅游可以通过对资源进行整合充分发挥各自的优势，使参与者都能够享受其发展成果，在带动彼此发展的同时也能够促进社会的发展。

（三）东北全域旅游的文化底蕴问题

东北全域旅游的形成和发展，需要经过较长的时期。人类在东北居住的历史可追溯至旧石器时代。关东文化是在这个漫长的历史发展过程中，融合本土文化、中原文化以及外来文化而形成的特色文化。人们对不同文化旅游产品的表现形式的偏好会因为旅游业的发展水平发生改变。消费者随着信息化时代的发展对于数字媒体技术的应用以及社群等线上共享平台的需求变得更加多样化。根据需求发生的改变，市场上出现了具有融合属性的文化旅游产品（黄蕊，2017），东北的5个区域被确定为首批国家全域旅游示范区（见表6-4）。更为重要的是，低质量供给品在数量上的简单堆砌不能带动文化产业和旅游产业的升级。文化产业和旅游产业是相互依存的，文旅产业的融合发展也是近几年学者关注的一个新的研究课题，这种融合是旅游业发展的一种新的产业形态，文化产业和旅游产业是相辅相成的，旅游业发展的重要动力和灵魂是文化。而旅游对文化的发展作用也是巨大的，旅游是文化的载体，并对文化进行探求。

1. 东北全域旅游中文旅结合问题

2018年联合国世界旅游组织发布的《旅游和文化协同效应报告》、国务院办公厅发布的《关于促进全域旅游发展的指导意见》（国办发〔2018〕15号）、国务院发布的《国务院关于印发"十三五"旅游业发展规划的通知》以及2009年

表6-4　东北地区首批国家全域旅游示范区

	吉林省长白山保护开发区管委会池北区
首批国家全域旅游示范区	延边朝鲜族自治州敦化市
	黑龙江省大兴安岭地区漠河市
	黑龙江省黑河市五大连池市
	辽宁省本溪市桓仁满族自治县

12月国务院出台的《关于加快旅游业发展的意见》都体现了对文化产业和旅游产业融合重要性的肯定。表6-5是2015～2019年东北三省一些与旅游相关的重要数据，五年来东北三省的GDP中，旅游总收入所做出的贡献不断提升。从数据我们也可以看出，要想带动整个东北地区经济发展就要努力提高旅游业的发展水平，因为对于东北地区而言，经济结构中旅游业占据了重要的地位，不能忽视旅游（杨絮飞，2020），促进文、旅产业融合发展是提升旅游发展水平的必然趋势。要促进旅游业的快速发展和转型升级，可以将文化创意计入旅游产品中，近几年的各个旅游企业也都推出了具有文化创意的产品，并收到了不错的效果，挖掘旅游发展的潜力的同时也能传播优秀的文化。要想增加旅游目的地的文化的独特性，文旅融合是一条有效的路径（孙丽莹，2014）。

表6-5　2015～2019年东北三省旅游总收入占GDP比重

年份	东北三省总GDP（亿元）	东北三省旅游总收入（亿元）	旅游总收入占GDP比重（%）
2015	58101.18	7399.3	12.74
2016	52310.21	8725.67	16.68
2017	55086.4	10124.44	18.38
2018	56751.62	11795.67	20.78
2019	50249.02	13826.98	27.52

资料来源：根据网络资源整理。

东北地区存在着大量的国家级和省级自然保护区，在目前的旅游资源开发中更侧重于开发与自然资源相关的旅游项目，与文化要素的结合工作则相对有所忽视。东北地区的旅游资源的种类十分丰富，国际上划分的文化种类，在东北基本都能够找到。其中，关东文化是在东北地区所特有的历史大背景下形成的，这也增加了东北发展文旅产业的优势。东北地区仅仅凭借自然景观发展旅游业很难形成有市场吸引力的旅游产品，这也是近些年来发展过程中存在的局限性。开发能够体现区域文化特色的文化旅游项目，才能够有效解决文旅融合发展的迫切性。

2. 东北全域文化及旅游产业融合问题

（1）文化行业和旅游行业之间缺乏协作联动。东北地区文化、旅游产业融合发展的一大障碍是，东北地区文化旅游资源分属于多个政府部门管理，文化部门管理娱乐文化场所，文物部门建立一系列管理部门，主要有博物馆、林业部门、风景园林部门、旅游部门等。他们各司其职分别负责管理文物资源、自然保护区和森林公园、主题公园、景区和度假村（龚绍方，2008）。虽然这些部门分工明确，责任明确，但是由于过于独立缺少沟通交流，他们会彼此孤立、各自为政。在文旅融合发展的过程中一些相对比较独立的文化元素或旅游元素多，很难整合到一起，缺乏整合系统发展的能力，文旅融合就会被限制。文化和旅游脱节，就很难生产出具有竞争力的产品。东北地域文化部门和旅游部门往往只关注自己的发展，忽视了相互合作对于发展的重要性。文化部门对于文化产品的深度挖掘不够，旅游部门的产品也因为缺乏文化内涵发展潜力十分有限。文化和旅游部门如果想要突破自己的发展瓶颈就要想好部门相互合作的问题。挖掘文化旅游产品的内在价值，丰富东北地区旅游产品的文化内涵。

（2）文化开发缺乏创新性。东北地区的文化部门在利用土著文化、近代革命文化、遗址、遗存文化、节庆文化、文学艺术、宗教文化、都市文化、产业文化、冰雪文化、自然生态文化等时，要丰富其开发的方式。东北地区文化产业的发展缺乏利用先天条件优势的能力。在实际开发过程中为了改变市场化程度低的困境，有关部门要增强自身的创新能力，丰富文化开发和挖掘的形式。通过丰富文化开发的形式，提高文旅融合的能力，提高文化产业的市场化程度，提高文化产品的核心竞争力和文化内涵，促进其进入产业化时代。目前能够将知名文创产品作为自身核心能力的企业数量很少，企业也很难将文化转化成能够进入市场的文化产品（见图6-1），造成东北地区现阶段的文旅融合的动力不足（张春丽等，2006）。

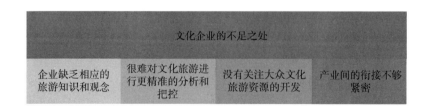

图6-1　文化企业现阶段的不足之处

（3）文化发展硬件环境与需求差异大。在东北地区旅游与文化融合的过程中，旅游文化发展的硬件基础差，主要体现在以下几个方面：第一，文博馆数量较少，规模有限，无法承载东北丰富深刻的人文历史；第二，文化旅游景点基础设施建设相对落后，在东北地区的人文景点当中，基础设施建设和服务设施建设的落后使得消费者在浏览过程中的需求不能得到满足，从而影响消费者对景点的总体印象。

3. 东北全域旅游的文化新引力问题

（1）东北全域旅游产品的文化特色和理念亟待提高。东北地区在国内外市场能够生产知名文创产品及以文化旅游为核心竞争力的企业还不多。要解决文化与旅游相分离的现状就要在旅游产品中注入文化特色。首先要对文化旅游市场有精准的分析和把控。其次可以利用大数据技术进行大数据挖掘，对目标的旅游目的地进行数据分析，实时跟踪消费者的大数据，分析出消费者消费偏好的改变，并且可以将大数据应用于景区的管理。在大数据背景下，可以对景区的社群进行分析，能够掌握最真实的消费者的意见和建议，这将是改进服务、促进旅游业发展最好的信息数据来源。东北地区也可以丰富其旅游产品的表现形式，比如文艺汇演、主体公园、剧场表演等，创新形式凸显冰雪资源特色。

（2）现代企业在文化旅游产业融合发展中的重要地位未能得到有效的体现。在全域旅游视角下，东北地区现在要增加文旅项目的吸引力，可以将现在的技术与文化相结合，创新文化产品。目前，具有东北文化特色的旅游文创产品数量仍然不够，但是文创产品因为其投入大，回报具有不确定性，所以一些旅游文化企业顾虑较多，不敢投入。所以政府为了带动本地区旅游业的发展，并发挥旅游业对其他产业的带动作用，就要加大在这方面的投入，如在宣传方面，政府可以加大一些投入，为企业降低风险。

（3）优化重组旅游文化的资源开发效率较低。从区域整体来看，东北三省在旅游合作方面有较大的优势，无论是从地理位置上来说，还是从社会文化和风土人情来说都具有较大的相似性，这就减小了相互融合的难度。东北三省由于其独特的地理位置优势，方便与其他国家进行交流和合作，并且其冬季和夏季的旅游资源都极具特色，有利于吸引国内外消费者，结合自身的优势可以发展跨境旅游、红色旅游等。黑龙江、吉林冰雪旅游，吉林长白山旅游、松花湖旅游，辽宁沿海旅游，以及三省民俗旅游团等（盛浩，2008），不胜枚举，各有千秋。冰川树木、冰雕和雪雕、广阔富饶的森林和草原，以及朝鲜、满、蒙、回等少数民族的风土人情，吸引了大批中外消费者。东北地区旅游资源的整合可以从其相同的文化背景和相互沟通的交通网络出发，利用这些便利条件进行资源整合。东北旅游一体化是不可逆转的大趋势，应采取更加务实的措施。

（四）东北全域旅游地域品牌及口碑维护问题

1. 东北全域发展旅游地域品牌的现状

地域品牌可以促进旅游的发展，东北全域的区域品牌主要包括品牌文化、品牌产品和品牌冰雪旅游资源。东北二人转等品牌文化从产生发展至今，一直受到人们的欢迎，尤其是在东北这片土地上更是得到了广泛的喜爱。现在，也受到了中国其他地区人们的喜爱。2016 年，黑龙江省 8 个企业品牌和 4 个区域品牌进入中国品牌价值评价榜，品牌总价值 1001.19 亿元。其中，"五常大米"以 639.55 亿元的品牌价值高居地理标志初级农产品区域品牌榜第二位。亚布力滑雪场、哈尔滨冰雪节和林海雪原在国际上都有很高的知名度，在"建设世界级冰雪旅游目的地"政策的指导下，沉睡多年的美丽雪景被人们发现，同时为千万消费者带来欢乐，冰雪、冬捕等冷资源正成为热门产业。

2. 东北全域地域品牌存在的问题

数据显示，2017 年东北三省冬季旅游主要景区接待人数增长均超过 20%。然而目前东北地域品牌正遭遇口碑危机。例如，在二人转表演的过程中，会出现反文化形象，比如表演中出现的脏话，不仅影响着人们对二人转的印象，还影响消费者对东北全域及其人民的评价和看法。东北全域品牌产品假货现象严重，比如东北五常大米"百万产量，千万销量"，根据调查数据，五常大米全年总产量不超过 105 万吨，但在市场上每年全国的五常大米销售量高达千万吨，这意味着在东北全域品牌假冒现象严重。在发展东北全域旅游业时，只有在各个环节上做到高质量、高水平的服务，才能赢得消费者的信赖与良好口碑。

3. 东北全域地域品牌维护

树立旅游品牌形象。消费者在对旅游目的地进行挑选时不仅会考虑自身的需求和这个旅游目的地是否能够满足现阶段的某种需要，还会考虑这个地方是否具有较高知名度，与自我形象是否一致。东北全域要立足于自身的历史形象、现实形象和未来形象，打造自身的品牌特色，建立自己的品牌战略（赵维峰，2015）。东北在发展全域旅游、塑造自己鲜明的旅游目的地形象时，可以通过在主题、标识、口号等方面进行努力，为发展全域旅游打好基础。通过塑造旅游目的地形象来增加对消费者的吸引力，也是景区对外营销宣传的重要目标。随着旅游业的发展，景区与景区之间的竞争日益激烈，重复建设、千篇一律的景点、景区比比皆是，无法对消费者产生长效、深刻的吸引力。

通过影视旅游的方式来提高旅游品牌知名度。电影播放的过程是主体感知与被动传播相互作用的过程，观众在被影视作品吸引的同时就对电影拍摄地倾注了个人感情。正如"一千个读者心中就有一千个哈姆雷特"，旅游目的地被融入了个人感情色彩之后就呈现出不同的认知形象。电影作品对旅游目的地的景观艺术处理及人文色彩的注入对于丰富和提升旅游目的地形象都有极大的促进作用。

打造具有特色的旅游产品。好的旅游产品不仅可以带来即时性的经济效益，而且对于旅游地长远的发展来说也具有很重要的意义。具有特色的旅游产品也可以是一种有效的宣传工具，对于塑造旅游目的地的口碑具有重要意义。

二、价值共创视角下东北全域旅游协同发展驱动因素

（一）东北全域旅游协同发展驱动因素分析

利用模糊综合评价法选取政府、企业、行业的专家等对东北全域旅游协同发展的主影响因素进行分析。

1. 设计评价指标集（论域 U）

通过运用价值共创理论并结合以往的文献，主要评估旅游资源禀赋、交通便捷程度、旅游服务竞争力、经济发展水平四个因素对东北地区全域旅游协同发展的影响。最终构建的评价指标集如表 6-6 所示。

表 6-6　影响因素指标体系

		评价指标
旅游资源禀赋（U_1）	u_{11}	A 级以上重点景区数量
	u_{12}	中国优秀旅游城市、国家历史文化名城、国家园林城市等
交通便捷程度（U_2）	u_{21}	公路网密度
	u_{22}	公路、铁路客运量
	u_{23}	有无机场、火车站
旅游服务竞争力（U_3）	u_{31}	星级饭店数量
	u_{32}	旅行社服务质量

		评价指标
经济发展水平（U_4）	u_{41}	人均 GDP 水平
	u_{42}	城镇居民人均可支配收入
	u_{43}	每万人私人汽车保有量
	u_{44}	每万人互联网用户量

2. 确定指标的权系数

设计评语集 V = {v_1：无影响；v_2：影响弱；v_3：影响一般；v_4：影响较强；v_5：影响强}。面向旅游领域的专家设计了一套问卷，请 31 位专家对各指标的影响程度打分，其中一份问卷的所有题项选项相同，故剔除，收回有效问卷 30 份。对调查结果进行统计（见表 6-7）。

表 6-7 问卷人数及评分统计

		无影响（1 分）		影响弱（2 分）		影响一般（3 分）		影响较强（4 分）		影响强（5 分）		合计总分
		人数	总分	人数	总分	人数	总分	人数	总分	人数	总分	
U_1	u_{11}	0	0	0	0	6	18	7	28	17	85	131
	u_{12}	0	0	0	0	2	6	11	44	17	85	135
U_2	u_{21}	0	0	1	2	2	6	7	28	20	100	136
	u_{22}	0	0	1	2	3	9	11	44	15	75	130
	u_{23}	0	0	1	2	0	0	7	28	22	110	140
U_3	u_{31}	0	0	2	4	10	30	13	52	5	25	111
	u_{32}	0	0	0	0	3	9	12	48	15	75	132
U_4	u_{41}	1	1	0	0	6	18	13	52	10	50	121
	u_{42}	0	0	2	4	8	24	6	24	14	70	122
	u_{43}	0	0	2	4	13	39	9	36	6	24	103
	u_{44}	0	0	1	2	14	42	9	36	6	24	104
合计		1	1	10	20	67	201	105	420	147	723	1365

指标重要性与其分值和权系数均呈正相关关系。根据表中数据，得到论域权系数向量：X_1 =（0.492，0.508），X_2 =（0.335，0.32，0.345），X_3 =（0.457，0.543），X_4 =（0.269，0.271，0.229，0.231）。

3. 求各指标的模糊判断矩阵

各指标的模糊判断矩阵如表 6-8 所示。

表6-8　指标模糊判断矩阵

A_1	v_1	v_2	v_3	v_4	v_5
u_{11}	0	0	0.2	0.23	0.57
u_{12}	0	0	0.07	0.37	0.57
A_2	v_1	v_2	v_3	v_4	v_5
u_{21}	0	0.03	0.07	0.23	0.67
u_{22}	0	0.03	0.1	0.37	0.5
u_{23}	0	0.033	0	0.233	0.734
A_3	v_1	v_2	v_3	v_4	v_5
u_{31}	0	0.07	0.33	0.43	0.17
u_{32}	0	0	0.1	0.4	0.5
A_4	v_1	v_2	v_3	v_4	v_5
u_{41}	0.033	0	0.2	0.433	0.334
u_{42}	0	0.07	0.27	0.2	0.46
u_{43}	0	0.07	0.43	0.3	0.2
u_{44}	0	0.333	0.467	0.3	0.2

4. 综合价值计算过程

各模糊综合评价向量，这里采用 $M = (\wedge, \vee)$：

（1）$Y_1 = X_1 \odot A_1 = \begin{bmatrix} 0.492 & 0.508 \end{bmatrix} \odot \begin{bmatrix} 0 & 0 & 0.2 & 0.23 & 0.57 \\ 0 & 0 & 0.07 & 0.37 & 0.57 \end{bmatrix}$

$= \begin{bmatrix} 0 & 0 & 0.2 & 0.23 & 0.508 \end{bmatrix}$

（2）$Y_2 = X_2 \odot A_2 = \begin{bmatrix} 0.335 & 0.32 & 0.345 \end{bmatrix} \odot \begin{bmatrix} 0 & 0.03 & 0.07 & 0.23 & 0.67 \\ 0 & 0.03 & 0.1 & 0.37 & 0.5 \\ 0 & 0.033 & 0 & 0.233 & 0.734 \end{bmatrix}$

$= \begin{bmatrix} 0 & 0.333 & 0.1 & 0.32 & 0.345 \end{bmatrix}$

（3）$Y_3 = X_3 \odot A_3 = \begin{bmatrix} 0.457 & 0.543 \end{bmatrix} \odot \begin{bmatrix} 0 & 0.07 & 0.33 & 0.43 & 0.17 \\ 0 & 0 & 0.1 & 0.4 & 0.5 \end{bmatrix}$

$= \begin{bmatrix} 0 & 0.07 & 0.33 & 0.43 & 0.5 \end{bmatrix}$

（4）$Y_4 = X_4 \odot A_4$

$= \begin{bmatrix} 0.269 & 0.271 & 0.229 & 0.231 \end{bmatrix} \odot \begin{bmatrix} 0.033 & 0 & 0.2 & 0.433 & 0.334 \\ 0 & 0.07 & 0.27 & 0.2 & 0.46 \\ 0 & 0.07 & 0.43 & 0.3 & 0.2 \\ 0 & 0.333 & 0.467 & 0.3 & 0.2 \end{bmatrix}$

$$= \begin{bmatrix} 0.033 & 0.231 & 0.27 & 0.27 & 0.271 \end{bmatrix}$$

将 Y_1，Y_2，Y_3，Y_4 归一化得到：$Y_1 = (0, 0, 0.213, 0.245, 0.542)$，$Y_2 = (0, 0.303, 0.091, 0.292, 0.314)$，$Y_3 = (0, 0.053, 0.248, 0.323, 0.376)$，$Y_4 = (0.031, 0.215, 0.251, 0.251, 0.252)$。

5. 评价结论

使用加权平均法分别计算出综合价值 V_{U1}，然后进行排序、比较、决策：$V_{U1} = 0.8658$，$V_{U2} = 0.7226$，$V_{U3} = 0.8044$，$V_{U4} = 0.6956$，可得：$V_{U1} > V_{U3} > V_{U2} > V_{U4}$。

由此可知，在东北全域旅游协同发展的影响因素中，旅游资源禀赋是发挥作用最显著的，排在第二位的是旅游服务竞争力。其中在旅游资源禀赋因素中，中国旅游城市的重要性较高；旅游服务竞争力中，旅行社服务质量的重要性较高；交通便捷程度中，有无机场、火车站的重要性较高；经济发展水平中，城镇居民人均可支配收入的重要程度较高。

通过上述分析可以看出，影响东北地区旅游业发展的主要因素是旅游资源禀赋和旅游服务竞争力，而经济发展水平的影响力相对偏低。在旅游资源禀赋因素中，国家历史文化名城、国家园林城市、国家森林城市、国家卫生城市的重要性要高于 A 级以上旅游景区的数量；旅行社服务质量在旅游服务竞争力中的权重偏大。这一研究结论对今后东北旅游业的发展具有指导意义，在价值共创的大背景下，东北地区政府部门、旅游企业、居民消费者应该重视对旅游资源禀赋的开发和利用，应着重挖掘资源潜力，注重提高旅游资源特色，整合旅游资源。另外，要注重提高旅游服务质量，消费者对旅游服务质量的满意度会影响消费者的口碑推荐和复游率，进而会对东北地区旅游业的可持续发展能力产生影响。最后，经济发展水平影响力相对较弱这一结论表明，东北地区属于"旅游促经济"模式，在旅游发展过程中应该重视对软实力的提升，这就需要增加旅游产品的文化内涵，塑造城市旅游品牌，对旅游业服务水平等方面的重视能够有效促进旅游产业的发展（王琪延和罗栋，2010）。

（二）价值共创视角下东北全域旅游协同发展关键驱动因素

1. 东北全域多主体共同参与的旅游价值创造过程

区域合作是全球旅游业发展的显著特征。通过加强区域合作，以合作促发展，并通过多主体协同进行价值共创成为应对旅游竞争的重要选择，在避免东北相近区域旅游恶性竞争的同时，实现"双赢""多赢"。在东北地区政府间形成的官方合作的基础上，东北三省可以率先、主动谋求建立主要城市之间的长效合作机制。通过跨区域、跨主体间的政府行为及企业的广泛参与实现价值共创，同时促进东北全域旅游的协同发展，提升旅游综合竞争力。加强东北全域的旅游合作，进一步扩大旅游对外开放，实现互利共赢，建立统一的东北全域旅游市场。

（1）提高东北地区整体协调发展能力。东北地区具有极好的旅游进入市场，在价值共创视角下，东北全区域旅游业的协调发展，可以强化和整合东北地区旅游资源的特色和优势。通过加强东北各地区之间的联系，可以将旅游主管部门、旅游景区、酒店、旅行社、航空公司等企业集中起来，避免重复建设。将有效经费用于提高旅游服务质量和加大宣传力度，充分利用广告、多媒体等宣传手段，以宣传为重点，树立东北全区旅游整体形象。各省区要共同打造东北旅游大品牌，打造东北地区区域旅游信息共享平台。现代社会已步入信息时代，信息一体化是东北地区实现全球旅游协调发展的重要基础，东北地区如果要促进全球旅游协调的发展，树立整体形象，就要发挥信息一体化的重要作用，通常来说，信息一体化的发展能够在重复建设、过度竞争方面发挥预防作用。对于旅游产品体系的多层次、全方位的发展来说，信息一体化也是降低社会的交易成本的必要基础性应用（夏海明，2006），能够提高整个东北地区旅游品牌的竞争力。

（2）优化东北全域旅游产业市场环境。东北地区可以调动消费者的参与积极性，对消费者的行为进行分析，分析消费者行为的影响机制，通过采取合理的措施来促使消费者自觉做出环境友好责任行为，发挥消费者和旅游行业的价值共创。同时，旅游企业也应自觉履行行业的规范和规则，诚信经营，携手建设良好的行业市场环境。对于旅游咨询中心和旅游集散中心建设和管理要建立在信息一体化的基础上，公共信息服务体系也要在全域旅游建设的同时得到改善。信息共享渠道，以及景区基础设施、景区解说系统、景区标识化的管理，都要建立在环保节能基础上，促进生态旅游、生态文明发展，节能减排、稳步改善环境，促进旅游业的可持续发展。根据消费者的个性化需求设置旅游配套服务，协调东北资源的高效配置，增加东北旅游产业的活力，激发创新能力。

（3）东北全域的旅游基础设施共享。东北地区旅游业应尽快将重心转向提高整体管理和运营能力，提高东北地区旅游业的服务水平和品牌效应，变资源竞争为业务竞争、服务竞争，提高东北地区整体旅游业的服务水平。旅游基础设施资源共享符合旅游业发展的大趋势，是东北三省旅游业整体加快建设速度、提高建设收益、降低旅游建设成本的有效手段。东北地区基础设施共享，如酒店、度假村和民宿的建设，要形成空间和业态上的互补，避免无序竞争；在乡村旅游直通车以及消费者集散中心等基础建设和公共服务设施共享过程中，应避免一些基础设施的重复建设，降低不必要的建设成本，将资金运用到能够有效提高服务质量，进而提高消费者的满意度和旅游竞争力的方面，做到一体化考虑，健全东地区旅游体系。

2. 通过价值共创提升东北全域旅游协同发展品牌影响力

在社会经济飞速发展的今天，旅游产业的竞争已经逐渐成为品牌的竞争。建立一个良好的旅游形象的有效途径之一是旅游目的地品牌化。旅游景区同质化现象严重是阻碍旅游业提升竞争力的主要因素。但建设自己的品牌就是提升核心竞争力的重要途径，通过品牌的建设可以使产品产生差异化。不少省市的"好客东北"等旅游形象越来越深入人心。如何推广东北三省的旅游品牌、形成较强的旅游品牌竞争力是东北地区旅游业首要完成的工作。全域旅游发展是提升旅游品牌竞争力的新趋势，东北地区要认清自身实际，找准发展定位，产业发展重中之重的问题就是要对规划工作加以研究，专项规划与总体规划的衔接尤其要得到重视；要站在为发展大局服务的高度，相关配套政策的制定需要统筹考虑；在项目谋划上要对核心景区进行重点打造，在景区的特色打造上要将自然风光、文化底蕴融合到一起，打造具有特色的旅游线路和品牌。提高品牌竞争力对东北地区全域旅游协同发展的影响主要包括以下几个方面：

（1）合理组织旅游网络。价值共创视角下的东北全域旅游协同发展各方的旅游景点在景点宣传、产品推销展示方面都可以在融入主体之后通过三省合作共同完成媒体宣传工作，这样不仅可以降低宣传成本，还可以扩大整体的影响力。各个省份在宣传本省的产品时，可以加上其他省份的旅游产品，比如在景区可以同时宣传其他关联景区，这样就能够取得事半功倍的宣传效果（宋丽娜，2006）。突破地理边界限制，开展全域之间的合作，可通过统一的旅游设计，加快东北地区旅游品牌的建设（见图 6-2）。

图 6-2　全域旅游合作图

（2）挖掘、发挥文化特色，提升品牌形象。品牌和主题就是旅游景区的灵魂，打造属于自己的品牌和确立当地的旅游主题，对于一个地区旅游业的发展非常重要。东北地区可以凭借其丰富的旅游资源，提高自身的吸引力和在同类旅游产品中的竞争力。在塑造自身的旅游品牌时，可以将其历史文化底蕴与旅游产品进行融合。由于东北地区具有得天独厚的自然环境条件，这就给东北的休闲农业、生态农业、康养旅游等产业的发展提供了基础条件。优美的风景，加上独具特色的农业可以发展农家乐等，将旅游与农业相结合，能够给消费者带来真正的放松体验，从而提升消费者的满意度和口碑推荐意愿（田春荣，2016），而不是千篇一律地复制其他地区的旅游方案。

（3）促进交通整合，构筑交通网络。旅游业的发展离不开通达便利的交通网络和基础设施的建设。只有保证了交通的通达性才能保证能够将旅游的供求双方连接在一起（刘志友，2008），东北地区全域旅游协同发展过程中要重视对交通设施的资金投入。便利的交通是影响消费者旅游决策和复游率的重要因素，因此，提高东北地区的交通通达度，可以提高消费者在旅游过程中的满意度，进而能够促进东北地区品牌形象的提升。

3. 要重视消费者在价值共创中的作用

旅游体验是消费者对旅游目的地价值评价的重要依据，消费者在忙碌的日常生活中，就是想要通过旅游体验来放松身心。旅游产品除了功能价值以外，还有情感价值。难忘的旅游体验就是旅游产品的功能价值和情感价值结合的产物，不能离开任何一方来提高旅游体验水平。在产品消费领域，价值共创是有消费者参与到产品的设计研发中产生的；在旅游领域，消费者与旅游目的地的互动是价值共创形成的基础（徐彤等，2020）。在价值共创的大背景下，消费者已经不是旅游景区的被动接受者，而是价值共创的参与者。从之前的数据分析中可知，旅游景区的 A 级景区数量与星级饭店数量与旅游总收入并没有显著的相关关系。这就为东北地区发展全域旅游增加旅游收入提供了努力的方向。关注对消费者消费偏好的分析，提供能够满足消费者需求的旅游文化产品，能够促进价值共创主体的共同发展。关于东北三省居民出游的偏好（见图 6-3），观光旅游依然占据较大的比重，占 35%；休闲度假位居第二，占 26%。出游的人均消费相对较低，而且东北地区的客源市场主要是省内和周边省市的居民，所以消费者对住宿的需求较低，而且对星级饭店的消费力较弱。

（1）东北三省接待的旅行社组织的消费者占比较大。在之前的数据分析中已得出旅行社数量与旅游收入有显著的相关关系，本章对东北三省消费者主要出游方式整理如图 6-4 所示。在消费者愿意选择旅行社出行的偏好下，东北的相关部门要加强对旅行社的管理，规范旅行社的运作和实现价格透明化，从而提高消费者的满意度，提高旅游景区的复游率。

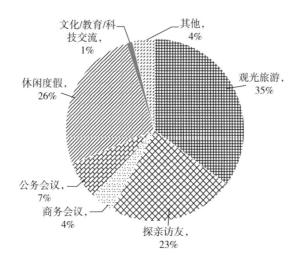

图 6-3　东北三省主要城市居民出游目的

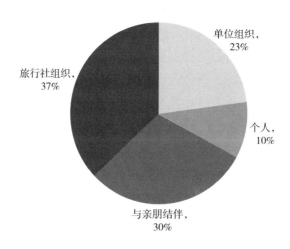

图 6-4　东北三省消费者主要出游方式

（2）东北地区在价值共创视角下发展全域旅游，需要使用和不断完善新技术（如云计算、物联网、大数据和移动互联网等），拓宽信息传播媒介，提高信息传播媒介的精准性，根据大数据分析为消费者提供个性化的旅游信息和产品，以此推动东北地区旅游信息化建设，促进智慧旅游体系的形成。旅游电子商务利用方面，消费者、旅游企业、旅游管理部门之间可以利用 ICT 技术实现有效沟通，并促进旅游供需双方的线上互动沟通。由于网络沟通的全球性，电子商务可以扩大业务范围，而这些业务开展很少会增加成本，能够实现范围经济。电子商务可以聚集人气，因为电子商务系统可以汇集丰富的信息资源，而且还可以汇集服务资源、景区资源、客房资源等，形成一个庞大的市场平台。

（3）东北地区旅游资源充足，但是由于资金短缺，旅游资源没能得到很好的开发，基础设施建设不完善，制约了东北地区旅游业的发展。在东北的旅游旺季，地区接待能力供需不匹配，这就造成了很多消费者无法实施旅游计划，这难免会给东北地区旅游业形象带来负面影响。因此，东北三省采取有效措施通过加大对基础设施建设的投入力度，促进旅游接待服务水平的提高。加强旅游服务，提高满意度指数，它既是带动旅游业发展的任务，也是发展的目标。旅游业作为服务业的一种，消费者的满意度指数是评估旅游服务质量的重要指标。因此，全域旅游的发展致力于提高消费者的满意指数，当消费者对景区具有较高的满意度时，也就表明旅游的服务质量水平已经能够满足市场的需要了，随之而来的也就是东北旅游业的整体实力和综合竞争力的提升了。

（4）紧跟全民旅游、自助游、自驾游的潮流。出行方式方面，自助出行超过 85%，自驾出行超过 60%。一个地区的旅游质量和知名度与地区的整体环境是有密切关系的，满足消费者的旅游需求在提高旅行社、酒店、景区等的服务质量的同时，要更加注重提高地区的整体环境质量，带动全域旅游的发展，优化消费者的旅游体验。

第七章　价值共创视角下东北全域旅游协同发展网络构建

一、价值共创视角下东北全域旅游网络协调内涵及基本思路

（一）价值共创视角下东北全域旅游网络协调内涵

"全域旅游"主要是指各领域的积极整合、各部门的联合管理、全体市民的共同参与，充分利用旅游目的地的所有景点，为消费者提供体验产品，全方位满足消费者的体验需求，核心是从各个角度多方位推动目的地的旅游业发展，整个区域旅游追求的不再是消费者数量的增加，而是旅游质量的提高和消费者生活质量的提高、新一轮旅游财富革命中的旅游价值的提升（晋军，2020）。

价值共创视角下的东北全域旅游不仅仅是强调地域全面性，更重要的是通过东北三省及其周边区域、国际区域（如俄罗斯符拉迪沃斯托克）的季节、资源、区域的优势互补，将东北地区及其周边打造成一个春、夏、秋、冬全季节，旅游地区点、线、面全方位，自然资源与人文资源全景观，游玩、美食、购物、养生全涵盖的"四全"旅游区域，以此吸引全国乃至全世界的旅游爱好者，打造具有国际知名度的旅游品牌，推动东北地区旅游业全面发展。

发展全域旅游需要运用经济学理论。要加强旅游业和经济发展的序列控制，落实空间经济学的"点—轴—面"时空演化体系，有序投入旅游项目，推进相关产业发展，带动经济的增长，以此推动整个区域的经济发展。旅游体验是旅游

价值的主要组成部分，消费者主要追求的也是良好的旅游体验。消费者在意的往往不是旅游产品所带来的外在效用，他们更加注重的是旅游体验。价值共创的基础是互动，价值共创存在于旅游体验的整个过程。价值共创实际上是集体互动的产物，通过参与者互动实现资源交换的本质是共同创造体验价值，互动、分享等被普遍认同为价值共创的核心维度。

因此，本书认为，价值共创视角下东北全域旅游网络协调的核心内涵是在旅游资源富集地区，以旅游业为主导，来推动地区经济的发展，通过整合各种资源，实现优势互补，最终实现收益。

（二）价值共创视角下东北全域旅游网络协调基本思路

"全域旅游"强调多个区域不同主体、不同资源、不同要素的整合，全域旅游通过整合优势实现区域一体化旅游发展战略。"价值共创"视角下的全域旅游，强调了消费者与景区之间的共同获利，消费者可以参与到景区的价值创造过程中，同时也可以使自身价值得到体现，本书认为基于价值共创视角下东北全域旅游网络协调基本思路如图7-1所示。

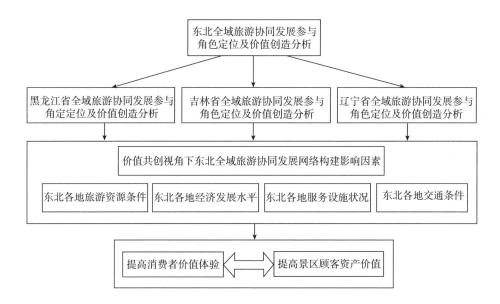

图7-1　基于价值共创视角下东北全域旅游网络协调基本路线

首先，应该深刻全面地分析东北各地对于全域旅游的角色定位及价值创造，包括对黑龙江省、吉林省及辽宁省的旅游资源条件、经济发展水平、服务设施状况及交通通达性等情况的分析，这些都是影响东北全域旅游网络构建的因素；其次，基于价值共创的视角，分别从旅游景区和消费者视角来探讨共创视角下全域旅游的影响；最后，分析两者之间的协同作用。

二、东北全域旅游协同发展参与主体的角色定位及价值创造

（一）黑龙江省全域旅游角色定位及价值创造

将特定区域作为完整的旅游目的地（包括旅游地的服务和产品等），对特定地域的旅游资源及其他产业资源进行整体规划和优化整合，促进旅游业与其他各行业的融合发展，构建"旅游+"产业链，最终实现旅游产业全域共建、多产业全域共融及资源全域共享，是推动新时代产业融合发展和经济转型升级的新理念和新战略。黑龙江省作为东北全域旅游的重要省份，其角色定位和价值创造过程十分重要。

1. 黑龙江省全域旅游角色定位分析

黑龙江省森林覆盖率很高，大兴安岭和小兴安岭是全国最大连片林区，它们都在黑龙江，全国最大的湿地群也在黑龙江；黑龙江、乌苏里江、松花江三大水系与兴凯湖、镜泊湖、莲花湖、五大连池四大湖泊被选为代表性河流，湖泊旅游资源丰富。黑龙江省拥有大面积的黑土地，并且是国内的产粮第一大省；黑龙江省历史悠久，是唐渤海国上京龙泉府和金上京会宁府所在地，鄂伦春族、赫哲族等世居少数民族文化特色明显，抗联文化、北大荒文化具有重要的文化影响力和知名度。

黑龙江全域旅游主要有两个重点项目：冰雪旅游和生态旅游。冰雪旅游主打冰雪项目，还需主动开发冰雪创新项目，提高品牌知名度。开发冰雪旅游区，大力推进冬季体育活动中心建设，增加冬季体育活动群众，构筑中国高档冰雪旅游路线。生态观光主要是要增加生物多样性，还要保护动物，把重点放在打造以户外旅游、科学探险为主要特色的旅游产品上。

2. 黑龙江省全域旅游价值创造分析

对近几年黑龙江省的旅游收入和国内外的消费者数量进行统计，旅游收入和

消费者数量均呈逐年递增趋势，表明黑龙江省的旅游资源发展潜力较大，2015～2019年黑龙江省旅游总收入如表7-1所示。2019年，黑龙江省全年国内外消费者达到2.2亿人次，旅游收入达到2684亿元，分别增长19%和19.6%。

表7-1　2015～2019年黑龙江省旅游总收入　　　　　单位：亿元

年份	2015	2016	2017	2018	2019
旅游总收入	1337.02	1603.27	1909	2244	2684

　　黑龙江省全域旅游的价值创造是体现在多个方面的。关于国民经济增长，在"十二五"期间，黑龙江省旅游业发展迅速，累计接待消费者5.08亿人次，累计实现旅游业总收入5326.89亿元。2015年黑龙江省旅游总收入占全省GDP的比重由2010年的8.52%上升至9.03%；在创汇效应方面，自1995年以来黑龙江省旅游创汇额从4.9233亿元增加到2016年的4.6亿美元，现已成为黑龙江省贸易创汇不可或缺的重要组成部分；在社会就业方面，旅游业作用显著，大量的就业机会在其中产生，相关产业的服务需求也受到了极大刺激，旅游业吸纳就业人数效果显著。

（二）吉林省全域旅游角色定位及价值创造

1. 吉林省全域旅游角色定位分析

吉林省旅游景点丰富，已经发展到了300多处。其中，最为出名的便是长白山生态旅游景区，其次还有净月潭森林旅游区、北大湖滑雪场等著名景点，以此来辐射全省旅游网络体系。旅游产品结构也发生了很大的变化，从原先的一体化旅游发展到现在的集旅游、度假、特色、民俗于一体的多元化、多层次的特色旅游体系。特别是以雪、冰、森林、湿地为代表的生态旅游和异国旅行很有魅力。

冰雪旅游业也是吉林省大力发展的对象。针对吉林省的冰雪产业，国家旅游局副局长曾指出：吉林省和黑龙江省应该互相帮助，共同协助两省旅游业发展，整合两省的旅游资源共同发展。国家也会大力支持冰雪旅游业的发展，打造国际品牌，使得冰雪旅游业做大做强。

2. 吉林省全域旅游价值创造分析

2018年吉林省实现旅游总收入4210.9亿元，比上年增长了20.1%；2019年吉林省旅游总收入达到4920.4亿元，比上年增长了16.8%。2015～2019年吉林省旅游总收入如表7-2所示。

表 7-2　2015~2019 年吉林省旅游总收入　　　　　　单位：亿元

年份	2015	2016	2017	2018	2019
旅游总收入	2315.2	2897.4	3507.0	4210.9	4920.4

2019 年吉林省国内旅游消费者 24696 万人次，同比上涨 12.2%；吉林省国外旅游消费者 121 万人次，同比下降 2.2%；接待入境旅游消费者 137 万人次，同比下降 5%。吉林省国内外旅游消费总人数如表 7-3 所示。

表 7-3　2015~2019 年吉林省国内外旅游消费者人数　　　　单位：万人

年份	2015	2016	2017	2018	2019
国内旅游消费者	13983	16417	19093	22013	24696
国外旅游消费者	129	142	128	124	121
入境旅游消费者	148	162	148	144	137

吉林省全域旅游带来的价值创造是多方面的，首先是带动了当地经济的发展，其次带动了周边产业的发展，不仅推动了各种服务业的发展，也为工业和农业提供了市场空间。此外，随着大环境的不断变化，我国旅游业逐渐出现了与各个产业融合的趋势，建设"全产业链"的现代旅游业，将会带动各个相关产业的发展。

（三）辽宁省全域旅游角色定位及价值创造

1. 辽宁省全域旅游角色定位分析

辽宁省沿海资源非常丰富，通过六个沿海带，包括丹东、大连、营口、盘锦、锦州、葫芦岛六个沿海城市，将六个城市作为一个旅游带，将辽宁省打造成一个避暑胜地。

根据辽宁省沿海旅游业的实际发展情况，辽宁全境旅游的作用被定位为"大城小镇嵌景区"。"大城"主要指规模大、知名度高、旅游基础好的城市，通过打造特色主题吸引消费者，从而向小城镇和旅游景点出口流量。"小町"指密度低，改造原生态自然小镇，主要塑造原生态生活模式，将"大町"的观光旅游转化为休闲观光，将风景区转变为无观光地的旅游。

同时，辽宁省应该充分发挥自身优势，包括海港优势、口岸优势，与吉林省深化港口合作。辽宁省同时要拓展新的市场空间，打破传统的行政壁垒，打造旅游精品路线，联合开发旅游产品。同时要注重基础设施建设，着重推进沈白客专等重大基础设施建设。

2. 辽宁省全域旅游价值创造分析

从 2015 年开始，辽宁省旅游收入不断上升，2018 年旅游总收入为 5369.8 亿元；2019 年旅游总收入为 6222.8 亿元。2015~2019 年辽宁省旅游总收入如表 7-4 所示。

表 7-4 2015~2019 年辽宁省旅游总收入 单位：亿元

年份	2015	2016	2017	2018	2019
旅游总收入	3722.5	4225	4740.8	5369.8	6222.8

2019 年辽宁省接待国内外旅游消费者 64169.7 万人，其中国内旅游消费者 63875.6 万人，占总旅游人数比重为 99.54%；接待入境过夜旅游消费者 294.1 万人。2015~2019 年辽宁省国内外旅游消费者人数如表 7-5 所示。

表 7-5 2015~2019 年辽宁省国内外旅游消费者人数 单位：万人

年份	2015	2016	2017	2018	2019
国内外旅游消费者	39974.7	45146.6	50597.2	56499.1	64169.7
国内旅游消费者	39710.7	44872.9	50318.4	556211.4	63875.6
入境过夜旅游消费者	264	273.7	278.8	287.7	294.1

从空间角度来看，发展旅游业不仅是发展旅游景点，同时也要带动周边产业的发展，进而形成一个大范围的发展。用景区带动城市的发展建设，将各行各业融入进来，形成一个大的产业链，各行各业都可以从中获利，他们既可以是参与者，也可以是受益者，并且可以为当地带来巨大收益。

（四）东北邻近国家及区域全域旅游角色定位及价值创造

1. 韩国全域旅游角色定位分析

韩国位于朝鲜半岛的南部，风景优美、文化璀璨。首尔、济州岛等是有名的观光城市。首都首尔被称为花园城市。韩国的美景众多，最为出名的是济州岛，这里是旅游观光的天堂，素有"东方夏威夷"的美称。随着近几年旅游业的不断发展，韩国旅游业不断拓展，例如，三八线附近开辟了新的景区，东海岸新开辟了旅游度假地。这些自然资源的开发以及政府的相关政策为韩国全域旅游的角色定位提供了一定基础保障。

2. 韩国全域旅游价值创造分析

韩国观光公司所发布的数据显示，2017 年韩国的旅游 GDP 为 133.2370 亿美元，比上年同期下降 22.5%，旅游支出为 270.0729 亿美元，比上年同期增长 14.3%。因此，旅行收支出现了 137.492 亿美元的逆差，2001 年以来已经连续 17 年出现逆差，逆差规模比之前都要高。2017 年，受访问韩国的中国消费者减少的影响，韩国接待的外国消费者锐减，而韩国人的海外旅行人数比上年同期增加，也是旅行收支逆差扩大的主要原因。2017 年韩国接受的外国消费者比上年减少 22.7%，为 1333.5758 万人。另外，从韩国出境的人数比上年同期增长了 18.4%，达到 2649.6447 万人。韩国消费者是访问韩国的外国消费者的近两倍。

由此可以看出，全域旅游依托于政治因素，好的政治环境以及好的政策扶持会有利于全域旅游实现价值共创。

三、价值共创视角下东北全域旅游协同发展网络构建影响因素

（一）东北全域旅游协同发展网络构建影响因素分析

1. 东北全域旅游资源条件

旅游资源对消费者有吸引力，才会有旅游流量。旅游资源在国际上通常被叫作旅游吸引物。国内主流观点认为，旅游资源是指让消费者产生旅游的动机并且会催生各种活动的自然因素。旅游资源具有自在性，需要人们去发掘探索，只要人们善于挖掘，旅游资源本身的吸引力一定会展现出来。随着时代的发展，人们对旅游的需求越来越大，同时，旅游资源无处不在，天上、地下、海里都会有，春夏秋冬以及白天黑夜都可以探索。人类社会在不断发展进步，全域旅游的发展也需要注入新的活力，需要对当前的资源进行整合，形成特色旅游产品或集群，把资源优势转变为综合收益。

黑龙江省拥有十分丰富的旅游资源，目前共有 239 家 A 级以上的旅游景区，其中有 4 家 AAAAA 级景区，属于其中质量最高的，旅游景区的分布在资源数量和质量上具有高度一致性。

吉林省拥有大量的自然旅游资源，吉林省旅游业的发展优势可以概括为资源

优势、区位优势和政策优势。在资源优势方面，吉林省的冰雪旅游环境条件优越，拥有良好的雪质，可充分挖掘，进而促进产业结构升级。

辽宁省主要是沿海旅游资源，海滨城市共同组成沿海经济带，使得辽宁省无论是农村还是城镇都极富吸引力。目前，五色旅游、民俗体验旅游、山川湿地峡谷旅游、温泉小镇旅游等旅游资源可满足全域旅游需求。

2. 东北各地经济发展水平

（1）经济衰退。2018 年，辽宁、黑龙江、吉林的 GDP 分别为 25315.4 亿元、16361.6 亿元、15074.62 亿元，在全国排名第 15 位、第 25 位、第 26 位，显著低于 1978 年的第 3 位、第 8 位、第 18 位。因此，东北三省在全国的经济地位下降变得更加显著。三省人均 GDP 低于全国平均水平，2018 年全国人均 GDP 约 6.45 万元，辽宁省、黑龙江省、吉林省人均 GDP 分别为 5.79 万元、4.32 万元、5.55 万元（赵昌文，2015）。

（2）经济效益下滑，且明显高于全国下滑幅度。经济增速逐渐放缓是不可避免的，但是，东北三省不仅仅表现在经济增长速度放缓，经济效益也下滑十分严重。我们可以从两个角度求证这个结果：一个是企业效益，另一个是地方财政收入情况。中国经济有明显的速度效率性特征。也就是说，经济高速发展的时候，经济效果也非常高，但是增长率下降的话经济效果也会下降。

（3）企业效益层面。2021 年 1~12 月，东北地区规模以上工业增加值同比增长 5%，增速同比提高 2.3 个百分点。辽宁同比增长 4.6%，增速同比提高 2.8 个百分点。吉林同比增长 4.6%，增速同比回落 2.3 个百分点。黑龙江同比增长 7.3%，增速同比提高 4 个百分点。

（4）地方财政收入。2022 年 1~4 月东北三省财政收入为：辽宁省 957.5 亿元，同比下降 4.0%；黑龙江省 436.48 亿元，同比增长 1.9%；吉林省 291.74 亿元，同比下降 35.7%。从财政收入规模来看，东北三省的财政收入规模差距十分明显，辽宁省的财政收入规模是黑龙江的两倍之多，是吉林省的三倍有余，从增速来看，辽宁出现小幅下滑，黑龙江则缓慢增长，吉林下滑幅度最大。从全国范围内来看，东北三省的财政收入规模相对较低，排在全国中下游位置。

（5）经济结构方面。东北地区经济结构比较单一，偏重工业，产业分布不均衡，在计划经济时期，东北地区三省得到了国家最大力度的政策支持，而在改革开放之后，国家投资减少，东部沿海城市获得更大的支持。东北地区主要靠政府投资，外企和民企投资较少，与沿海省份差距很大，因此在改革开放的经济竞争中，逐渐落后于东部和南部的大部分省份。如今东北经济发展形势不容乐观，人口和人才流失现象较多。

3. 东北各地服务设施状况

旅游服务设施是旅游产业结构的基础，是旅游经济发展的基本保障。黑龙江省的旅游资源是很丰富的，独特的地理条件使这里有丰富的自然资源，独特的社会环境孕育了这里丰富的人文资源，强大的经济基础极大促进了旅游业的发展。吉林省旅行社的经营规模、人员素质、服务质量等都有所提升。各旅行社分工明确，国内和国际业务分配区分详略得当，市场占有率也十分合理。景区是旅游产业最为核心的部分。吉林省旅游业发展迅速，近几年吉林省新增 A 级景区 3 个，推荐上报 AAAAA 级、AAAA 级的各 1 个。2019 年，该省有 244 个国家 A 级以上观光地，其中 AAAAA 级 6 个，AAAA 级 61 个，AAA 级 110 个，AA 级 55 个，A 级 12 个。辽宁省海滨城市有 40 个区、县。人均地区生产总值由 2008 年的 3.86 万元增加到 5.7 万元，旅游总收入 6102.7 亿元，其中 AAAAA 级 5 个，AAAA 级 115 个，AAA 级 254 个，AA 级 72 个，A 级 8 个。黑龙江省 2019 年旅游总收入 2683.8 亿元，其中 AAAAA 级 5 个，AAAA 级 107 个，AAA 级 181 个，AA 级 130 个，A 级 28 个。

4. 东北各地交通通达性

交通是连接旅客的出发地点和目的地的重要通道，消费者在时间和财力允许的情况下，会考虑目的地的感知距离和实际距离。感知距离通常会在消费者的思维观念中占据主导地位。如果交通是十分便利的，它会缩短消费者心里的感知距离。一个高品质的旅游地一定会伴随有便捷的交通，如果没有便利的交通做支撑，发展一定不顺利。旅游交通还可以分为对内和对外交通，对内交通主要指风景区之间的相互作用和影响，对外交通指风景区的进入性。

（1）黑龙江省的交通便利性。

黑龙江省位于中国东北地区，经过不断发展，以铁路、公路、航空为中心形成了便利的立体交通网络，黑龙江省交通的基本概要如下：

铁路：黑龙江省铁路目前布局为"一轴一环多点沿边"，"一轴"是齐齐哈尔经哈尔滨、绥芬河到牡丹江，"一环"是哈尔滨经牡丹江、鸡西、七台河、双鸭山、佳木斯到哈尔滨铁路，"多点"是到洛古河、黑河、同河、吉祥、档案镇、绥芬河和东宁等关口的铁路站，"沿边"是沿边铁路。

公路：公路形成了东西南北全方位的交通网络。省内主要公路有 G1111 鹤哈高速公路（从鹤岗到哈尔滨）、G1011 哈同高速公路（从哈尔滨到同江）、G10 绥满高速公路（从绥芬河到满洲里）、G102 国道、G111 国道、G201 国道、

0G221 国道、G203 国道、G202 国道、G301 国道、S19 省道、S401 省道、S402 省道、S403 省道等。

航空：目前黑龙江省有哈尔滨太平国际机场、大庆萨图尔机场、佳木斯机场、牡丹江海浪机场、鸡西兴凯湖机场、伊春林都机场、漠河机场、黑河机场和齐齐哈尔机场 9 个机场。

（2）吉林省的交通便利性。

吉林省交通十分便利，长春地势平坦，北接哈尔滨，南接沈阳，是东北交通的大动脉。布局交通对长春旅游经济的发展非常有利。

铁路：吉林省的铁路网络主要可以分为西北—东南和西南—东北两个方向。全国主要铁路干线京哈线贯穿吉林南北。从吉林省内可以直达全国主要城市。吉林省的铁路主要以长春为中心，以吉林、四平、白城、梅河口等为主要枢纽，以京哈、长图、长白、平齐、沈吉、四梅、梅集等线路为干线，构成吉林省的铁路网络体系。到 2022 年，全省铁路营业距离已经超过 5000 千米。

公路：2022 年，吉林省交通运输厅将持续加快交通重大项目建设。全省交通基础设施建设计划投资增长 10% 以上。高速公路计划投资增长 20% 以上，续建 7 个项目 722 千米，新开工 3 个项目 307 千米，建成 2 个项目，新增通车里程 79 千米，高速公路通车总里程达到 4394 千米。

航空：以长春、延吉、白山为中心，可直达北京、上海、广州、海口、宁波、大连、昆明、中国香港、深圳、韩国首尔、日本仙台等地。

（3）辽宁省的交通便利性。

辽宁省是整个东北经济区和渤海沿岸经济圈非常重要的部分，更是东北亚的重要地带。辽宁省靠近黄海、渤海并且大海通商有着悠久的历史；辽宁省的水道通过辽河、鸭绿江两大水系非常发达；同时，辽宁省交通很便利，拥有发达的交通体系（吕俊芳，2013）。

铁路及轨道：主要由地铁和有轨电车组成，包括沈阳有轨电车、大连轻轨、大连有轨电车、大连地铁等。

公路：辽宁省内高速公路主要以沈阳为中心，向四周辐射，总里程高达 2800 千米。

航空：辽宁省主要的机场包括沈阳桃仙国际机场、大连周水子国际机场、锦州湾国际机场等。

总之，地理位置好、交通便利的地区可达性强，可达性强可以促进旅游业的发展，反之亦然。在发展时机上，区域区位好、交通便利可以优先发展，而区位差异大、交通不便的区域发展缓慢。旅游的前提是消费者离开永久居住地，即消费者要完成旅游就必须有空间位移，而空间位移又必须依靠交通。辽宁沿海四通八达的综合立体交通网络，使全球旅游成为可能。

（二）东北全域旅游协同发展网络构建影响因素指标权重

旅游资源的定量评价方法有很多。本书尝试用层次分析法对东北地区的旅游资源进行初步定量评价。层次分析法是美国匹兹堡大学的 A. L. Saaty 教授在 20世纪 70 年代提倡的多层权重分析的决定方法。层级分析法的基本原理是，通过将复杂的问题作为一个大系统，分析该系统中的多个因素，从而导出各因素所连接的有秩序的层级。然后，请专家客观地判断各水平的主要原因，定量地给出其重要性。创建数学模型，对元素的相对重要性进行加权和排序。最后，根据排序的结果决定计划，解决问题。假设对某一规划决策目标 U，其影响因素由 P_i（$i =$ 1，2，$\cdots$，n）表示，共 n 个，P_i 的重要性权数分别为 W_i（$i = 1$，2，$\cdots$，n），其中，$W_i > 0$，$\sum\limits_{i=1}^{n} W_i = 1$ 即 $U = W_1 P_1 + W_2 P_2 + \cdots + W_n P_n = \sum\limits_{i=1}^{n} W_i P_i$。

由于因素 P_i 对目标 U 的影响程度即重要性权数 W_i 不一样，因此，将 P_i 两两比较，可得 P_i 个因素对目标 U 重要性权数比（也就是相对重要性）构成的矩阵 B，我们称为判断矩阵（黄静波，2009），目标 U 的 P_i 个因素的重要性权数，对该矩阵求解特征值，具体步骤如下：

（1）建立评价层次结构模型。通过调查研究各种旅游资源，选择对旅游目的地整体发展产生重要影响的因素，分解这些因素，沿着内部结构排列，构建合理的评价水平模型（黄静波，2009）。

（2）构造判断矩阵。AHP 的信息基础主要是对各阶层各要素的相对重要性进行判断。将这些判断用数字表示成矩阵的是判断矩阵。

（3）层次单排序及其一致性检验。层次排序是从判断矩阵计算出与前一层相关的各要素的重要性顺序的权重。这是这一层次相对于上一层次的重要性。

（三）东北全域旅游协同发展网络构建影响因素结果分析

1. 构建层次模型

构建层次模型：根据所需要决策的目标、决策准则（需要考虑的因素）和决策对象三者间的关系，把其分为最高层、中间层、最低层，然后绘制层次图，如图 7-2 所示。

最高层（目标层）：所需要解决的问题；

中间层（标准层或指标层）：需要考虑到的因素；

最低层（方案层）：备选方案。

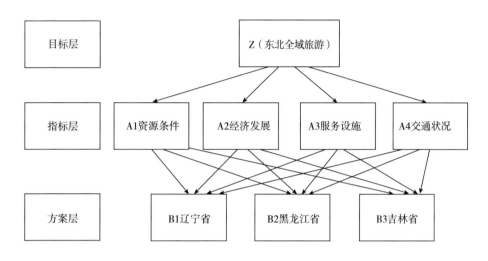

图 7-2 层次结构图

2. 构造判断矩阵

在确定各层次各因素之间的权重时，如果只考虑定性的结果（就是我认为资源条件占 80%，经济发展 10%，等等），Santy 等提出了一致矩阵法，"不是将所有的要素一起比较，而是以一对的形式进行比较"。此时，采用相对缩尺，尽量降低比较性质不同的各种因素的难度，提高精度；两个比较矩阵是比较该层的所有因素和上一层的某些因素（准边或目标）的相对重要性。比较矩阵对的元素表示第 i 个因素的第 j 个因素的比较结果，该值使用 Santy 的 1~9 比例法给出（见表 7-6）。

表 7-6 Santy 比较矩阵法

标度	含义
1	表示两个因素相比，具有同等重要性
3	表示两个因素相比，一个因素比另一个因素稍微重要
5	表示两个因素相比，一个因素比另一个因素明显重要
7	表示两个因素相比，一个因素比另一个因素强烈重要
9	表示两个因素相比，一个因素比另一个因素极端重要

标度	含义
2，4，6，8	上述两相邻判断的中值
倒数	因素 i 与因素 j 比较的判断 a_{ij}，则因素 j 与 i 比较的判断 $a_{ji} = 1/a_{ij}$

因此，可以对目标层和指标层构造判断矩阵，分别对资源条件、经济发展、服务设施、交通状况四种因素进行结果的比较，判断矩阵如表7-7所示。

表7-7　判断矩阵

	A1 资源条件	A2 经济发展	A3 服务设施	A4 交通状况
A1 资源条件	1	1/4	2	1/3
A2 经济发展	4	1	8	2
A3 服务设施	1/2	1/8	1	1/5
A4 交通状况	3	1/2	5	1

3. 按列归一化

采用和积法：先算出每一列 A 的比重，然后对每一行 A 取平取值算出 w 权重，如表7-8所示。

表7-8　按列归一化

	A1 资源条件	A2 经济发展	A3 服务设施	A4 交通状况	w（算术平均值）
A1 资源条件	1	1/4	2	1/3	0.12
A2 经济发展	4	1	8	2	0.52
A3 服务设施	1/2	1/8	1	1/5	0.06
A4 交通状况	3	1/2	5	1	0.30

对上述矩阵进行一致性检验：$L_{\max} = \sum_{i=1}^{n} \frac{[AW]_i}{nw_i} = 4.01$，定义一致性指标 $CI = \frac{L-n}{n-1} = 0.0052$。

$CI = 0$，有完全的一致性；

CI 接近于 0，有满意的一致性；

CI 越大，不一致越严重。

为了衡量 CI 的大小，引入随机一致性指标 RI，方法为随机构造 500 个成对比较矩阵 A1，A2，…，A500，则可得一致性指标 CI_1，CI_2，CI_3，…，CI_{500}。

$$RI = \frac{CI_1 + CI_2 + \cdots + CI_{100}}{500} = \frac{\dfrac{L_1 + L_2 + \cdots + L_{500}}{500} - n}{n-1}$$

随机一致性指标 RI 值如表 7-9 所示。

表 7-9 随机一致性指标 RI 值

n	1	2	3	4	5	6	7	8	9	10	11
RI	0	0	0.58	0.90	1.12	1.24	1.32	1.41	1.43	1.49	1.51

因此，如表 7-9 所示，$RI = 0.89$，$CR = CI/RI = 0.0058 < 0.1$，通过一致性检验。

同理，分别对辽宁省、黑龙江省、吉林省进行影响因素权重分析。

资源条件三省权重比较如表 7-10 所示。

表 7-10 资源条件三省权重比较

A1 资源条件	辽宁省	黑龙江省	吉林省	w
辽宁省	1	1/4	2	0.1818
黑龙江省	4	1	8	0.7273
吉林省	1/2	1/8	1	0.0909

$L = 3$，$CI = (L-n) / (n-1) = 0$，$RI = 0.52$，$CR = CI/RI = 0 < 0.1$，一致性检测通过。

经济发展三省权重比较如表 7-11 所示。

表 7-11 经济发展三省权重比较

A2 经济发展	辽宁省	黑龙江省	吉林省	w
辽宁省	1	5	2	0.5949
黑龙江省	1/5	1	1/2	0.1285
吉林省	1/2	2	1	0.2766

$L = 3.0055$，$CI = (L-n) / (n-1) = 0.00276935$，$RI = 0.52$，$CR = CI/RI = $

0.0053<0.1，一致性检测通过。

服务设施三省权重比较如表 7-12 所示。

表 7-12 服务设施三省权重比较

A3 服务设施	辽宁省	黑龙江省	吉林省	w
辽宁省	1	1/3	2	0.2299
黑龙江省	3	1	5	0.6479
吉林省	1/2	1/5	1	0.1222

$L = 3.0036$，$CI = (L-n) / (n-1) = 0.00184$，$RI = 0.52$，$CR = CI/RI = 0.003545 < 0.1$，一致性检测通过。

交通状况三省权重比较如表 7-13 所示。

表 7-13 交通状况三省权重比较

A4 交通状况	辽宁省	黑龙江省	吉林省	w
辽宁省	1	5	7	0.7380
黑龙江省	1/5	1	2	0.1676
吉林省	1/7	1/2	1	0.944

$L = 3.0142$，$CI = (L-n) / (n-1) = 0.00710029$，$RI = 0.52$，$CR = CI/RI = 0.0136544 < 0.1$，一致性检测通过。

综合考虑四个因素对东北全域旅游的影响如表 7-14 所示。

表 7-14 四个因素对东北全域旅游的影响

	影响因素权重 w	辽宁省	黑龙江省	吉林省
A1 资源条件	0.1176	0.1818	0.7273	0.0909
A2 经济发展	0.5175	0.5949	0.1285	0.2766
A3 服务设施	0.0611	0.2299	0.6479	0.1222
A4 交通状况	0.3038	0.7380	0.1676	0.0944
加权平均值		0.5674	0.2425	0.1899

$CI = 0.00370307$，$RI = 0.52$，$CR = CI/RI = 0.00712129 < 0.1$，综合考虑四个因素的权重，其中经济发展对全域旅游影响最大，这就说明在发展旅游行业的同时

要注重经济的发展。通过对各影响因素加权分析发现，辽宁省是目前旅游发展状况最佳的，可以将其作为东北全域旅游发展中心，带动黑龙江省与吉林省的旅游业发展，加强省市间的合作，共同促进东北全域旅游协同发展。

四、价值共创视角下东北全域旅游协同发展

上述模型具体分析了影响旅游业发展的四个关键因素，包括资源条件、经济发展、服务设施以及交通状况，其中权重最大的影响因素是经济发展，要提高全域旅游经济发展，涉及消费者和景区两个主体，传统的旅游业发展将两者相互割裂开，这是很不利于经济发展的，因此要提高景区和消费者之间的交互性，最终目标是实现它们之间的协同作用，形成价值共创。从消费者角度来看，可以更好地体现旅游价值；对于风景名胜区，可以增加风景名胜区的资产价值。因此，下文将详细分析价值共创对旅游价值和景区价值的重要作用。

（一）价值共创视角下的演化博弈

1. 景区与景区之间的博弈

如果各个景区独立完成价值创造工作，不存在市场中的各类竞争与合作行为，消费者是否参与其中与景区进行价值共创源于对景区是否能获得更高利润的评估。因此我们可以通过景区之间的博弈分析来做出简单的判断，假定景区自己创造的价值是 a，消费者参与价值共创后，景区收益是 b，景区和消费者参与价值共创后所需的固定成本为 c，景区之间的博弈行为分析如表 7-15 所示。

表 7-15　景区之间的博弈

景区1　　　　　　　　　景区2	选择消费者参与价值共创	不选择消费者参与价值共创
选择消费者参与价值共创	$(b-c, b-c)$	$(b-c, a)$
不选择消费者参与价值共创	$(a, b-c)$	(a, a)

由表 7-15 可见，景区是否选择消费者参与价值共创与企业收益 b 和固定成本 c 有关。对于景区的价值创造，消费者是参与的，这就会导致消费者品牌度上升，品牌信任度不断增加就会使消费者更加想买，因此购买概率会增加，景区收

入 b 也会增加，如果消费者参与价值创造，景区没有采纳消费者的意见，会造成消费者参与价值的负面影响，心理预期下降，b 也会减少，景区支出的固定成本 c 不变。

通过表 7-15 的分析，只要 $b-c$ 大于 a，景区就会选择与消费者一起创造价值。现实的市场通常比较复杂，景区自身价值、消费群体和品牌知名度也不同。所以，这是一个复杂的景点之间的博弈。然而，当景点觉得和消费者协作创造价值的好处远远大于自己创造的好处时，景区会选择价值共创。

2. 消费者与消费者之间的博弈

我们假设消费者可以选择回答（知识共享）或不回答（知识不共享）景区的价值创造问题，在环境稳定条件下的博弈。消费者是否分享他们掌握的知识取决于消费者的预期利益。当消费者选择知识分享时，会巩固自身的专业知识、技能，给他人带来获益；当消费者选择知识不分享时，会增加其机会成本，其他消费者会给其带来获益；即使在没有其他知识的情况下，消费者也保留原有体系，所以消费者之间的知识分享行为是不完全信息动态重复博弈。该博弈属于"囚徒困境"。

可以假设消费者的知识水平为 K_i（$i=1$，2，3，$\cdots$），对知识的转化率为 a_i（$i=1$，2，$\cdots$），二者均与消费者获得的利益呈正相关，所以消费者 1、消费者 2 所获得收益分别为 K_2a_1 和 K_1a_2。假设消费者 1 面临回答时固有成本为 C_1；消费者 1 选择知识分享，消费者 2 也会获得收益，同时消费者 1 也会更加完善自己改正不足，消费者 1 因此也会增加收入；同时消费者会付出成本，其中包括时间成本和精力成本；消费者 1 付出的精力成本为 C_3，消费者 2 若选择回答，分析同消费者 1。

假定消费者 1 面临的情景是：选择回答（知识分享）的概率为 p，则消费者选择不回答（知识不分享）的概率为 $1-p$；假定消费者 2 面临的情景是：选择回答的概率是 q，选择不回答（知识不分享）的概率为 $1-q$。则消费者面临提出问题是否回答的支付矩阵、消费者与消费者博弈如表 7-16 所示。

表 7-16　消费者与消费者博弈

消费者2 ＼ 消费者1	知识分享	知识不分享
知识分享	$(K_2a_1-C_2-C_3-C_1,\ K_1a_2-C_2-C_3-C_1)$	$(C_1,\ K_1a_2-C_2-C_3)$
知识不分享	$(K_1a_2-C_2-C_3,\ C_1)$	$(C_1,\ C_1)$

消费者 1 选择回答时的期望收益为：

$$E_1^Y = q(K_2 a_1 - C_2 - C_3 - C_1) + (1-q)C_1 = q(K_2 a_1 - C_2 - C_3) + C_1 \tag{7-1}$$

消费者 1 选择不回答时的期望收益为：

$$E_1^N = q(K_2 a_1 - C_2 - C_3) + (1-q)C_1 = q(K_2 a_1 - C_2 - C_3 - C_1) + C_1 \tag{7-2}$$

消费者 1 平均收益为：

$$\begin{aligned}
U_1 &= pE_1^Y + (1-p)E_1^N \\
&= p\{q(K_2 a_1 - C_2 - C_3) + C_1\} + (1-p)(K_2 a_1 - C_2 - C_3 - C_1) + C_1 \\
&= 2pqC_1 + qK_2 a_1 - q(C_2 + C_3 - 2C_1) + C_1
\end{aligned} \tag{7-3}$$

由此，我们可以得到消费者 1 的复制动态方程为：

$$\begin{aligned}
\frac{d_p}{d_t} &= pE_1^Y + (1-p)U_1 \\
&= 2pq(K_2 a_1 - C_2 - C_3 + C_1) - pq(2C_1 + 2pC_1 + K_2 a_1) + q(C_2 + C_3 - 2C_1) - C_1
\end{aligned} \tag{7-4}$$

同理我们可以得到消费者 2 选择回答时的期望收益为：

$$E_2^Y = p(K_1 a_2 - C_2 - C_3 - C_1) + (1-p)C_1 = p(K_1 a_2 - C_2 - C_1) + C_1 \tag{7-5}$$

消费者 2 选择不回答时的期望收益为：

$$E_2^N = p(K_1 a_2 - C_2 - C_3) + (1-p)C_1 = p(K_1 a_2 - C_2 - C_3 - C_1) + C_1 \tag{7-6}$$

消费者 2 平均收益为：

$$\begin{aligned}
U_2 &= qE_2^Y + (1-q)E_2^N \\
&= p\{q(K_1 a_2 - C_2 - C_3) + C_1\} + (1-q)\{p(K_1 a_2 - C_2 - C_3 - C_1) + C_1\} \\
&= (K_1 a_2 - C_2 - C_3 + C_1) - (1-p)C_1
\end{aligned} \tag{7-7}$$

由此，我们可以得到消费者 2 的复制动态方程为：

$$\frac{d_p}{d_t} = pE_2^Y + (1-p)U_2 = 2pq(K_1 a_2 - C_2 - C_3 + C_1) - pq(2C_1 + 2pC_1 + K_1 a_2) + p(C_2 + C_3 - 2C_1) - C_1 \tag{7-8}$$

因此，消费者面临提出问题是否回答的演化博弈模型转化为由微分方程式(7-4)和式(7-8)组成的方程组。由于消费者初始固定成本不变，为了便于得到结果，假设 $C_1 = 0$，则当 $\frac{d_p}{d_t} = 0$ 时，我们可以得到 5 个局部平衡点：$E_1(0, 0)$、$E_2(0, 1)$、$E_3(1, 0)$、$E_4(1, 1)$ 和 $E_5\left(\dfrac{2C_2}{C_3 K_1}, \dfrac{2C_2}{C_3 K_2}\right)$。我们对微分方程式(7-4)和式(7-8)组成的方程组中的 p、q 分别求偏导，则得到雅可比矩阵为：

$JM =$

$q(K_1a_2-2C_2-2C_3)+C_2+C_3$	$q(K_2a_1-2C_2-2C_3)$
$q(K_1a_2-2C_2-2C_3)+C_2+C_3$	$q(K_1a_2-2C_2-2C_3)$

当平衡点使得雅可比矩阵的行列式对于一个由微分方程系统 det（JM）>0 且雅可比矩阵的迹 tr（JM）<0 时，则可以判断该平衡点处于局部稳定状态，平衡点稳定性如表7-17所示。

表7-17　平衡点稳定性

平衡点	JM 行列式：det（JM）	JM 的迹：tr（JM）	是否稳定
E_1	+	−	稳定
E_2	−	−	不稳定
E_3	−	−	不稳定
E_4	−	−	稳定
E_5	0	0	鞍点

由表7-17可见，消费者回答问题选择的5个平衡点中有2个是稳定的，它们分别对应消费者1和消费者2都采取回答问题和都不回答问题。

当他们都参与价值共创时，景区会吸引更多的消费者参与到景区设计中，消费者也可以实现自我价值，获得归属感，同时景区品牌价值也能提升得更快。所以通过对比，消费者参与到景区价值共创，景区和消费者双方可以获得更大利益。

3. 仿真模拟

对消费者之间的博弈进行仿真模拟，对参数变量进行赋值，$K_1=8$，$K_2=6$，$a_1=0.6$，$a_2=0.5$，$C_2=2$，$C_3=3$，$C_1=2$，消费者之间是相互博弈的，横轴表示演化时间，纵轴表示消费者选择知识分享的概率 p 从 0 开始取值，间隔为 0.1。仿真结果如图7-3所示。

通过以上仿真模拟可以看出，当 $p \leqslant 0.7$ 时，消费者并不倾向于选择与景区进行价值共创；当 $p \geqslant 0.8$ 时，消费者更倾向于选择与景区进行价值共创。因此，在消费者和景区的价值共创过程中，要积极引导消费者参与到景区设计中来，鼓励消费者的知识创新，多给景区提意见，这样可以有效促进景区发展，同时景区若采纳消费者建议可以对消费者进行一定奖励，价值共创使得消费者和景区双向获益。因此，本章提出以下相关建议。

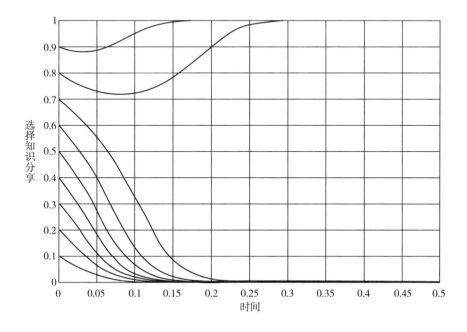

图 7-3 仿真结果图

（二）提升消费者的价值体验

旅游体验的价值要权衡消费者的感知利益和感知成本。感知利益主要分为两个部分：实用价值以及感知价值。实用价值是指产品的外部功能对消费者实际需求的满足，如旅游过程中对消费者基本生理需求的满足，如食物、衣着、住房、交通等。感知价值是消费者在旅游消费中对其内在心理需求和情感表现的满足。感性价值是消费者在旅游消费中对其内在心理需求和情感表现的满足。例如，品尝当地小吃不仅可以满足消费者的生理需求，还可以从品尝美味的食物中感受当地的饮食文化，从而获得愉快的感觉。感知成本是指消费者对旅游产品价格和个人消费支出的认知。在消费者参与价值创造活动的过程中，感知成本增加了消费者在时间、智力、体力和精力上的投入。

1. 实用价值的提升

旅游产品的实用价值体现为旅游产品的外部属性和功能效用对消费者实际需

求的满足。参与景区旅游产品研发设计的消费者在生产全过程，通过多个渠道的接触，来对景区进行反馈。企业可以根据消费者需求来完善产品，提高产品的性能和实用性，多方面地满足消费者需求。消费者与景区一起创造价值，可以参与景区设计的各个环节，实现自我价值，满足自我需求。因此，景区的产品还可以因人而异，通过设计独特的产品满足消费者，使消费者对旅游产生感知，也提高了产品的使用价值。

2. 感性价值的提升

通过参与价值共创活动，消费者可以满足其内在心理需求，从而提高了感知价值，消费者的感知价值主要来自心里愉悦。

（三）提升景区消费者资产价值

1. 提高景区产品质量和生产效率

当消费者参与价值共创活动时，感知价值的提高主要来自景区产品带来的心理愉悦，消费者参与景区的设计和生产过程有利于提高景区产品质量和消费者的感知质量。因为消费者很清楚自己需要什么，在旅行期间，如果没有达到预期，消费者会不满意，并对产品有意见。尽管有些消费者在旅行前没有明确的认知和预期，但在消费和体验产品的过程中，会有一定的感受，消费者将这些反馈给景区，对提高景区质量大有裨益。

此外，消费者可以增强对产品质量的感知。心理利益包括体验利益和感知控制，参与价值创造过程可以获取新知识，可以给消费者带来归属感，也会提高消费者的质量感知。

消费者参与景区价值共创将会极大程度地提高景区效率，让景区更好地和消费者进行互动。消费者也可以集思广益，多多提意见。

2. 降低景区生产成本

构建景区的价值共创机制，使消费者参与价值共创，可以显著降低生产成本。消费者加入价值共创过程，把自身的需求、建议直接回馈给景区，有利于景区获得消费者的真实反映，并根据消费者需求来设计旅游产品。这种定制产品将会给景区带来一定的规模经济，还可以节省成本；同时，消费者可以直接反馈他们的旅游需求和意见给景区提供的互动平台，不仅可以节约研究时间，也可以避免造成生产浪费，这将一定程度降低生产成本。此外，在价值共创过程中，通过有效的交流，消费者与景区可以增进相互间的了解，这将有助于减少消费者对时间、体力和情感等非金钱因素的感知成本。

3. 提高满意度和品牌忠诚

消费者加入景区的价值创造过程中可以有效地提升消费者对景区产品的好感，可以使消费者更倾向于选择该品牌。消费者满意度主要的来源是产品之间互动形成的价值感知。品牌忠诚度是使消费者满意的前提。消费者越满意，对品牌会越忠诚。

五、旅游体验价值与景区质量的协同增效作用

从以上分析可以看出，消费者体验价值与景区价值两者之间的联系十分紧密，两者协作的价值要远大于各自单独干。景区与消费者协作能创造更大的价值从而实现双方共赢。消费者和景区的价值共创如图 7-4 所示。

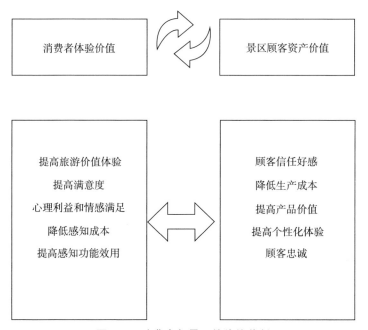

图 7-4 消费者与景区的价值共创

第八章 价值共创视角下东北全域旅游协同发展内容及实现路径

一、价值共创视角下东北全域旅游协同发展内容

（一）基于游玩主题的东北全域旅游协同发展内容

基于游玩主题的东北全域旅游协同发展是以游玩主题为主线，将相关的旅游要素聚集在一起形成一个旅游协作组织形式，其主要目的是通过产品网络、市场网络、学术网络和虚拟网络的运作，充分发挥东北地区品牌景点的纽带作用，促进相关主题旅游目的地之间的产品共享与合作。东北地区由于三省之间的社会文化民俗习惯相似性加上经济交通等方面的一体化以及各自独特优势的融合为发展旅游业提供了极大优势。因此可以结合各省区旅游资源，形成资源互补性旅游路线。

东北全域旅游协同发展以游玩为主题的线路设计可以分为以下四类：

1. 以冰雪奇缘欧陆风情为主题的北国印象游

以冰雪奇缘欧陆风情为主题的北国印象游路线可以包括黑龙江省的亚布力滑雪场、冰雪大世界，沈阳的棋盘山冰雪大世界以及吉林的万达长白山国际旅游度假区。整条线路都是以冰雪为主题的景点，消费者可以在同一个季节，带好冬季装备游遍东北冰雪风光（见图8-1）。

2. 以少数民族风情与东北民俗为主题的深度体验游

以少数民族风情与东北民俗为主题的深度体验游路线可以包括大连闯关东民

俗村、吉林延边朝鲜族自治州以及牡丹江市雪乡。喜欢民俗风情的消费者可以在这条线路上尽情享受东北人民的热情好客以及体验各地不同的风俗习惯（见图8-2）。

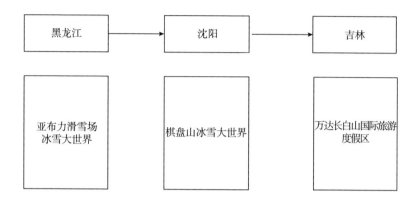

图 8-1　以冰雪奇缘欧陆风情为主题的北国映象游

图 8-2　以少数民族风情与东北民俗为主题的深度体验游

3. 以温泉度假森林徒步自驾为主题的康体养生游

以温泉度假森林徒步自驾为主题的康体养生游的路线可以包括营口、长白山、五大连池以及大兴安岭。在这条线路上，消费者不仅可以观赏美景，还可以在游玩疲倦时泡温泉解除一天的劳累，第二天又可以元气满满地去游玩（见图8-3）。

图 8-3　以温泉度假森林徒步自驾为主题的康体养生游

4. 以自然风光为主题的风光赏景游

以自然风光为主题的风光赏景游的路线可以包括辽宁的本溪水洞、吉林的长白山天池、哈尔滨的松花江。在这条线路上，消费者可以领会到东北地区秀丽的景观和肥沃的自然资源（见图8-4）。

图8-4　以自然风光为主题的风光赏景游

旅游目的地主题的确定，对东北三省旅游业发展的各方面都有着巨大的影响。它不仅对经济、文化有着很大的影响，更有可能会影响人们的思想观念、生活方式。把东北三省的同类旅游资源作为同一旅游主题整体对外销售，可以在景点建设、线路制定以及各项旅游互动的组织方面取得巨大成果，可以充分发挥东北地区在各地具有特色的旅游资源方面的整体吸引力，根据旅游路线和产品的档次、市场需求、交通和食宿基础设施等因素，将整个东北的旅游线路和产品进行划分。专项旅游线路景点和旅游景点产品体系，可以使东北各省的旅游产品重点突出，一目了然，形成清晰的层次感。

（二）基于体育赛事的东北全域旅游协同发展内容

伴随着我国成熟的旅游市场和火热的体育运动热潮，体育旅游产业遇到千载难逢的发展机遇。体育旅游是一种集多种服务于一体的将旅游和体育相结合的新的领域，它不再是以往提供单一服务的形式，现在提供的服务有健身、娱乐、休闲、交流等，是一种特殊的休闲生活方式。体育旅游产业发展已逐步纳入我国各地区体育产业和旅游产业发展规划，各地区着力打造有地域风格的体育旅游产业。基于体育赛事的东北地区旅游业协调发展，以将东北建设成休闲体育旅游基地为目标，可以充分发挥旅游资源的优势，并将其转化成为东北地区所特有的产品优势，打造为公众提供体育、休闲娱乐、综合服务的休闲方式。

1. 实现体育节事旅游发展一体化

这就要求：一是以政府为导向，以市场为运作方式，建立组织协调机构，制定发展目标和发展规划；二是构建共享信息平台分享市场客源等信息，改变单一运营模式。目前，东北三省虽然都有各自体育节事旅游的特色，如黑龙江省以哈尔滨为龙头的冰雪节事体育旅游，但是这种各自为政经营的体育旅游产品缺乏特色，对消费者没有吸引力，并且会影响其影响力和竞争力的构建。在提升体育旅游系列产品的竞争力时，不仅要增加体育节旅游活动的内容和形式的丰盈程度，还要实现资源共享，将两个领域的优势资源进行结合，实现"1+1>2"的效果，从而增加区域整体优势（揣佳凡和王红光，2011）。

2. 合理设计体育赛事旅游产品体系

（1）体育赛事旅游——东北地区体育节事旅游的先锋。东北地区依托习近平同志讲到的"金山银山"等自然资源，可以开展丰富多样的冰上运动和其他趣味性大众运动。以黑龙江省哈尔滨亚布力滑雪场为例，它已发展成为中国领先的专业旅游滑雪场之一，可以利用冰雪体育赛事旅游优势，进一步合理开发，把东北三省打造成内容多样的体育精品旅游区域。

（2）体育节庆旅游——东北地区体育节事旅游的后卫。东北地区凭借其历史悠久、文化遗产丰富以及文化底蕴深厚等优势条件，可以提供真正给消费者带来欢乐和放松的娱乐活动。在东北有很多极具特色的文化形式，如黑土文化、闯关东文化、佛教文化、二人转文化（揣佳凡和王红光，2011）。这些文化是东北地区旅游业发展所需的魂，这些活动和文化内涵不仅具有强烈的体育健身、休闲娱乐、保健价值，而且东北地区力求打造具有体育文化特色和影响力的旅游品牌。

（3）体育展览旅游——东北地区体育旅游的新星。当前会展业发展之快有目共睹，但全国各地会展内容雷同问题也人尽皆知，因此，若将东北三省体育业和旅游业整合联动，举办具有东北地方特色的会展活动，这会成为东北地区体育旅游创新之作，有助于改变东北各省市自办会展活动的现状，对于扩大会展旅游规模和提高体育旅游档次能够起到催化作用，如中国冰雪节、东北火山熔岩展、体育摄影展、少数民族民俗文化会议、历史遗迹探险旅游展等。

3. 完善赛事组织

赛事的组织水平和参赛者的满意度是赛事发展良性循环的根基。举办赛事要考虑到比赛期间参赛选手和各方参与者的合理要求，选用专业化的团队，遵循专业的规范要求，对于突发事件要有预案，提高赛事组织方的应急能力，力求让每一位参与者满意。以专业化的组织能力使赛事成为东北地区体育旅游的招牌和亮点。

4. 开发特色体育旅游产品

旅游业的发展想要发挥体育赛事的驱动作用，就要改变以往旅游业发展的策略，努力使赛事与旅游业相融合。首先，旅游公司可以通过对将要举行的体育赛事活动对消费者等群体的吸引力进行调查研究和数据分析，分析出市场需求的变化和消费偏好，然后对相关的旅游产品进行研究和开发。其次，活动期间在开展相关旅游活动时要积极调动消费者的参与度，提升消费者的旅游体验，使得消费者能够感受到东北地区的旅游服务质量和独特的旅游体验。最后，东北地区应该研究和借鉴国内外已有的举办成功的体育赛事的经验，加以学习应用，然后再结合自身的特点形成东北的特色。在不断探索新的发展模式和规律中前进，在对体育赛事旅游举办的探索中不断提高服务质量。

5. 加大新媒体的参与度，拓宽市场推广

好的旅游产品需要有好的宣传方式，宣传阵地是旅游业发展的一个重要阵地，东北地区在旅游和体育产业领域具有自己得天独厚的优势。一个地区联合发展体育、旅游需要把自己的优势讲出来，让受众了解到东北在这方面的特色以及能体验到不同于其他地方的体育旅游项目。东北人的性格和喜剧表演在全国都十分具有特色，可以考虑结合东北文化来宣传东北的体育旅游项目，促进体育旅游产业的健康快速发展。

6. 促进产业的商业化、市场化

对于重大体育赛事来说，政府支持是必不可少的，但如果赛事需要更贴近大众、更快地展开，组委会就需要投入更多的精力去探索，未来有机会就会举办更多的赛事。未来，主办方可能更多的是社会团体、公司甚至个人，因此赛事主办方应加强赛前赛后合作，与提供赞助和服务的企业联系。体育赛事组织方应积极配合同相关旅行社制定符合实际需要的体育赛事旅游规划，努力为参赛者和公众提供优质的旅游接待服务。

（三）基于休闲养生的东北全域旅游协同发展内容

休闲养生旅游不仅具有普通旅游的休闲功能，而且可以提供一些有疗养功能的旅游产品。它可以帮助消费者逃离繁忙的城市生活，给人们带来身心的放松体验，求得繁忙与休闲的相互协调。对休闲养生旅游产业发展产生影响的因素很多，考虑到其内涵具有多维属性，想要提高旅游附加值，带动旅游业可持续发展，就要尝试走休闲养生旅游的路子。东北地区经济的健康发展离不开旅游业的发展，东北地区也必须改变落后于国民经济整体发展水平的这一现状才能促进旅游业发展。东北经济的可持续运行以及经济的转型升级也需要休闲养生旅游的带动作用（杨丽春，2017）。

1. 优化东北休闲养生旅游产品的消费者定位

一般来说，消费者对健康旅游产品的需求体现在以下几个方面：一是旅游活动具有延长寿命的康养功能被一部分老年人所喜爱。为了满足这一功能化需求，东北地区旅游休闲景区应该根据自身的个性化特征及不同的季节性特征，满足这一需求的消费者，对其生态环境进行维护，推出差异化健康休闲旅游项目。二是高收入消费者也希望通过康养消费达到放松身心、健康保健的目的（杨丽春，2017）。根据东北地区消费者的旅游需求，可选择开发适合青少年需求的养生休闲养生旅游产品、康体休闲养生旅游产品。另外的一个新思路是将中国传统的中医保健疗法和西方生态 SPA 等理念相互融合，提供兼具这两种理念的休闲养生旅游产品，就哈尔滨来说，哈尔滨宾县英杰温泉小镇就做到了这一点，另外还有大顶子山温泉旅游度假村、太平湖鑫斯顿温泉度假酒店等景区。在高中档 SPA 保健康体休闲养生旅游产品的开发中，温泉资源可以作为具有巨大开发潜力的资源，因为温泉具有改善慢性疾病的作用。"温泉+""温泉+药膳""温泉+聚会"等都是温泉与其他领域可以结合的模式。另外，哈尔滨地区具有丰富的中医药资源优势，可以通过这一优势建立示范区（赵雪和徐淑梅，2017），另外消费者可以通过中医讲堂、中医药产品展销等旅游宣传活动，在体验中医所带来的对健康的好处的同时，也能对健康知识进行系统的学习，提高消费者整体的健康意识，改善消费者整体健康水平。

居住旅游养生产品。人类对于大自然的巨大吸引力是无法抵抗的（杨璧竹，2019）。城市的喧嚣逐渐对人们产生一种压力和无奈，旅游恰巧成为人们躲避繁杂的有效途径。对于城市中的人们来说，宁静与舒适只在乡村才能找到。国家建设美丽乡村关系到"三农"，发展休闲农业和乡村旅游关系到旅游。两者之间的关系不是相互独立的，而是密不可分的，是相辅相成的，只有二者之间相互促进、相互发展才能在满足市场需求的同时促进美丽中国的建设。在建设乡村旅游休闲健康住宅时，不能在生活方式上进行大的创新，要努力保存乡村的原始风貌，让消费者能够感受到真实的乡村生活，真正体验到原汁原味的农家生活。东北地区计划先以延寿、五常、方正三县为休闲养生乡村旅游目的地进行建设，是通过采摘、吃农家饭、参与到农业活动等方式，吸引消费者来参与其中的一种旅游方式。利用本地域独特资源、产业基础、特色社区功能等条件，建设合理的空间体系；也可以对行政区划的镇开展特色养生小镇建设，从宏观角度对其规划布局和功能分区，建设具有特色的休闲康养旅游区。

2. 优化东北休闲养生旅游产品的品牌定位

东北休闲旅游产品的市场竞争力取决于依赖硬件资源的旅游产品，一个好的品牌有助于促进市场规模的扩大和东北旅游休闲产品的渗透。东北地方政府应加强旅游产业区域间的合作，重点建设以哈尔滨、长春、沈阳、大连为轴心的旅游度假区。与东北地区的旅游经营者和专业旅游企业合作，形成"东北冰雪旅游"品牌。"休闲旅游"品牌能够形成贯穿南北的旅游模式，能够将东北的森林资源、湿地资源、冰雪资源结合东北自身的优势以及休闲放松的特色，提高中国东北打造的休闲旅游品牌在国际上的知名度。此外，东北旅游企业和旅游研究者应该形成东北的夏季休闲康养旅游品牌。以往单打独斗的太阳岛风景区现在应该和其他旅游景点联合起来，资源优势互补能够形成吸引追求健康旅游消费者的风景区，并且在为自身带来效益的同时也能够提高本地区的整体竞争力。着力吸引夏季避暑养生型消费者，围绕交通便利的节点城市来协同做大关联休闲旅游产业，提升东北域内旅游产业品牌形象和市场竞争力。

3. 明确东北休闲养生旅游市场定位及营销策略

顺应市场，精准定位。休闲健康旅游产品以自然资源和人力资源为基础，旨在引导休闲健康旅游市场的发展，建立完整的旅游产品体系，满足所有休闲健康消费者的需求。健康旅游产品是为亚健康或患有慢性疾病的人士而设，他们应根据自己的健康状况选择康乐及健康旅游目的地。例如，空气污染低、负离子含量高的森林和山区可以让人感到凉爽和放松，而温暖的地区可以治疗类风湿关节炎、慢性皮肤病、心血管和脑血管疾病，这些都是休闲养生旅游的理想场所。对于那些寻求健康保护的人来说，除了上述自然生态资源外，人文关怀也是健康保护的另一个重要选择。乐观、自由的生活态度，简单的民族习俗和传统的中医文化，创造了一系列以习俗、中医养生、情感娱乐养生为主的旅游产品。这些旅游产品可以让消费者放松身心。

实行面向多层次的营销模式。休闲健康旅游市场的发展离不开营销策略。因此，本书结合东北地区休闲健康旅游的现状，提出了相应营销策略。我们必须以旅游休闲养生资源为基础，重视其健康功能的发展，充分发挥其独特性和创新性。根据市场定位，制定相应的不同价格体系，产品的价格必须符合市场的价值。目前，东北地区的休闲健康旅游产业存在严重的季节性，在夏季和冬季由于其独特的气候优势旅游业较为繁荣，而春秋两季相对比较萧条。想要解决这一问题就要通过在淡季的时候提供更多的促销手段来吸引消费者改变销售模式的方式来实现。

（四）基于文化宣传的东北全域旅游协同发展内容

"文化是旅游的灵魂，没有文化的旅游是苍白的、简单的、不持久的。"东北地区旅游景点的广告主要是基于城市建筑上的标语、公共汽车广告和旅行社提供的景点介绍。它以分类广告的形式出现在城市报纸和视频促销中，但展示风景名胜特殊文化底蕴的还很欠缺。作为旅游业不可或缺的一部分——旅游文化娱乐产业具有多方面的功能，不仅能够增加旅游收入，而且能够丰富文化生活，提高对消费者的吸引力。表8-1是在近十年里，东北三省旅游总收入在GDP中的重要贡献和对第三产业的重要贡献。尽管近10年来东北地区旅游总收入相对于GDP的比重来说增加得不是很多，但东北地区旅游总收入相对于第三产业总值的比重来说增加了20%左右，增幅还是很明显的，这一数据说明旅游业的发展在整个第三产业发展中的地位是不能忽视的，东北地区经济发展中旅游业的地位不断提高，已经成了支柱性产业，文化与旅游的结合已经成为不可逆转的趋势（杨絮飞，2020）。

表8-1 2010~2019年旅游总收入占东北三省GDP、第三产业总值比重

年份	旅游总收入占GDP的比重（%）	旅游总收入占第三产业总值的比重（%）	年份	旅游总收入占GDP的比重（%）	旅游总收入占第三产业总值的比重（%）
2010	11.4	30.46	2015	12.74	28.49
2011	11.71	31.97	2016	16.68	33.72
2012	12.59	33.41	2017	18.38	35.97
2013	13.67	35.08	2018	20.78	39.20
2014	11.04	27.03	2019	27.52	52.53

目前，东北地区旅游文化娱乐业尚未形成成熟的市场化和商业化运作模式，也未在文化上建立自己特色的招牌、闯出属于自己的一片天地。因此，东北地区要把宣传旅游文化作为旅游经济新的增长点进行深度开发。基于文化宣传的东北全域旅游协同发展路径包括以下几种：

1. 促进故事营销

为景区讲好一个故事就是为这座景区赋予了灵魂，从而对旅游景区知名度的提升有着事半功倍的效果。在东北旅游发展过程中，历史文化因素很少被利用，消费者在东北的文化体验较少。事实上，东北地区有许多独特的文化旅游资源。因此在旅游资源开发过程中，我们应该将地区蕴含的丰富的文化旅游资源充分开发，提高旅游产品的吸引力，准确地抓住要害，比如想体验民族特色和传承现代精神的消费者需求，在此基础上，实现巧妙的创意和规划。基于最初的实体展览，加上历史和技术上的全新阐述，静态展示的文物和流行文化的动态性能，进一步提升消费者的体验，实现旅游产品的文化内涵与消费者的体验相结合，实现

消费者休闲效益与旅游经济效益的有机结合。

2. 确定东北旅游文化形象的设计

（1）从地理空间角度进行形象设计。地理是作为区域划分的标志，可以选取东北地区的地理特征来设计东北的旅游形象，这样的设计给人的印象更加趋近于传统的认知，使人们对东北的印象更加深刻。

（2）从文化旅游资源特色角度进行形象设计。东北旅游资源中极具特色的是冰雪景观和关东文化，自然资源和人力资源的完美结合使东北地区的旅游景点更具吸引力。从这个角度看，中国东北的旅游形象可以定位为"白山黑水，林海雪原；北方民族，关东风情"。对于中国东北地区的民族资源，可大力发展民俗文化、黑土文化和边疆文化、满族及蒙古文化。黑龙江省重点表现的是俄罗斯风格和赫哲族民族的民族表演。在哈尔滨，大型的俄罗斯风格的表演是重点，在佳木斯会进行赫哲式的表演。吉林省是朝鲜族人民共同生活的地区，它主要推出有特色的娱乐活动。在长春和延吉，一般会举办盛大的朝鲜族民间表演。此外，长春、吉林、延吉等重点旅游城市会推出二人转、吉剧，设立长期的旅游娱乐场所。辽宁省旅游城市也要重视"二人转表演"和"满族风俗表演"。

（3）从革命文化内涵角度进行形象设计。东北地区是中国共产党在抗日期间的重要根据地，涌现了一大批革命英雄以及他们的英勇事迹。要讲好革命故事、塑造好革命英雄，展现东北这片黑土地上的红色精神，把"林海雪原"抗联英雄的故事阐述好，展现好东北的革命形象。

（4）从产业文化内涵角度进行形象设计。发展农业生态旅游和工业旅游也是东北地区的一个好的选择，在东北中国粮食基地、曾经的重工业基地的基础上，可以看出东北在这个发展路子上是具有巨大潜力的。农业生态旅游和工业旅游的发展因其黑土地和曾经的工业基础而潜力巨大。从这个角度看，"中国的粮食基地和工业摇篮"可以作为东北的形象定位。

（5）从历史背景角度进行形象设计。东北地区在封建社会时期就有很多的历史古迹，东北地区的历史文化在中华民族的文化宝库中是有重要地位的。另外，我国进入半殖民地半封建社会之后，东北地区也在那一时期发生过大量的历史事件。侵略战争时期的遗迹和古代的遗迹都是东北历史文化的重要见证，在东北旅游我们不仅可以重新体验辉煌的历史，而且也能够体会到中国的巨大变化。从这个角度看，东北地区的旅游形象也可以从其历史地位和文化底蕴方面来定位。

3. 开发新媒体传播途径

（1）短视频营销。短视频操作相对简单，受众群体广泛，且较为方便观看，广大的受众群体使之成为近几年众多企业和个人实现营销的有效手段。营销方式主要有三种：第一，短视频的重要流量网红可以做视频宣传。通过寻找短视频粉丝多、流量较大的网络主播，让其体验东北旅游并宣传景区旅游文化。第二，设立专门的营销视频号，并在小长假、寒暑假前后，切合实际，发布东北地区的景区宣传视频。第三，以景区为主体，积极参与短视频平台举办的一些活动积攒并吸引人气。

（2）移动终端广告投放。随着移动终端线上视频的广泛推广，用移动终端观看电影、电视剧成为年轻群体的重要选择，而年轻群体也是主要的旅游消费群体，因此，可以结合休闲假期，安排在假期等旅游时间进行广告投放，既可以节省相应的宣传成本，又能提高相应的利益。

（3）发挥光环效应。利用东北丰富的旅游资源，邀请一些演艺明星在旅游地举办演出活动等，聚集人气的同时宣传相应的旅游文化，发挥明星光环效应，吸引旅游消费群体。

东北各省要充分利用广播、电视、报纸、互联网等现代信息传播系统，进行广泛的宣传和传播，突出冰雪文化、艺术和体育，树立冰雪形象。东北旅游业的冰和雪能让更多的人了解东北三省，让人们理解和体验冰雪旅游活动的美好。在客源市场定位上，国内市场以省内为基础，以东南沿海地区为重点，进一步开拓华东、京津、江浙、西南等地；海外市场主要是东南亚、日本、韩国、俄罗斯等。通过加强与日本和韩国、欧洲和美国的交流，形成一个全方位、多层次的旅游市场模式，提高东北三省冰雪旅游的竞争力和辐射效应。

（五）基于国际化发展的东北全域旅游协同发展内容

东北三省毗邻日本、韩国和俄罗斯，提高中国旅游业在世界旅游业的国际竞争力就离不开全域旅游的发展路子。世界经济发展和就业中，旅游业作为重要产业所做出的贡献是巨大的。在当今世界，越来越多的国家开始意识到旅游业发展的重要地位，许多国家，包括美国、西班牙、德国、英国、俄罗斯、日本、韩国、巴西、印度、南非等，都已经开始重视旅游的发展，并通过旅游业的发展带动国家经济的发展。自然遗产和文化遗产是在中国旅游业发展起步阶段的主要资源基础（石长波和徐硕，2007）。现在，有旅游需求的消费者希望能够深入参与到旅游的沟通交流中、参与到当地的风土人情的交流沟通中。全域旅游是当代旅游业发展的大趋势，要提高国际竞争力是离不开全域旅游的发展的。

基于国际化发展的东北全域旅游协同发展内容如下：

1. 建立东北地区国际化旅游经营管理机制

在引进国际知名品牌的同时，东北地区旅游企业应建立国际管理机制，开放现有旅游企业，鼓励东北地区建立国际旅游企业。加强企业独立能力的建设，提高东北旅游业的国际高端市场占有率；此外，酒店、旅游景点、商店和其他单位也应该积极应对国际挑战和产品设计与国际旅游市场，引进外国先进的贸易模型，采用国际贸易理念，提高东北旅游企业适应国际市场的能力，将进一步提高东北旅游企业的市场竞争力。

2. 国际市场导向下的东北文旅 IP 本土化开发与资源规划

以"特色定位+精细发展"为参考方向，通过整合新的多元化商业模式，拓展文化创意业务，打造独立品牌，促进知识产权文化旅游的国际推广。采取技术融合和市场融合的发展模式，将文化创意与传统民族风俗文化作精细化相融，通过修复古建筑、古村落，完善度假配套设施建设，加入科技创意元素提升体验感等手段，根据当地情况调整措施，实现多样化发展。此外，关于保护文化遗产，发展和利用乡村旅游的全面研究可以与国际化进程共存，也可将东北民族文化与现代科技相结合，实现深度融合和一体化发展。它还可以将点和区域连接起来，形成串联效应，提高整体质量。

3. 助推东北旅游文化国际化的数字化营销、外宣手段

以"智能媒体+多元化渠道"的基本理念为基础，要及时更新旅游策略保证与市场同步，做好与市场信息的及时沟通。推动国际化进程是有具体的目标的，其中国内市场赤字就是这一客观指标。在国际社会加大宣传营销的力度，有利于推动国际化进程。一方面，政府可以加入其中，发挥其作用促进国外消费者与国内的沟通。在所倡导的"一带一路"新方案中，旅游业也可以加入其中，加强与海（境）外市场的沟通交流。另一方面，互联网信息技术也可以作为新的营销手段的工具（胡琰，2020）。目前，中国的数字营销在技术和创意方面还没有达到世界领先水平，这主要反映在内容创新的缺乏方面。突破这个瓶颈的关键是遵循跨文化交际的原则，深化文化内涵，进行有效的沟通，要考虑消费者现在的思想和想法特征，有助于对本地旅游产品文化内涵有更清晰的理解，政府和旅游企业应该相互合作，利用现在的新媒体技术，让国外的目标市场能够对东北旅游产品的独特性价值有更深刻的理解（胡琰，2020）。

4. 培养行业"领头羊"

我们必须通过制度创新等方式来培育具有强大实力的龙头企业，发展实体经

济，政府也应该对做好品牌建设的企业建立激励机制，鼓励区域企业进行变革使东北地区的旅游业符合国际发展目标。培育具有较强竞争力的旅游集团，建立跨国商务办事处，改变旅游企业小、分散、弱、差的地位，使其尽快壮大。为东北旅游国际化提供经济支持，一方面，通过对建立国际旅游管理机制提供经济支持，改变目前的经营状况，突破跨国经营的瓶颈；另一方面，要打通上游企业和下游企业之间的沟通渠道，形成完整的跨国商业模式，按照国际市场规则在东北地区经营旅游企业，以满足国际市场的需求。

二、价值共创视角下东北全域旅游协同发展实现路径

（一）东北旅游资源全域化及优势资源互补

价值创造体系现在正在转变，同样地，旅游业也出现了这种转变，也就是从以产品为基础转变成了以服务为基础的营销方式。以往的一些营销模式已经不被现在的消费者喜欢，现在消费者已经不再只是追求产品的实用性功能，而是需求逐渐趋于个性化，消费者的个性化需求会对以往的消费模式提出新的要求。另外，在价值共创的大背景下，消费者已经不再只是产品的接受者，而是价值的创造者，会通过网上社群等方式参与到产品的设计构思中，这也为旅游产业适销对路的产品提供了保障。在此背景下，消费者对个性化旅游产品的需求要通过营销模式的改变来满足（李丽娟，2012），以及消费者参与产品开发和创造价值的愿望，近几年也成为旅游营销研究领域学者们关注的热点问题。全域旅游的资源观与以往有很大的不同，现在是以一种全新的形式呈现出来，对旅游资源进行了全域化考量。在东北全域范围内，这种新的资源观已经打破了以往的那种需要更新的不包含社会经济资源的资源观。另外，现在这种优势互补的形式已经打破了以往在空间上的限制，能够对各个景区的社会文化、公共服务、政策法规等资源进行整合，全面统筹发展（左文君，2016），实现资源优势互补，形成更多的旅游经济增长点。

1. 东北三省旅游资源优势分析

（1）黑龙江省有生态景观优势，是我国湿地资源最为丰富的省份之一。近年来，黑龙江省依靠其得天独厚的湿地资源，挖掘了生态旅游业的潜力，一些独

具特色的旅游产品被逐渐开发出来，如湿地旅游观光。据统计，黑龙江省的湿地面积占全国总湿地面积的 1/8，共有 556 万多公顷，而且其中自然湿地率的占比接近 20%。黑龙江省开始探索城市湿地公园旅游文化产业的深度发展，这是对黑龙江省丰富湿地资源的科学利用，是自然资源禀赋转变为社会经济价值的途径之一。黑龙江省有边境区位优势，处于与俄罗斯交界的边境地带，界河占边境线长度的 1/3，达 2300 千米。消费者数量位居前四的主要是绥芬河、黑河、东宁和抚远（陈丽威，2007）。在这里，你可以很容易地乘飞机、火车、公路或水路前往俄罗斯，并且由于与日本和韩国距离较近，所以在东北旅游顺便也可以开启一段跨国旅行，体验不同的地域风光。东北地区的好几个城市已经成为中国边境旅游的热点地区。俄罗斯远东地区由于地理位置特殊，并且遭到人类破坏较少，在这里可以感受到独特的风情和优美的环境，近些年有越来越多的消费者来到这一地区观光游览。黑龙江省在唐代、辽代、金代、清代的历史上都有重要的地位，历史人文资源优势显著（陈丽威，2007）。

（2）从吉林省在我国所处地理位置看，吉林省南北分别与辽宁省和黑龙江省相邻，处在东北的中心地带，西部的邻省是内蒙古自治区，所以在地理位置上具有承上启下的作用，成为沟通辽宁省和黑龙江省的重要交通枢纽。省内铁道运输路程长达 3700 多千米，在我国处于第三的位置；铁道货物运输量达到了 300 多亿吨千米，在我国处于第八的位置；公路的密度达到了我国平均密度的 1/3 以上。从全球角度看，吉林省处于东北亚区域的中心位置，和俄罗斯、朝鲜两个国家相邻，距离韩国、蒙古、日本很近，以后一定会成为旅游业中的佼佼者。吉林省环境优美，森林占地广，动植物种类繁多，拥有很多不同级别的自然保护区、森林公园、湿地公园、著名景区等，生态旅游资源众多，生态基础较好。

（3）辽宁省相比于吉林省和黑龙江省有自己独特的优势。首先，沈阳市是整个东北区域的中心，南部的海岸线拥有秀丽的景色，还拥有丰富的海产资源，对于内陆的消费者来讲，这是一个很有吸引力的点。其次，在国内，辽宁在体育运动领域人才辈出，在辽宁省实现体育与旅游结合发展方面可以提供很大的便利。辽宁省有地理位置和生态环境的巨大优势，对发挥其旅游业的作用有最大程度的体现。辽宁省因为其地理位置特殊，临海城市环境优美，所以吸引了国内外的一大批消费者前来旅游观光（关志民，2002）。

2. 旅游资源东北全域化及优势资源互补

全球现代化进程进一步加快，区域间空间合作呈现出日益密切的发展趋势。

全球旅游业合作发展是建立在有互补的利益关系之上的。这种互补关系不仅仅是资源互补，而且是一种多方面的互补关系，有产品互补、运输互补等。扩大区域资源优化的范围是现阶段东北区域合作的内在实质（朱元秀，2009）。加强区域经济合作是东北地区旅游业发展的必然趋势。东北应该明确旅游合作的机制及实现合作的主要机构，进一步提升旅游开发和建设的实践。

许多不同类型旅游景点的空间组合，可以提高旅游景点的知名度和吸引力，促进旅游景点的发展。然而，同样类型的旅游景点往往会引起竞争，可以通过市场手段对产品资源、人力资源和市场资本资源进行资源配置优化。市场上的自然景观、文化景观和人文景观组合在一起构成了旅游景点。旅游上市公司将这些产品资源重新设计、包装和推广。加大人力和财政资源的投入以促进旅游产品的持续创新和创新绩效的持续改善。整合不同类型的旅游资源，共同利用互补的资源，无疑是相互促进、互利共赢的方式。在旅游资源结构不平衡的情况下，可以优化资源配置。然而，这种防范是不够的，它受到增量资源数量的限制，资源相对稀缺，很难找到资源的最佳分配，也很难充分利用有限的资源。

3. 提高旅游产品主题提炼能力

旅游产品的主题是指旅游产品所包含的基本思想，它与旅游产品的具体特征和形象密切相关。给消费者留下深刻印象的旅游产品一定是具有鲜明特色的产品，另外可以对各个细分市场进行分析，研究每个市场消费者的不同需求，并以此来提供不同旅游需求的产品和服务。因此，目前旅游产品的一个创新的路径和方式就是进行主题旅游设计。旅游产品的主题创新可以有多种多样的选择，不需要局限于某一种具体的形式，具有鲜明主题的主题公园、主题餐厅、主题路线都是不错的选择。但是主题路线应该是区域旅游产品可以重点考虑的一个选择（方澜，2010）。

为了更好地突出主题本身并提高改进主题的能力，我们必须注意以下几个方面：首先，从消费者的角度来定义主题。在确定主题之前，有必要调查和分析目标市场的所有消费者需求，包括细微的需求，以便在主题市场中建立最佳的定位，不要贪图一切。市场定位越高，形成一个主题并拥有一个稳定的客户来源就越困难。主题不应该重复和跟随趋势，它一定有自身的特点，否则，这些特征将走向相反的方向，成为一种文化特征。其次，主题的确立要考虑文化内涵问题，文化的竞争才是最根本的竞争。在 21 世纪，对文化内涵的注重已经成为竞争的起点，起点高则发展余地大。最后，在主题的确立中贯彻可持续发展的理念，突出强调对生态环境和特色文化的保护，将可持续发展的理念贯穿始终。

（二）旅游内容多样化及地域品牌建设

1. 价值共创视角下东北全域旅游内容多样化

价值共创视角下东北全域旅游可以根据地区旅游资源设置多样化的旅游产品，例如上文提到的可以根据东北地区的旅游资源提炼出各种主题的游玩内容，如游玩主题、体育赛事主题、休闲养生主题、文化宣传主题以及国际化发展主题，使东北地区的旅游内容更加多样化，吸引更多的消费者。充分利用自然旅游资源优势，加强资源的开发和使用，注意将旅游人力资源的开发和使用有机合并，实现多层次、全面、深刻发展。积极引导和支持市场潜力大、功能充分开发的旅游目的地，通过多种渠道开发那些尚未被开发的旅游资源。

2. 价值共创视角下东北全域旅游地域品牌建设

（1）形成统一鲜明的区域品牌形象。

东北旅游区有很大的范围。无论是居民还是消费者，都不认为东北旅游区是一个统一的整体，对东北旅游区缺乏普遍的认识。通过东北旅游区品牌建设，打造独特统一的区域品牌，将品牌传递给公众，最终在公众心目中形成统一的品牌形象。建立一个旅游目的地品牌可以使你的形象更加独特，更容易被公众接受。旅游目的地品牌关注的是旅游目的地的长期利益，它将使该地区具有强大的影响力和凝聚力，使该地区在许多方面发生变化，聚集更多资源，并产生巨大的经济和社会效益。

（2）提升和展示东北整体社会形象。

通过在东北地区树立区域旅游品牌，对旅游品牌加以建设，提高东北旅游产品对世界消费者的吸引力，提升东北旅游业在世界范围内的知名度，从而发展旅游经济，提高经济发展水平（方澜，2009）。通过东北旅游区建设、区域间合作与发展、市场资源共享、旅游产品互补，形成了整体区域优势。利用已有的品牌和国家品牌，促进跨省和区域品牌的推广，提高区域竞争力，实现区域旅游目的地的共同发展。

（3）提升区域品牌宣传水平。

第一，营销媒体全新化。媒体营销可以在东北旅游宣传的过程中得到应用，促进东北旅游发展。近几年，媒体业快速发展，东北地区可以利用微博、微信、微信官方账号等新媒体平台来宣传旅游信息，可建立自己独有的账号，发布实时的信息，另外也可以通过网红来宣传，形成网红打卡地等，可以起到很好的宣传作用。此外，还可以通过一些交易组织，比如各种交易会、展览会等形式进行宣传，这也有利于展示东北旅游的形象。

第二，营销内容创新化。品牌形象不仅可以在国内建立，也可以建设国际形象，具体的方式有创建旅游口号，根据用户需求定制旅游产品，制作系统的旅游宣传材料，通过旅游宣传、吉祥物和旅游广告的视频图像等旅游营销活动打造区域整体旅游品牌。通过开展文化节庆、文化演出、体育赛事、会议和展览、会议旅游促销等，以及通过优惠活动和旅游节类似产品来提高知名度。

第三，营销方式多样化。一是线上营销，可以与线上的与旅游相关的平台进行合作，比如我们所熟知的途牛、驴妈妈等 OTA 企业。通过与线上平台的合作可以让更多的人了解到东北的旅游特色，通过这种方式也可以对优秀的旅游线路进行推广，在 OTA 全线进行"冰雪旅游季"的推广活动，能够帮助东北地区吸引一大批冰雪旅游爱好者。给那些没有尝试过的消费者提供新的选择。二是线下营销，在机场、火车站、高铁站等人流量密集的场所进行广告摊位等方式的宣传，可以向全国各地乃至全世界的消费者宣传推广东北旅游景区。

第四，营销战略全面化。东北三省在旅游宣传时不能各自为政，要使用统一的商标和旅游形象，以一个整体的方式向外界进行宣传，强调消费者的特殊利益。东北旅游品牌建设包括正确选择品牌、建设东北特色品牌、提高东北旅游服务水平。

3. 旅游内容多样化，形成东北全域旅游的地域品牌

全域旅游区别于以往的旅游模式，需更加考虑其综合性，要以一个地区作为一个整体，突出旅游目的地的地域品牌。全域旅游产品的构成要素相较于以往的发展模式也更加全面，除了旅游吸引物和所处环境外也将文化要素等包含其中。因为一个地区的特征不仅体现在这个地方的建筑和风景上，还有这个地方的文化、习俗、语言等都是体现地区特征的重要因素。全域旅游的发展从主体上来看，也不仅仅是以往的旅游行业的经营者，还包括当地的居民。居民也应参与其中进行全域旅游建设，因为消费者对当地居民的印象也会影响到对旅游目的地的印象评价。因此，东北全域旅游内容具有多样化和整体性，自然风光、风土人情、居民精神面貌等多种因素相互结合形成了一个整体。应开发设计出能够满足各类型消费者，各季节、各时段的旅游产品，形成内容丰富、产品多样的全域旅游地域品牌（左文君，2016）。

（三）东北全域旅游服务质量提升

1. 东北全域旅游服务对象多元化

全域旅游时代，最先要解决的是产品问题。传统旅游是向消费者出售门票、

客房等单一资源的同一化旅游服务，而全域旅游对服务对象进行了细分，如亲子、情侣、亲朋、同事、商务等，服务内容更有针对性，如观光、休闲、养生、娱乐、美食、游学、会议等，服务更加多元化和个性化。价值共创视角下全域旅游服务对象多元化有助于东北三省旅游服务质量的提高。旅游产业发展的难点之一是旅游服务水平提升。全域旅游业的发展需要更复杂的管理和高质量的服务，重点是良好的管理、标准化的服务、对员工进行培训和提高旅游服务的整体质量。

2. 东北全域旅游服务质量提升

（1）提升管理水平。

充分发挥旅游业的综合作用，创造效益、促进就业，努力提高创收水平。探索社会契约的实施和专业化的管理，重视安全设备和清洁，改善旅游环境，广泛进行市场营销，建立高水平的服务团队，提供高质量的图像，进行 ISO 认证系统建设。

（2）多维度提升全域旅游服务质量。

可以在一些方面采取标准化管理，加快购票流程的简化，要完善投诉机制，让消费者投诉有门，保障消费者的合理利益不被侵害。另外，要完善社会成员监督体制，接受大众的意见，才能更好地改善服务水平。可以通过完善旅游产品的种类和服务质量来满足消费者的个性化需求。可以对旅行社加强管理，加强对导游的管理培训，安排导游每年接受培训，培养其服务意识，提高导游的整体素质和服务水平。同时，要努力提升旅游景点的整体服务水平，对于管理人员、员工等进行专门的培训。

（3）提升游览质量。

旅游服务的基础环节就是基础设施，所以首先要保证基础设施能够满足顾客的需求。旅游产品要能够充分体现其文化要素，体现民族风情。乡村旅游要改善农村的落后状态，提高整体的接待能力。此外，旅游厕所的建设对于一个地区的发展也是很重要的，要建设干净卫生、充足的厕所，做好旅游厕所的"革命"。另外，生态环境要得到保护，对于旅游业的可持续发展具有重要作用。

（4）提升标识系统。

对交通标识标牌要进行及时更新，并且要更新系统的在线地图，和高德地图、百度地图合作，为消费者提供一个识别系统更方便、能够面向国际的现代化旅游识别体系。

（5）提升人才素质。

旅游业的人才队伍建设中要引进和培养高端人才，在新的市场发展背景下，传统的旅游工作者已经不能满足行业发展的需要了。旅游业同样也是需要产学研一同发展的行业。可以与一些高校科研部门的专家学者建立合作关系，引进国内外高端人才。应该设置专门的人才培养的基金，提高人才的待遇，能够更有利于吸引人才队伍。在建设项目现场管理、市场营销和资本操作等专业领域，招聘具有就业竞争力的人才。加强与哈尔滨商业大学、东北财经大学等学校合作，建立合作机制，建设适应性强的人才队伍。

3. 服务旅游对象多元化发展，全面满足消费者需求

目前旅游业的服务对象多元化，另外它们的需求也是多样的。在全域旅游发展的大背景下，旅游目的地的客源市场逐渐扩大，从以前的周边地区和省内地区扩展到了全国市场和国际市场，这一切都要归功于全域旅游是将以往的区域作为一个整体来发展的。随着国家经济发展水平的不断提高、人们生活质量的不断改善，居民对于旅游产品的需求更加多样化且要求越来越高。传统的仅仅具有观光功能的旅游产品已经不能适应市场的需求，现在面向市场的旅游产品不仅要有以往产品的功能还要具有文化内涵，能够满足消费者内在的精神需求。要充分考虑到当地居民对于旅游产品的观光、休闲等的功能需求，在旅游产品的研发设计中，将消费者需求更好地融合到产品当中来，生产出能够满足消费者在层次和品位上要求较高的旅游产品（左文君，2016）。

（四）东北全域旅游全产业链化

由于全域旅游具有产业一体化的特点，全域旅游的发展是一个资源整合的过程，可以促进相关产业的发展。因此，全域旅游业应在发展初期进行系统的空间规划和战略规划，使旅游业健康运行作为调整经济结构和经济增长点的重点，必须按照"全球化、一体化、规范化、生态化、景观化"的原则制定。对于这些不可预见的情况，必须有相应的政策来支持。从本质上说，它避免了旅游业总体发展偏离正常轨道的现象。价值共创视角下东北地区发展全域旅游要注意以下几个方面：

1. 明确定位全域旅游形象

整体上，东北要在主要客源地形成"冰雪旅游、舍我其谁"和"中国最大最好避暑旅游目的地"的品牌形象，为此"北国风光，千里冰封，万里雪飘""林海雪原黑龙江""吉祥如意，林海无边""满风清韵""浪漫之都""巍巍大兴安，美丽阿尔山"等区域、省市县宣传口号及品牌要能够扩大所覆盖的市场和客源地，要提供种类多样的产品和服务，满足不同客源市场的需求。东北地区旅

游业发展过程中离不开旅游形象塑造。除了要在形象塑造过程中加入主题和宣传口号外，还要通过大数据分析等方式来关注公众实时的市场需求，要重视市场对旅游目的地的网络评价和口碑推荐意愿。

2. 充分掌握产业链条上的旅游新六要素

在产业链规划中，要把握旅游新六要素，结合东北旅游形象的全球定位和东北旅游现状，了解东北旅游产业存在的问题，制定相应的政策，制定整体项目方案。针对旅游新六要素的出现，东北地区必须注意提高产品质量标准，改善基础设施条件，提升消费者对景区的评价。在全面发展旅游业的过程中，应注重提高旅游景点的整体实力。只有改善旅游景点的条件，我们才能进一步改善综合旅游设施。地方规划必须注重等级设计和有序晋升。计划必须是科学的，在现有景点的基础上，设计更科学的景区链，有效地连接该地区的景点。此外，新旅游景点的开发必须具有东北地区的典型区域特征。我们不应该开发没有乡村特色或低质量的旅游景点。合理布局，遵循可持续发展理论，在保护生态环境、酒店、餐厅的前提下进行旅游景点建设，注重发展水平，避免监管薄弱、盲目发展等现象。

3. 在服务质量提升上要注重打造智慧旅游体系

随着旅游业的发展，服务业不再局限于酒店业，而是体现在智能旅游等信息服务中。全面提高旅游服务能力，必须与现有服务类型相结合，形成具有竞争力的旅游产业。根据东北地区独特的风俗习惯、年龄结构、消费能力和潜在客户的旅游方式，根据需求设计旅游路线，提高服务质量。

4. 在产品系列升级上要注重民族风情旅游产品升级

东北地区旅游业的发展应以硬件条件与当地设施相结合为中心，以"景城一体"为原则，开展健康与体育的研究与学习，还有红色革命文化。为了避免旅游产品的同质化问题，就要充分挖掘当地的文化特色，古人说"三里不同乡，五里不同俗"，这就为我们指明想要创造出具有独特性的旅游产品，就要文旅相互结合，融入当地独特的文化要素。地方文化的生命力和活力可以通过挖掘地方的文化来体现。因此，在东北地区的全域旅游发展中，旅游景点和旅游产品差异化的打造，要通过体现独特的区域文化来发挥地域风格，使得其旅游产品具有不可替代的特性。

5. 旅游发展全产业链化，打造全程跟踪服务，全方位满足消费者的消费需求

东北全域旅游在发展过程中，要利用现在的大数据网络信息技术，开展区别于以往的粗放式管理，要更加精细化。另外，要以"旅游+智慧"的方式开发智

能终端服务平台，提供更加周到全面的服务，打造出从准备旅行、旅行中到旅行后的一体化智能服务平台，为消费者提供全面的旅游导航系统服务。另外，可以通过将景区景点连接成为一个整体的方式，让消费者在全域旅游体验中感受到全面的旅游服务。全域旅游在服务方面，要求从旅游服务的从业者到旅游服务的设备等都要能够让消费者满意。通过线上的网络实施开展在线监测，能够及时抓取消费者对于旅游过程中的服务体验的意见和反馈，并以此作为依据对旅游管理体系进行完善和更新，以提升消费者的体验和满意度为追求（左文君，2016）。

（五）旅游服务供给与消费需求匹配均衡化

旅游业的供求关系关系到旅游业的生存问题。旅游业的供给是根据居民对于旅游产品的需求而改变的。当一个旅游目的地能够吸引大批消费者，具有较大的市场需求时，旅游目的地就会提供更多形式的旅游产品和服务来满足消费者的需求，所以，供给总体来说是根据市场的需求而变的。但是供给与需求的相互匹配更为重要，供给与需求的匹配不仅是产品数量上的匹配，更为重要的是产品质量和内涵上的匹配。现阶段，供给侧改革越来越受到重视，旅游目的地也要根据市场信息和消费者的需求来不断提高旅游质量满足消费者的需求。另外，好的旅游供给也能促进旅游需求增长，供给和需求之间是相辅相成的，相互作用、相互影响、相互促进。东北地区旅游业的发展需要处理好供需匹配的问题。

1. 旅游需求和旅游供给耦合模型

（1）功效函数。设变量 u_i 为旅游需求—供给系统的序参量，u_{ij} 为第 i 个序参量的第 j 个指标，值为 x_{ij}（$i = 1, 2; j = 1, 2, \cdots, n$）。$\max(x_{ij})$、$\min(x_{ij})$ 为系统临界点上序参量相应指标的上、下限值，x_{ij} 对旅游供需系统有序的功效系数可表示为：

$$u_{ij} \begin{cases} (x_{ij} - \min(x_{ij}))/(\max(x_{ij} - \min(x_{ij}))) & u_{ij} \text{ 为正功效} \\ (\max(x_{ij}) - (x_{ij}))/(\max(x_{ij} - \min(x_{ij}))) & u_{ij} \text{ 为负功效} \end{cases}$$

式中，u_{ij} 为变量 x_{ij} 对系统功效贡献的大小，取值范围为 [0, 1]，u_{ij} 越趋近于 0，说明功效度越小；功效度贡献值是根据靠近 1 的程度来评估的，贡献程度越大，表明使目标满意的程度越强。旅游供给与需求是两个既不同又有关系的系统（于洪雁和刘继生，2017）。公式为：

$$u_{ij} = \sum_{j=1}^{n} \omega_{ij} \times u_{ij}$$

$$\sum_{j=1}^{n} \omega_{ij} = 1$$

式中，u_i 为第 i 个系统的综合评价值，ω_{ij} 为指标权重，权重的确定采用较为客观的熵值赋权法计算获得。

（2）耦合度函数。耦合度函数是借助了其他学科中的概念和模型，并对其进行推广得出的（杨春风和闫晓晨，2018），公式为：

$$C_n = n\sqrt[\frac{1}{n}]{\left\{\frac{u_1 \times u_2 \times \cdots \times u_n}{\left[\prod(u_i + u_j)\right]}\right\}}$$

式中，C_n 表示 n 个系统的耦合度，u_1、$u_2 \cdots u_n$ 为各系统综合评价指数，由此可进一步得到旅游供需耦合度模型：

$$C = 2\sqrt[\frac{1}{2}]{\left\{\frac{u_1 \times u_2}{(u_1 + u_2) \times (u_1 + u_2)}\right\}}$$

式中，C 为两系统耦合度，u_1、u_2 为两系统的综合评价指数。耦合度值为 [0.1]，当 $C = 1$ 时，耦合度最大，为良性耦合，趋向有序；当 $C = 0$ 时，耦合度最小，系统或要素处于松散状态，趋向无序（于洪雁和刘继生，2017）。

2. 指标体系构建

考虑到指标的代表性和完整性以及指标的可用性和可比性，本章采用多指标综合评价方法确定指标体系。旅游需求包括旅游规模、旅游收入 2 个要素 4 个基础指标。对目的地旅游供给，将其划分为旅游核心接待、旅游服务 2 个子系统 4 个基础指标（于洪雁和刘继生，2017）。

3. 东北地区需求和旅游供给耦合协调发展评价

在数据处理过程中要先对数据进行标准化处理，然后运用学界普遍应用的熵值赋权法来得到每个指标的权重（见表 8-2），用 C 来表示旅游供需两个系统之间的协调程度，根据公式计算出的数值来进行评估。为了更直观地反映旅游供需耦合协调发展情况，参考相关文献，耦合协调度划分区间和等级是建立在已有的文献基础上的，并且可以更直观地让我们观察到结果（于洪雁和刘继生，2017）（见表 8-3）。

表 8-2　旅游需求和供给耦合协调评价指标体系及权重

系统	一级指标	权重	二级指标	权重
旅游需求系统	旅游规模	0.466446	国内旅游人次	0.220777
			入境旅游人次	0.245669
	旅游收入	0.533554	国内旅游收入	0.266777
			旅游外汇收入	0.266777

续表

系统	一级指标	权重	二级指标	权重
旅游供给系统	旅游核心接待	0.74485	星级饭店数量	0.261534
			星级饭店客房数量	0.236049
			旅行社数量	0.247267
	旅游服务	0.25515	旅游景区从业人数	0.25515

表 8-3　耦合协调等级评价标准

序号	1	2	3	4	5	6	7	8	9	10
区间	0~0.09	0.1~0.19	0.2~0.29	0.3~0.39	0.4~0.49	0.5~0.59	0.6~0.69	0.7~0.79	0.8~0.89	0.9~1.00
等级	极度失调	严重失调	中度失调	轻度失调	濒临失调	勉强协调	初级协调	中级协调	良好协调	优质协调

通过模型分析结果可知,东北地区的整体旅游资源的需求和供给的耦合水平是较好的。但是耦合水平较好的背后,供需匹配也存在一些问题,在旅游需求与供给系统的综合评价指数和耦合协调发展水平表的总结中(见表 8-4),观察 2013~2019 年的数值,在前几年旅游的需求大于供给,供给水平落后于市场的需求,当时的任务就是扩大供给;而在后几年,在供给水平跟上之后,消费者的需求又出现了明显滞后的状况,并且二者之间的差距逐渐扩大,供需不匹配的问题仍然是需要解决的重要问题。东北的经济体系中要重视需求不足问题的严重性,应该分析其需求不足存在的真正原因。东北地区在整体供需匹配的状况下,怎样才能提高东北地区旅游的吸引力、景区特色,提高服务水平,提高消费者的满意度,带动需求是今后应该努力的方向。将 2013~2019 年的耦合度绘制成随时间变化的折线图(见图 8-5),可以看出 2013 年以来供需耦合度整体是呈下降趋势的,2014~2017 年处于平缓下降状态,2018~2019 年下降速度较快。这一趋势下东北地区要提前采取措施,及时扭转这一趋势,避免供需差距不断扩大。协调东北地区的旅游需求和供给二者之间的平衡关系,实现供需匹配具有重大意义(于洪雁和刘继生,2017)。东北地区必须着力推进旅游供给侧改革,优化供给结构,提升供给效益。

表 8-4　旅游需求与供给系统的综合评价指数和耦合协调发展水平

年份	u_1	u_2	C	耦合协调等级	滞后类型
2013	0.299133	0.280206	0.999466	优质协调	供给

续表

年份	u_1	u_2	C	耦合协调等级	滞后类型
2014	0.300936	0.360594	0.995925	优质协调	需求
2015	0.298447	0.457948	0.977514	优质协调	需求
2016	0.307816	0.476386	0.976623	优质协调	需求
2017	0.298311	0.466441	0.975534	优质协调	需求
2018	0.298065	0.436729	0.982033	优质协调	需求
2019	0.297725	0.49913	0.967532	优质协调	需求

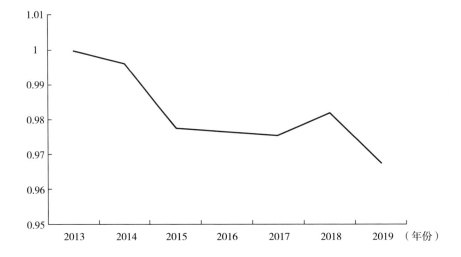

图 8-5 2013~2019 年东北地区旅游供需耦合度

（六）大数据驱动的东北全域旅游营销智慧化

"大数据"对旅游业有广泛的影响，会使整个旅游业管理决策方式发生变化。通过数据分析，旅游经营者能够清楚地了解旅游热点、不同季节的旅游规律变化以及消费者的兴趣，并在此基础上进行有针对性的旅游营销，进而大力促进旅游业的发展（马园园，2015）。大数据驱动的旅游营销能够利用大数据在分析市场需求的前提下，为特定目标客户提供差异化的旅游产品。大数据时代，可从大数据中提取潜在有价值的信息进行精准营销。面对庞大的旅游业数据，该如何整理并有效利用，如何挖掘更有价值的数据信息，如何完成从数据到营销决策、从营销决策到收益的转化等是首要解决的问题。价值共创视角下大数据驱动的东北全域旅游营销智慧化实施方案可以包括以下几种：

1. 构建以旅游消费者为中心的精准营销体系

现在的消费者在旅游之前会利用互联网及移动终端等进行旅游信息的收集与决策。因此，旅游企业可以利用挖掘到的海量旅游数据，进行存储、处理、分析获取及时的市场信息，开展营销活动（全文景，2019），通过获取有价值的消费信息，细分消费者，依据差异化的年龄结构、客源地、消费偏好及兴趣点，基于大数据分析结果开展有针对性的旅游营销活动，精准推送品牌化的旅游线路。发挥企业或者地域自身的优势，通过精准数据分析结果明确自身市场定位与目标，为消费者提供更为适合的旅游产品。通过大数据挖掘结合消费者旅游信息分析归类，明确消费者的旅游习惯、偏好、消费行为等，在对海量数据进行归纳的基础上，明确旅游大数据价值，有目标地针对旅游消费者提供差异化旅游产品及综合服务，辅助消费者决策，优化对不同旅游消费者的个性化需求的满足程度。结合携程网、同程网、途牛网等旅游平台，通过旅游大数据分析为旅游消费者提供特殊的以自然、文化、冒险等为主题的旅游服务。

2. 建立能够实现多赢的良好旅游多主体客户服务关系

由于旅游市场同质竞争的趋势逐渐明显，旅游服务与产品的差异化难以显现，旅游企业与多主体特别是旅游消费者形成优质互动服务关系成为影响其盈利的关键。通过采集旅游消费者的消费大数据，明确消费者的旅游消费信息，提供个性化、地域化、差异化的综合型旅游产品和服务，维护与旅游消费者之间的良好关系，提升旅游消费者的满意度与忠诚度至关重要。这能够保证消费者从短期的游玩消费转变成忠诚的旅游客户，提升旅游目的地及旅游企业的市场竞争力。旅游消费者游玩特别关注的要素包括美食、住宿、交通条件、购物、游玩以及娱乐等，涉及行业范围较大，旅游服务者之间有时很难进行数据与信息的交换和共享。在激烈的市场竞争环境下，多主体间在数据方面较难做到共享，数据所分析的结果多为各自独立，因此，通过建立旅游多主体间的良好沟通机制，能够在一定程度上缓解类似状况。旅游企业要建立与消费者之间的互动关系，互动过程中，消费者可以将个人的真实想法反馈给企业，企业根据了解到的信息更新和改进服务，其真实受益者还是消费者自身。通过直接利用消费者的反馈信息，可以提高旅游企业挖掘行业价值的便利性（马园园，2015）。

3. 借助旅游大数据分析实现营销成本降低

相较于传统的旅游营销，旅游大数据分析能够占有更多的旅游消费信息，并及时精准地进行旅游产品和线路开发，避免了传统数据调查、收集与分析过程中的人、财、物的浪费，同时使结果更具有针对性与真实性，降低营销成本。大数据时代，以价值共创为目标，通过获取全域旅游消费者的信息能够实现更为便利、全面、高效的旅游消费者信息获取，信息的可信度也更高并能降低成本。为了做好数据挖掘工作，企业必须提高数据挖掘和过滤能力。旅游服务企业需要提前做好数字化建设，强化旅游企业的数字化服务水平，如加强收集客户信息的能力，积累客户数据、进行 CMR 建设。此外，还应加强专业人才队伍建设，可以尝试将数据和旅游进行整合，根据数据进行营销，在对数据进行专业分析的过程中，可以将数据分析的结果呈现出来，让懂得旅游的人也可以通过所分析的数据了解到行业状态（马园园，2015）。与此同时，我们还必须注意信息收集基础设施建设。在大数据时代，与具有多种结构的大量的数据相比，当前的 IT 基础设施并没有随着大数据的发展而进行更新，缺乏数据和延迟处理能力的问题仍然严重。因此，需要增加认识，并且使旅游运营商利用技术实现高水平分析，提高处理速度，为数据采集提供支持。

4. "大数据+O2O"打造新的全域旅游智慧营销模式

全域旅游发展对于信息技术的要求较高，缺少信息技术的支持则很难发展起来完善的旅游体系。智慧旅游体系的建设，要依托于信息技术的支撑，才能建立起覆盖面大、效果显著、技术先进的应用体系。作为旅游管理部门需要建立逐步健全完善旅游服务监督与管理的智慧应用体系。在全域旅游大力开发和建设过程中，应将大数据技术应用于餐饮、交通、住宿娱乐等方方面面。通过建立旅游服务基础数据库，对当地的各种资源进行整合，分析出旅游业从业状况的数据和市场需求的数据。每一项旅游数据都是有据可依的，一切决策都应根据市场的信息来制定，并且通过线上的智慧系统所捕捉到的市场信息来制定市场营销策略。将线上的智慧体系与线下的应用相结合，实现优势互补，对各种可以利用的资源进行有机的结合，满足市场的多样化需求（马园园，2015），促进旅游网络营销与线下服务的紧密融合，提升旅游全域内的旅游目的地的形象，构建全域旅游服务的智慧化营销模式。

第九章　价值共创视角下东北全域旅游协同发展资源优化配置与协调

一、价值共创视角下东北全域旅游协同发展资源优势与匹配程度

资源集成商是指所有社会和经济行为者。消费者可以通过"操作对象"（可以配置或操纵的物理资源，如旅游目的地的物理因素）和"操作"资源（作用于其他资源的资源，参与者通过这些资源获得权威资源）来实现这一点（闻娟，2018）。如果以旅游组织的视角分析，参与并在价值共创中发挥积极作用的消费者显得尤为重要。他们不仅给其他消费者提供更好的服务体验，同时他们对自己的体验也感到满意，从而更加忠诚于组织。所以消费者通过整合资源，充分利用自身价值，逐渐成为创新源头。当顾客加入创造活动过程中时，产品就变得更加独一无二。产品独特则会更加方便地被人识别。消费者参与到创造过程中，然后被其他消费者识别，消费者也渐渐地变成了生产者，模糊了两者的界限，从而为组织产品增加价值（闻娟，2018）。

（一）价值共创视角下东北全域旅游协同发展资源优势

为确保合作顺利进行，推进东北地区无障碍旅游区的建设进程，着力解决旅游产品以及当前东北地区市场上存在的问题，充分发挥各个地区的优势，这是实现东北地区旅游业持续发展和协调发展的关键，也是重振东北经济的必要措施。

1. 协调旅游产品

东北有着丰富的旅游资源，但是并没有得到很好的开发。当务之急是重组资源，努力改进产品。在统一规划下，实现合理的产业分工以及重点差异化、创新开发，保留特色，这样才能更好地获益。首先，注重产品质量，多突出本土文化特色，比如清朝文化。同时，还要多建设城市文化和其他创新型产业结合，呈现出多产业合作的新特征。其次，着力培育核心旅游产品。应特别关注东北北部风景特色旅游开发区建设主题。最后，培育多样化的旅游产品。为了满足消费者多样性的需求，针对国内外市场开发了春游草原、夏闲避暑、秋游文化、冬季冰雪四季特色线路，避免因季节原因所带来的发展不平衡。

2. 培育旅游线路

首先，东北中心的轴线是哈大高速公路（见图9-1），通过重点城市辅助，将东北三省整合起来，整合主要精品旅游景区，形成东北旅游产业链。东北无障碍旅游现在还处于初级阶段，所以要注意一些问题，注意中部点，培育发展网络旅游产业"主干轴"，积极推进以沈阳、大连为重点的城市合作，形成一条优质旅游路线，形成自己的特色，打造东北最大的旅游品牌。

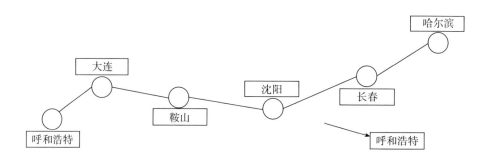

图9-1 东北地区中部轴线

其次，要更加关注东西部次生轴发展，该线路在这几年连接了东北东部201国道，同时把进出口岸设在大连—哈尔滨，还有其他十多个城市，形成旅游圈。我国东北地区西部主要以内蒙古及周边的几个省份为依托开展区域旅游合作，如包头、呼和浩特等城市，主要依靠鄂尔多斯草原和乌兰察布草原的次轴。东北地区应积极培育在东西轴线上形成的二次开发，对当地旅游资源进行系统性的整合，然后一起构建有一定吸引力的景区，发挥旅游路线特色，提高当地旅游竞争力。

3. 推广旅游市场

旅游区域合作需要有统一市场，还需要得到政府的支持，而且得尽量避免城市间存在隔阂，需要统一市场规则（范秋梅，2008），同时也需要产业升级以及便利的交通，如图 9-2 所示。

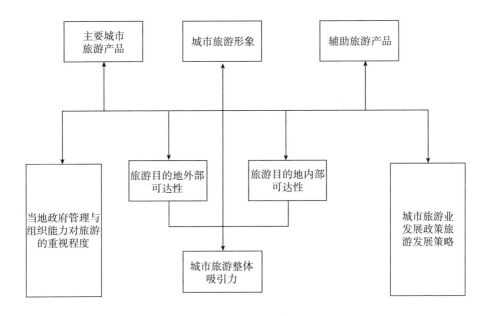

图 9-2　区域旅游合作

推广东北旅游目的地形象的具体途径：一是做好当地媒体的宣传。区域内各城市共同将自己的大型高端景点和旅游线路编制成宣传推广材料，可以通过展会、销售或者网络途径进行推广。二是建立目的地的销售委员会，综合多种利益者的力量，然后推广目的地的形象。三是积极举办各种比较大型的活动，把东北形象推广出去，把东北文化渐渐地融入管理过程，突出东北人的性格特点，树立热情好客的好形象。

通过区域与整体的结合，塑造东北旅游区形象。首先，各省市要做好自身定位，打造旅游一二级区，通过中心城市来带动周边城市发展；其次，二级城市也要弄清楚自己的定位，积极发挥自身的优势，重塑城市形象，整合资源优势，确定自身特色，拓展市场。

4. 打造"辽宁——现代化综合旅游大省"的形象

辽宁省是中国的一个旅游大省，而且具有自身的显著特色，逐渐形成城市主题浪漫风光、奇异自然景观、冬季冰雪世界、暑期休闲度假等东北特色鲜明的精品旅游项目。东北首先应该把沈阳作为中心城市,只有在功能完备的中心城市的带动下,周边边缘地区才能有好的发展,从而提升整个区域的影响力。

5. 打造"黑龙江——生态旅游大省"的形象

黑龙江省被定位为东北地区的二级旅游景区,生态资源十分丰富,而且重点突出原始生态环节以及大量的生态景观,打造比较特别的旅游产品,包括"冰雪乐园""长城以北、长江以南"等特色旅游产品。

6. 打造"吉林——文化旅游大省"的形象

吉林省被定位为东北地区第二次生态旅游区。长白山国家旅游区依托全省丰富而独特的旅游资源、多样的自然景观和独特的人文景观,被誉为吉林省的名片。吉林有独特魅力的天池、吉林雾凇,同时还要注重打造吉林省特有的文化,包括伪满洲国"八部"遗址、长春电影节等有文化背景的主题。

7. 做好各省市旅游资源整合工作

通过连接多个旅游区,然后统一对外宣传,扩大影响范围,从沈阳开始逐渐往下辐射,再到渤海圈、东北亚等地区。各旅游区应该利用优越的地理位置和文化优势,逐步提高韩国和日本的入境旅游人数,加大对东南亚、俄罗斯、欧美等旅游市场的促销攻势,扩大国际影响力,达到推向世界旅游市场的最终目标,展现东北地区无穷的魅力。

(二) 基于空间错位理论的东北全域旅游协同发展资源匹配程度

旅游资源的丰富性是影响区域旅游发展水平的重要指标。因为各地区自然条件存在差异,旅游资源分配不均是在所难免的,这就导致了旅游经济发展存在差异,所以研究影响地区旅游发展的因素与空间匹配有很重要的意义。空间错位理论是约翰·凯恩(John Kane)在 20 世纪 60 年代提出的一种理论假设,反映城市快速空间重构对弱势群体的生活和就业机会的影响。它已被应用于城市地理学、社会学、经济学和规划等领域(张志刚,2018)。一些学者也尝试在旅游业中引入该理论。

旅游业的发展受到许多因素的影响。旅游资源的丰富程度是保证全球旅游业能够稳定发展的基础,对全域旅游业的发展有重要影响。若没全部发挥旅游资源的优势,则很难形成资源优势和经济优势的互相转化。因此,可以将旅游经济、旅游资源和区位条件用旅游收入以及旅游资源丰度来显示,通过构建重力模型然后建造二维矩阵(裴星星,2014),揭示东北地区旅游开发的资源匹配程度。本部分数据来源于黑龙江省、辽宁省、吉林省旅游政务局网，黑龙江等省统计年鉴和各地市《国民经济与社会发展统计公报》，由于黑龙江省绥化市和七台河市的相关数据无法获得，因此没有进行分析。

1. 测度指标及计算方法

（1）旅游经济指数。旅游总收入是分析一个地区旅游业发展水平的重要指标，因此，用旅游经济指数来衡量地区旅游发展水平。其计算公式为：

$$I_i = \frac{x_i - x_{min}}{x_{max} - x_{min}} \times 100 \tag{9-1}$$

其中，I_i 为旅游经济指数，x_i 为 i 城市的旅游总收入，x_{min} 表示各城市旅游收入中的最小值，x_{max} 表示各城市旅游收入中的最大值。

（2）旅游资源丰度指数。为了量化一个地区资源的丰富程度和质量，引用旅游资源丰度指数，文中用 A 级及以上景区数作为测量指标（裴星星，2014），其公式为：

$$R_i = 5.0N_5 + 2.5N_4 + 1.75N_3 + 0.5N_2 + 0.25N_1 \tag{9-2}$$

其中，R_i 为 i 城市的旅游资源丰度指数，$N_1 \sim N_5$ 分别为该城市 A～AAAAA 级景区的数量。0.25、0.5、1.75、2.5 和 5 分别为 A～AAAAA 级景区的权重。

2. 空间错位分析方法

（1）重力模型。从几何学上解释空间错位在空间几何重心分离，本节通过重力模型分别对旅游经济重心和资源重心进行计算。重心重合则说明旅游发展水平与资源丰度合理分配（王红艳，2016）；如果重心不匹配、偏离，说明旅游存在空间错位，需要纠正。

$$X_I = \frac{\sum_{i=1}^{n}(I_i \times X_i)}{\sum_{i=1}^{n} I_i} \tag{9-3}$$

$$Y_I = \frac{\sum_{i=1}^{n}(I_i \times Y_i)}{\sum_{i=1}^{n} I_i} \tag{9-4}$$

其中，X_I 为东北全域旅游收入重心的经度，Y_I 为东北全域旅游收入重心的纬度，I_i 为旅游经济指数，X_i 为 i 城市行政中心的经度，Y_i 为 i 城市行政中心的纬度，n 为黑龙江省、辽宁省和吉林省地市的数量，文中 $n=34$。同理，可以计算东北全域旅游资源重心（X_R，Y_R）。

（2）二维组合矩阵。从上面的模型很明显能看出东北发展水平和旅游资源存在着空间错位，所以通过二维矩阵比较经济指数和丰度指数，然后研究其中的现实情况。将中国东北地区的城市分为最佳区域、中间区、双低区、正错位区和负错位区。最佳区域是指旅游开发水平高、旅游资源丰富的区域；中间区域是指旅游开发和旅游资源处于中等水平；"双低"地区是指旅游开发程度很低并且资源也很匮乏；正错位区是指旅游发展水平较高，但旅游资源较差的区域；负错位区是指旅游发展水平较低但旅游资源丰富的区域。

3. 空间错位分析

（1）旅游发展空间错位幅度分析。

我们可以用重力模型计算出东北全域旅游经济重心和资源重心为（124.59°E，42.69°N）和（122.19°E，42.75°N），旅游经济重心与旅游资源重心错位2.4个经度、0.06个纬度，从而我们可以得到东北全域旅游发展水平与其旅游资源存在空间错位。

（2）旅游发展空间错位类型分析。

通常收入和资源之间存在紧密联系，两者在一般情况下成正比，但是也有例外，两者并不成正比，如葫芦岛市旅游资源丰富，但旅游收入水平中等；大兴安岭地区资源中等（程晓丽，2015），旅游收入较低。因此，我们可以看出，收入与资源并不是唯一相关的，它们之间还会受到区域经济发展水平的影响（孙晓，2017）。

按照矩阵分析法我们可以得到一个二维矩阵，它是关于旅游发展水平和旅游资源丰度指数的，如表9-1所示。由表9-1可知，大连市、沈阳市、鞍山市、哈尔滨市、长春市的旅游资源丰富且旅游发展水平很高，属于旅游发展水平与旅游资源匹配的最佳区；本溪市、抚顺市、辽阳市、营口市、锦州市、通化市、朝阳市、铁岭市、齐齐哈尔市具有中等水平的旅游资源以及发展程度，属于二者匹配的中间区；辽源市的旅游资源和发展水平都较差，属于二者匹配的双低区；虽然丹东市、延边朝鲜族自治州、吉林市具有中等水平的旅游资源，旅游发展水平却很高，属于二者匹配的正错位区，另外盘锦市、白山市、松原市的旅游资源虽然很贫乏，但具有中等旅游发展水平，也属于二者匹配的正错位区；虽然葫芦岛市、牡丹江市、伊春市、大庆市有丰富旅游资源，但只有中等旅游发展水平，属于二者匹配的负错位区，阜新市、大兴安岭地区、黑河市、鹤岗市、鸡西市、佳木斯市、双鸭山市、四平市、白城市具有中等旅游资源水平，但是只有较差的旅游发展水平，因此也属于负错位区。东北全域旅游发展水平与旅游资源的二维组合矩阵如表 9-1 所示。

表 9-1　东北全域旅游发展水平与旅游资源的二维组合矩阵

		旅游收入		
		高等 ($I>20$)	中等 ($5 \leqslant I \leqslant 20$)	低等 ($I<5$)
旅游资源 丰度	丰富 ($R>50$)	大连市、沈阳市、鞍山市、哈尔滨市、长春市	葫芦岛市、牡丹江市、伊春市、大庆市	
	中等 ($15 \leqslant R \leqslant 50$)	丹东市、延边朝鲜族自治州、吉林市	本溪市、抚顺市、辽阳市、营口市、锦州市、通化市、朝阳市、铁岭市、齐齐哈尔市	阜新市、大兴安岭地区、黑河市、鹤岗市、鸡西市、佳木斯市、双鸭山市、四平市、白城市
	贫乏 ($R<15$)		盘锦市、白山市、松原市	辽源市

　　通过上面可视化的旅游发展水平和旅游资源匹配类型，结合对不同类型区域的社会经济和交通状况的分析，可以看出，东北地区旅游整体发展水平与旅游资源最匹配的区域位于东北中南部，最集中的地区是辽宁省，经济发达，旅游资源也丰富，因此可以投入大量的人力、物力、财力来发展旅游业。东北旅游发展水平与旅游资源整体匹配的中部区域位于东北南部和中部，主要集中在辽宁省。东北地区旅游整体发展水平与旅游资源相匹配的"双低区"位于东北中南部辽源市。东北地区旅游整体发展水平与旅游资源匹配的负位错区多位于东北北部，中部为白城市和四平市，南部为葫芦岛市和阜新市。该地区旅游资源虽然很好，但是收入并不可观，因此有很大的挖掘潜力。呈现正错位区大多位于东北中南部，以及南部的丹东市和盘锦市。虽然它们的旅游资源不是特别丰富，但旅游收入高，开发充分。

　　由表 9-2 可知，辽宁省全域旅游发展最好，多为最佳区、中间区和正错位区，说明全域旅游发展水平和旅游资源较为匹配，但还需要重视葫芦岛市和阜新市的旅游发展。吉林省全域旅游发展次之，多为正错位区，还有两个负错位区四平市、白城市和一个双低区辽源市，对于旅游资源丰富但旅游收入较低的四平市和白城市而言，要做好规划，打造更好的旅游品牌，增强旅游吸引力；对于辽源市来说，在挖掘旅游资源的同时，还要注重基础设施的建设，完善体系和做好宣传。黑龙江省全域旅游发展相对较差，多为负错位区，从整体上看，黑龙江省旅游发展水平很不均衡，与拥有的资源丰度是不对应的，这就表明黑龙江省还有很大的开发潜力。

表 9-2　东北全域旅游发展与旅游资源空间错位类型

东北各市匹配程度	城市
最佳区	哈尔滨市、沈阳市、鞍山市、大连市、长春市、齐齐哈尔市
中间区	铁岭市、抚顺市、本溪市、营口市、锦州市、朝阳市、辽阳市
正错位区	松原市、吉林市、白山市、丹东市、盘锦市、延边朝鲜族自治州
负错位区	四平市、白城市、葫芦岛市、阜新市、黑河市、伊春市、鹤岗市、佳木斯市、双鸭山市、鸡西市、牡丹江市、大庆市
双低区	辽源市
无数据	绥化市、七台河市

重力模型从宏观上证明了东北 34 个市（州、区）的全域旅游发展水平与旅游资源存在空间错位。东北全域旅游发展水平与旅游资源匹配的负错位区多位于东北的北部，还有中部的白城市、四平市和南部的葫芦岛市、阜新市。对于这些地区，一方面，要深入挖掘资源，明确需要打造的旅游形象，制定发展规划；另一方面，应该加强交通基础设施的建设，加快旅游发展的首要任务是使景区交通更加便利。对于这种旅游资源和发展处于劣势的地区不应该放弃全域旅游的发展，因为旅游在以后人们的生活中的地位会越来越重要。因此，一定要做好规划，突破瓶颈，做好全域旅游。

二、价值共创视角下东北全域旅游协同发展资源协调方式

（一）价值共创视角下东北全域旅游协同合作研究

1. 东北全域旅游合作条件分析

（1）东北全域旅游资源富集，特色鲜明，既有相似性又有互补性。

东北地区旅游资源丰富，有多种多样的旅游资源，包括森林、湖泊等，还有遗迹、历史文化等旅游资源（马艳，2008）。辽宁省作为中华文明的发祥地之一，

有着悠久的历史,还有沈阳紫禁城、本溪五女山等多处世界文化遗产;吉林省拥有丰富旅游资源且质量很高,独特的自然风光、冰雪等旅游资源可以满足消费者的个性化需求;黑龙江省冰雪旅游资源享誉国内外,森林、湖泊等旅游资源丰富。冰雪旅游资源、生态旅游资源和工业旅游资源在东北三省比较突出。

(2)交通条件不断改善,提高了地区内外互联互通的便捷性。

东北地区各构件单元空间距离相对更近,三个省份的省会城市之间的线性距离分别约为 230 千米和 280 千米,交通也很方便,有高速公路 21 条,总里程 3467 千米,由三个省会向外辐射。

以滨州、滨绥线为主干的"丁"字形铁路网,以京哈和沈大为主体的四通八达的高速网及达到一二级公路标准的旅游区道路等形成了便捷的交通体系。区内有国道 16 条,由 201、202、222、203、111 五条南北向国道,与 301、302、303、304、306 五条东西向国道形成网格状国道格局,并通过国道与周围的河北、山西相通,直达重要客源市场北京、天津等;区内现有铁路 22 条,总里程 19504 千米;机场总数达 20 个,其中 E 级机场 3 个,开设的航班可以到达中国主要城市,并有国际航班可以直达韩国、日本、俄罗斯、法国等国家。

(3)地域相连、人文相近、地缘关系紧密,彰显合作的区位优势。

东北三省地理上相互联系,地形相似;东北三省位于东北亚的中心,往东与日本、韩国相望,东南与朝鲜隔江相望。东北三省地理位置优越,有很长的边境线和海岸线。东北地区一直与五国人民保持着密切的交往和经济联系。东北地区具有便利的交通条件和频繁的对外经济交流,并且与这些国家有着交通领域的合作。

2. 东北全域旅游合作模式探究

近几年旅游业不断发展,竞争也日趋激烈,随着人们旅游观念的改变,东北三省区域旅游合作仍存在许多问题需要解决。为了实现东北地区全域旅游深度发展,需要使各地间合作更加密切,要完善和提升现有模式,消除当前制约合作的政策阻碍,改进旅游观念,才能实现共赢。

(1)以政府为导向,提升核心景区吸引力,实现点轴式发展模式。

我国经济学家陆大道在 2001 年提出区位结构理论和点轴结合的观点,尤其是中心地理论,全域旅游合作需要完善合作机制,政府需要加强对其领导(孙宏斌,2015)。

目前,东北地区的全域旅游合作已经形成,包括辽宁省的沈阳市、大连市、鞍山市,吉林省的长春市、吉林市,黑龙江省的哈尔滨市、齐齐哈尔市、大庆市和牡丹江市是比较成熟的基础旅游景点。政府的功能和主要任务是对区域内各景区进行统一规划，加强景区建设，使各景区形成点轴模式，从而促进地区旅游业发展（孙宏斌，2015）。

（2）以资源为依托，突出城市作用，开展双核联动模式。

区域间合作通常来说有两个核心，城市之间和资源之间，两者会相互平衡，然后双向进行合作（孙宏斌，2015）。

3. 东北全域旅游合作对策研究

要统筹三省间的合作，首先需要纠正当前三省存在的问题，然后通过以下措施来协调工作：

（1）建立全域旅游经济协调机构，加强政府部门之间的协调机制。

全域旅游是很烦琐的工程，因此需要多地区、多部门来协调进行（孙宏斌，2015），共同解决问题。因此，可以根据各地区、各城市的实际情况，建立区域旅游经济政策协调组织，负责执行相关政策、审批建设项目等。这个协调组织具有相应的协调权，政府要及时制定政策方针，解决区域发展的问题。

（2）联合完善旅游行业监督机制，培训与就业的引导机制。

关于旅游监管，在保证市场化运行的同时还需要加强法制建设（孙宏斌，2015）。应当惩罚分明，建立合理的机制，要注重生态保护，防止人为因素对景区生态造成负面影响。

（3）加快信息化建设，推进城市之间、城乡之间的全域旅游合作。

近年来，互联网技术越发成熟，网络用户也越来越多，互联网已经成为旅游发展中不可或缺的一部分。在黑龙江、吉林、辽宁三省之间建立一个比较完善的旅游商务信息平台，各城市之间的企业、旅行社、管理部门加入进来，联手建立强大的旅游数据库，通过网络进行监督，维护消费者权益，缩小城乡之间的差距，促进旅游和其他领域的融合。因此，区域成员必须特别关注区域旅游发展和区域旅游合作的总体形势，加强区域间的城市合作，特别是在旅游基础设施建设、市场开发等方面加强合作，共同推动旅游业的发展。

（4）积极参与西部和东部全域旅游合作，带动资源型城市旅游业发展。

东三省从整体上看，西南与东南目前发展最好，西北和东北地区的旅游业还有待发展。西部地区目前还不算完善。旅行社是客源与目的地连接的媒介，应积极参与区域间的合作。景区是最重要的部分，主要作用是吸引消费者，因此要积极合作，广泛集资，形成合作模式（张丽梅，2009）。

（二）东北全域旅游协调模型构建

为了统筹东北地区的旅游资源，必须考虑整个区域旅游影响因素的重要性。

通过分析，发现整个东北地区的旅游发展可以从旅游开发规模、旅游开发效率和旅游开发支持度三个方面考虑。

旅游开发规模是衡量一个地区旅游发展水平的重要标准。这主要取决于产业规模和消费者数量。所以旅游开发规模很大程度上是由人均旅游收入（旅游总收入与常住居民人数之比）、旅游产业增加值与 GDP 之比等指标决定的。

提高区域发展质量是提高旅游开发效率的关键。不同城市有不同的经济体量，也有不同的占地面积，也可以通过旅游从业人员人均收入、旅游投入产出比等指标来分析区域旅游发展效率（孙剑锋，2019）。

旅游发展支持度是旅游发展潜力的重要量化指标，它主要由三个参考因子组成，包括旅游接待能力、交通可达性指数和旅游院校数量。旅游业的发展需要有良好的基础设施支撑和大量的物质投资。旅游接待能力是保障旅游发展的重要砝码，旅游院校的建立为区域旅游的发展提供了高素质的人才，交通可达性指数由年客运总量与上年常住人口数值之比来表示。旅游资源的定量评价方法有很多。本节试图运用常用的层次分析法对东北地区旅游资源的协调性进行定量分析。假设对某一规划决策目标为 U，其影响因素为 P_i（$i = 1, 2, \cdots, n$），P_i 的重要性权数为 W_i（$i = 1, 2, \cdots, n$），其中，$W_i > 0$，$\sum_{i=1}^{n} W_i = 1$，即 $U = W_1 P_1 + W_2 P_2 + \cdots + W_n P_n = \sum_{i=1}^{n} W_i P_i$。

由于因素 P_i 对目标 U 的影响程度即重要性权数 W_i 不一样，因此，将 P_i 两两比较，可得 P_i 个因素对目标 U 重要性权数比（也就是相对重要性）构成的矩阵 B，我们称为判断矩阵（黄静波，2009），目标 U 的 P_i 个因素的重要性权数，可通过对该矩阵解特征值问题求出，具体步骤如下：

1. 建立评价层次结构模型

通过调研数据，然后划分主要影响因素，根据内在联系将其分解，构建合理的层次模型。

2. 构造判断矩阵

层次分析法主要是通过将各要素进行对比，然后以数值的形式形成判断矩阵（黄静波，2009）。

3. 层次单排序及其一致性检验

所谓层次单排序是指，根据判断矩阵计算，对于上一层某因素而言本层次与之有关系的因素的重要性次序的权值。

（三）结果分析

1. 构建层次结构模型

构建层次结构模型：把需要决策的目标按照其内在关系分成最高层、中间层和最低层。最高层（目标层）是指需要解决的问题，中间层（准则层）是指需要考虑的因素，最低层（方案层）是指备选方案。

2. 构造判断矩阵

在确定各层次各因素的权重时，如果只是定性的结果（就是我认为资源条件占 80%，经济发展 10%，等等），则常常不容易被别人接受，因此 Santy 等提出了一致矩阵法，即：

不把所有因素放在一起比较，而是两两比较；

此时采用相对尺度，以尽可能减少对性质不同的诸因素相互比较的困难，以提高准确性；

成对比较矩阵是本层所有因素针对上一层某一个因素（准则或目标）的相对重要性的比较。成对比较矩阵的元素 a_{ij} 表示的是第 i 个因素相对于第 j 个因素的比较结果，这个值使用的是 Santy 的 1~9 标度方法给出，如表 9-3 所示。

表 9-3　因素比较含义

标度	含义
1	表示两个因素相比，具有同等重要性
3	表示两个因素相比，一个因素比另一个因素稍微重要
5	表示两个因素相比，一个因素比另一个因素明显重要
7	表示两个因素相比，一个因素比另一个因素强烈重要
9	表示两个因素相比，一个因素比另一个因素极端重要
2，4，6，8	上述两相邻判断的中值
倒数	因素 i 与因素 j 比较的判断是 a_{ij}，则因素 j 与 i 比较的判断是 $a_{ji} = 1/a_{ij}$

3. 按列归一化

采用和积法：先算出每一列 A 的比重，然后再对每一行 A 取平均值算出 w 权重。因此，可以对目标层和指标层构造判断矩阵，对于旅游发展规模，涉及三个影响因素，包括人均旅游收入、旅游产业增加、消费者总数量，因此对三种因素进行结果的比较，如表 9-4 所示。

表9-4 旅游发展规模比较结果

B1 旅游发展规模	人均旅游收入	旅游产业增加	消费者总数量	w
人均旅游收入	1	1/2	2	0.2857
旅游产业增加	2	1	4	0.5714
消费者总数量	1/2	1/4	1	0.1429

对上述矩阵进行一致性检验：$Lmax = \sum_{i=1}^{n} \frac{[BW]_i}{nw_i} = 4.01$，定义一致性指标

$CI = \frac{L-n}{n-1} = 0.0052$。

为了衡量 CI 的大小，引入随机一致性指标 RI，方法为随机构造 500 个成对比较矩阵 A_1，A_2，$\cdots$，A_{500}，则可得一致性指标 CI_1，CI_2，CI_3，$\cdots$，CI_{500}。

$$RI = \frac{CI_1 + CI_2 + \cdots + CI_{100}}{500} = \frac{\frac{L_1 + L_2 + \cdots + L_{500}}{500} - n}{n-1}$$

随机一致性指标 RI 值如表9-5所示。

表9-5 随机一致性指标 RI 值

n	1	2	3	4	5	6	7	8	9	10	11
RI	0	0	0.58	0.89	1.12	1.24	1.32	1.41	1.43	1.49	1.51

因此，如表9-5所示，$RI = 0.58$，$CR = CI/RI = 0.01897 < 0.1$，通过一致性检验。

旅游发展效率涉及三个影响因素，包括从业人员人均收入、旅游投入产出比、消费者人均消费水平，因此对三种因素进行结果的比较，结果如表9-6所示。

表9-6 旅游发展效率比较结果

B2 旅游发展效率	从业人员人均收入	旅游投入产出比	消费者人均消费水平	w
从业人员人均收入	1	2	1/3	0.2307
旅游投入产出比	1/2	1	1/6	0.1165
消费者人均消费水平	3	6	1	0.6528

$RI = 0.58$，$CR = CI/RI = 0.009138 < 0.1$，通过一致性检验。

对于旅游发展支撑，涉及三个影响因素，包括旅游接待能力、开设旅游专业高校数、交通通达指数，因此对三种因素进行结果的比较，如表9-7所示。

表 9-7 旅游发展支撑比较结果

B3 旅游发展支撑	旅游接待能力	开设旅游专业高校数	交通通达指数	w
旅游接待能力	1	4	1/2	0.3003
开设旅游专业高校数	1/4	1	1/8	0.0908
交通通达指数	2	8	1	0.6008

$RI = 0.58$，$CR = CI/RI = 0.001724 < 0.1$，通过一致性检验。同理，对旅游发展规模、旅游发展效率、旅游发展支撑三种因素进行权重分析，如表 9-8 所示。

表 9-8 全域旅游比较结果

Z 东北全域旅游	旅游发展规模	旅游发展效率	旅游发展支撑	w
旅游发展规模	1	1/5	4	0.2062
旅游发展效率	5	1	8	0.7234
旅游发展支撑	1/4	1/8	1	0.0704

$L = 3.0959$，$CI = (L-n)/(n-1) = 0.047969$，$RI = 0.58$，$CR = CI/RI = 0.0827 < 0.1$，一致性检测通过。

综合考虑各方面权重，可以得到东北地区全域旅游各影响因素比重，如表 9-9 所示。

表 9-9 东北地区全域旅游各影响因素比重

项目	一级指标	二级指标	权重
全域旅游协调发展	旅游发展规模	人均旅游收入	0.0589
		旅游产业增加	0.1178
		消费者总数量	0.0295
	旅游发展效率	从业人员人均收入	0.1669
		旅游投入产出比	0.0843
		消费者人均消费水平	0.4722
	旅游发展支撑	旅游接待能力	0.0211
		开设旅游专业高校数	0.0063
		交通通达指数	0.0430

因此，对东北全域旅游各发展因素要进行协调控制，对于影响程度较大的因素要积极发展，对于影响程度较小的可以较后发展。因此可以优先提高旅游发展效率，特别是从消费者人均消费水平入手，寻求突破，更好地协调各方资源，提高东北地区的旅游吸引力。

第十章 价值共创视角下东北全域旅游协同发展参与主体及其利益协调

一、价值共创视角下东北全域旅游协同发展参与主体

（一）价值共创视角下东北全域旅游协同发展参与主体构成

价值共创视角下东北全域旅游协同发展参与主体对东北全域旅游的发展起着至关重要的作用，要实现东北全域旅游的健康发展，就必须注重各个参与主体的利益。以下对全域旅游协同发展参与主体进行简要分析。

1. 政府有关部门

政府有关部门主要分为国家政府部门和地方政府部门。国家政府部门主要指中央政府以及土地、环境、建筑、文物、旅行、园林、当地资源保护、历史文化等下属部门。他们提出的政策是东北地区旅游开发的最高政策指导。中国东北地区全域旅游的共同发展会涉及国家政府部门的参与。

除中央政府外，还有地方政府部门。地方政府的作用主要包括制定相关政策、制定旅游发展整体规划、旅游行业管理体系等。地方政府应把重点放在税收、投资、促进就业及地区稳定等方面。地方政府的主要职责是在严格保护东北地区旅游资源的基础上，制定科学发展规划，并指导东北地区旅游行业合理发展。同时，旅游开发的目的应该着眼于长远收益，在政府及有关部门参与下的全域旅游协同发展，东北地区全域旅游的健康发展应与地方政府的利益模式相

协调。

2. 地方旅游管理局

地方旅游管理局主要是指参与地区旅游开发、管理及规划的公共机构。其对东北地区全域旅游的发展起到顶梁柱的作用，主要职责是监督当地旅游市场、为政府部门出谋划策。地方旅游管理局是政府与旅游开发商沟通的纽带。以东北地区全域旅游和谐发展为原则，及时向政府及有关部门反映东北地区全域旅游发展的问题，从而保证东北地区全域旅游行业健康发展。

3. 旅游开发商

旅游开发商作为全域旅游开发的实施者，在促进地区旅游开发中起着重要作用。旅游开发的主要目的是在商业运营期间，对旅游市场进行探索，发掘潜在的旅游发展空间，力求实现东北全域旅游经济利益最大化。但是，旅游的开发应该建立在保护原有景区原则的基础上适度开发，开发的指导理念是通过旅游开发帮助当地居民重建旅游资源，从而更好地保护东北地区的旅游资源。

4. 旅游企业

旅游企业是指位于景区内，以满足消费者需求和提供交通、餐饮、住宿、购物等服务为宗旨，以营利为目的的旅游服务企业。这些企业主要从事旅游纪念品开发、旅游产品生产、旅游活动组织及酒店预订等业务。旅游企业不仅在投资中获利，还将促进东北地区旅游事业的发展，两者的利益息息相关。

5. 消费者

消费者是旅游活动的主体和东北地区全域旅游发展的重要驱动因素，是全域旅游产业的主要收益来源。旅游的所有开发和服务工作都是针对和满足提供消费者的需求而产生和提供的。消费者来旅游的目的主要是感受当地的特色景点、文化习俗、民俗传统，因此在旅游时不能干扰地区居民的生活，做一个文明、克制的消费者。

6. 社区居民

社区居民主要是指当地景区附近的居民，保护东北地区全域旅游居民的利益是保证东北旅游健康发展的重要一环。

（二）价值共创视角下东北全域旅游协同发展参与主体的作用

为分析中国东北地区全域旅游利益相关者之间的关系，有必要在核心层面对利益相关者的角色进行正确定位。由于全域旅游景区利益相关者众多，因此，本书仅从价值共享创造的角度来探讨东北地区旅游开发的核心利益相关者。同时，每一个旅游利益相关者都扮演着不同的角色，本书只对核心利益相关者的作用进行分类分析。

1. 地方政府

东北地区全域旅游的核心阶层由中央政府、地方政府及地方政府旅游管理部门组成。主要包括中央政府向地方政府提出战略性的指导意见和方针政策，旅游管理部门针对当地旅游现状为地方政府献计献策。因此，地方政府的作用在政府阶层更具有代表性，起着更加关键、具体、实际的作用。本书采用东北地区的地方政府作为核心利益相关者代表进行分析。

随着旅游活动的持续扩大，旅游在促进经济发展和文化交流方面起了重要的作用，世界各国旅游目的地的国家政府部门和地方政府都关注旅游业的发展。旅游业作为综合性产业，关联行业多、影响力大。旅游行业发展的特点是综合性强和复杂性广，使得不同的利益相关者难以自主调节，因此，政府部门的介入和干涉是不可避免的。旅游行业的特殊性决定了政府部门参与监督、管理的必要性。

地方政府为最大限度地提高目的地的社会公共利益而努力。中国东北地区地方政府是中国东北地区旅游发展的利益攸关者和代言人。鉴于全域旅游的特殊性，要实现东北旅游的健康发展，需要地方政府对东北地区全域旅游给予有力的支持，同时需要对开发过程中其他利益相关者的行为进行管理和监督。

（1）战略规划的制定者。

东北地区全域旅游的健康发展，需要政府科学、完善的规划。开发东北地区的旅游资源、培养旅游产业、改善旅游设施等整个过程都需要地方政府的全面参与。政府要规范旅游行业的资金投入，制定旅游行业的整体发展规划，为东北地区全域旅游的发展提供科学、客观的指导。特别是旅游资源丰富的地区，更需要政府部门加强宏观调控，将东北地区全域旅游规划融入社会发展和地方经济规划，从全局视角进行整体布局。旅游资源的合理规划要按照东北地区全域旅游的市场需求来进行，此外，还要防止无序地开发东北地区的旅游资源，要进行合理的旅游路线规划，休闲旅游产品开发、旅游商品创造和旅游创新项目等；此外，在调整东北地区全域旅游开发的总体规划时，还应充分考虑相关的环境因素、城乡建设情况、土地利用情况以及其他文物和自然资源开采情况。各级政府都要有足够的土地和空间，安排旅游项目的进行及相关设施的维护。同时随着经济社会的持续发展，地方政府必须与时俱进，及时修改计划，发挥积极作用。

（2）利益相关协调者。

全域旅游是以地区资源和产业开发的有机整合为基础的地区开发的新概念和

模式。地区旅游的发展需要当地教育局、旅游开发协会、自然资源局等相关政府部门的参与，除此之外还需要一些利益相关者参与，其中一些投资公司起着不可或缺的作用。当利益主体之间存在利益冲突时，政府要建立公众参与机制，改进利益分配方式，运用行政手段调节相关主体的利益冲突。建立起政府和利益相关者之间的沟通纽带，起到加强部门间协作沟通的作用，促进利益相关者主动磋商，寻求最佳解决办法，拓宽利益相关者之间、消费者与景区之间、投资公司与地方基层政府之间等全域旅游参与主体之间合作的广度和深度。建立和完善当地的旅游市场机制，由政府引进资本、技术、人才，政府应在该地区旅游的长期发展中起到主导作用。

（3）市场行为监督者。

为促进全域旅游的可持续健康发展，建立一个公平有序、良性竞争的市场环境是必要的，政府需要出台一系列相关政策支持地区全域旅游的发展，通过规范参与者进入市场的行为，调节市场准入规则，改善参与者出入市场的机制，强化对旅游市场非法行为的管制，严厉打击非法经营和阻碍东北地区全域旅游发展的其他活动，引导企业依法运营，规范企业经营活动，持续优化旅游环境，提高服务质量。全域旅游发展涉及多部门共同参与，为避免在监督过程中出现交叉管理和疏漏管理的现象，应结合东北地区全域旅游的发展实际，积极探索建立支持旅游的监督机制。推进依法行政，建立健全旅游执法相关制度，明确旅游行政权力事项，合理规划和定位旅游行业发展。同时，为保障旅游资源开发的真实性，政府也要做好监督者的角色，严把项目审批权，做到项目信息公开、透明、共享，保障旅游资源开发的公共属性。

（4）宣传营销推广者。

正所谓"酒香也怕巷子深"，产品再好、景点再美也要通过充分的宣传推广和市场营销才能实现经营利润的最大化。全域旅游涉及范围广、覆盖面宽、牵涉的旅游市场主体众多，要想全面提升东北地区全域旅游的整体形象，同时提高旅游城市的可视性和整体评价，政府必须以旅游景点为起点，以地区整体为基础，在提高地区整体旅游形象方面发挥主导作用。同时还要统筹谋划，优化社会资源配置，实现整体利益最大化。此外，县级以上的地方政府应当充分认识到宣传的重要性，制定和实施符合地方特色的宣传战略，积极开展国际间的交流与合作。

2. 旅游企业

旅游企业是指在旅游过程中为消费者提供餐饮、住宿、交通、购物等服务的企业，如景区、商场、旅行社等。作为地区旅游合作的主体，旅游企业是旅游活动、相关利益、旅游商品的具体实践者，旅游企业是确立地区旅游合作实施的主体。在我国的市场经济环境下，旅游企业是发展旅游市场、保障地区旅游经济健康、活力和发展的核心因素。地区旅游企业之间的合作，可以从规划、开发、运营和管理等方面进行，旅游企业之间的合作能提供资本、人才和技术、规划、开发、经营等方面的交流，提供就业机会，促进旅游经济增长（徐宁等，2019）。在政府和有关部门的指导下，相关企业为全域旅游的和谐发展、实现共赢贡献出自身的经验。因此，推动全域旅游合作，各个相关企业参与全域旅游合作十分关键。

在旅游区域化、经济全球化时代，旅游企业不仅要参与国际竞争，还需要在国际竞争中谋求合作伙伴和共同发展。在国际化的旅游合作与竞争中，企业要优化自身的核心资源配置，在合理有序的分工基础上着眼于专业化学习，学会适应全域旅游的竞争，追求合作共赢。大型旅游企业需要跟随自身的发展速度逐步形成系列化、集体化、区域化的经营战略，进而实现横向、纵向管理策略，逐步形成完备协调的旅游产业链。

旅游企业是旅游经营活动不可缺少的主体。他们为了拓展旅游市场，利用自身专业技术满足消费者的需求。作为旅游活动的执行者和参与者，旅游企业在促进旅游经济开发中起着重要的作用。为促进企业规模的扩大，旅游企业要减少成本费用，遵循"规模经济"法则，帮助自身拓展市场空间，寻找新的旅游项目。通过多种形式的合作，以更大的规模抢占更多的市场，保持核心竞争力，形成良性循环。企业间的和谐共存，有助于促进东北地区旅游业的合作与交流，促进东北地区间开展合作规划。目前旅游企业之间的竞争相对激烈，需要开展更多的合作，通过分工与合作，企业追求共同利益，相互有效调整，共同构建旅游商品结构，扩大市场占有率，挽回无序竞争造成的损失，构建和谐的竞争关系。扩大旅游企业合作范围，实现资源信息共享，拓宽旅游资源市场空间，提高旅游资源利用效率，整合东北地区旅游资源，从而更广泛地使用和分配旅游资源，提高旅游商品质量，促进和加快国家乃至全球范围内旅游企业间的多样化和全面性合作。

3. 区域居民

当地居民是全域旅游合作的利益主体之一，是东北地区全域旅游行业发展的劳动力来源，是潜在的客源市场，是参与全域旅游发展的主体。因此，他们的行为对全域旅游的合作会产生重要影响。政府、旅游企业及旅游组织在采取相应措施的同时，也要为当地居民提供有效的指导。首先，政府应积极采取措施，促进地区经济发展水平，提高当地居民的收入水平，使当地居民成为潜在客源市场的实际消费者。同时，要制定相关政策，激发目的地居民对景区旅游业发展的参与热情。其次，重视全域旅游的可持续发展和生态环境的保护。作为环境监督者和政策的执行者，政府应该充分利用当地居民的热情积极发展东北地区全域旅游市场。最后，维护公平稳定的旅游开发市场秩序，为全域旅游发展提供良好的环境条件。

4. 消费者

消费者是旅游活动的主体和旅游行业发展的驱动力，是旅游收入的主要来源。作为旅游活动的主要参与者和实践者，消费者的满意度在很大程度上决定着当地旅游行业的成败，消费者是众多旅游利益方中的核心成员。

二、价值共创视角下东北全域旅游协同发展参与主体利益诉求

在东北地区全域旅游合作中，不同的合作主体有不同的利益诉求，满足不同主体的利益诉求是全域旅游合作开展的前提。政府主导和企业主导的地区旅游合作都要重视和满足合作主体的利益和要求。

（一）政府利益诉求

地区经济发展情况会使地方政府以边界为限发展地方旅游业，忽视各主体的利益，还有其他一些因素，如信息不对称、决策不科学、体制不清晰等障碍也会影响区域旅游的深度发展。旅游合作、开发具有包容性、开放性和复杂性，尤其是全域旅游合作的主体范围很广，单靠旅游企业无法实现全域旅游的合作和发展，还需要政府部门参与其中进行协调和改正。政府通过立法、政策支持或者直接、间接的管理等措施会给旅游行业带来深远的影响。作为全域旅游利益方的全面代表，政府的诉求主要是给地区经济带来长期稳定发展，增加社会的就业机会和提升社会资源的配置效率。通过范围经济和规模经济实现当地旅游的可持续发展。在此基础上，政府、景区、国家和公众对旅游项目开发有着相同的利益诉求。

中国与旅游景点相关的政府部门有中央政府、省政府、市政府、县政府等垂

直层次的划分。从价值共创的角度看，政府对中国东北地区旅游协调发展的利益包括国家方面的旅游利益和地方政府部门的旅游利益。

1. 国家旅游利益

国家发展旅游业的利益可以分为国内、国际两个方面：从国内的角度来看，发展旅游业可带来消费促进经济增长、提高国民素质文化、促进社会发展、增加就业机会、提高国家生活质量等利益；从国际的角度来看，国家旅游利益体现在：国际外汇获取、国际支付平衡、文化交流、增强国家软实力、改善人文外交和国际关系。国家旅游利益在众多旅游主体的利益中占据最高地位。它不仅高于地方政府的旅游利益，也高于公众的旅游利益。

2. 地方政府旅游利益

地方政府实际上是旅游景点所有者的代表。在国家政策范围内，地方政府享有对知名度假村旅游资源的管辖权，拥有依照法律管理知名度假村的权力。地方政府对旅游景点的公共资源负责，同时地方政府代表了整个国家的长期共同利益，通过对旅游景点的开发和运营，促进地区经济和产业的发展。但是地方政府作为独立的政府组织，有自己的利益诉求（如旅游收入、政绩等）。对于地方政府来说，旅游利益主要反映在经济发展、当地居民生活质量的提高、当地就业机会的增加、地区声誉的提高上（郭贞，2009）。

（1）通过发展文化旅游业，打造地区历史文化旅游品牌，提高地区可视性和声誉，传播地区优秀传统文化。

（2）通过发展文化观光旅游，改善地区经济，增加财政收入，谋求社会和谐、稳定和繁荣。

（3）希望通过文化旅游的发展，促进饮食、住宿、交通、通信及其他相关产业的发展，从而促进地区经济的整体改善和居民生活水平的提高。

（4）希望通过文化旅游的发展，提高地区居民的文化素养和综合素质，实现生态环境和文化传统的有效保护。

（5）希望通过开发和利用景区资源，增加就业机会，缓解就业压力。因此，地方政府往往会使用强有力的行政手段，指导地区旅游业的发展，从而更好地促进地区经济和社会的整体进步和发展（谢春山等，2016）。

（二）旅游行业协会利益诉求

旅游行业协会是服务于旅游企业的一个部门，服务对象包括旅游商品批发商、旅游商品供应商、代理人、零售商和企业内部人员等，行业协会是旅游活动的重要一环，他们为与旅游相关的企业提供活动相关要素，为消费者提供优质服务，促进旅游行业的发展，旅游行业协会是以营利为目的的经营组织，他们探索经济效益的最大化，致力于旅游产品和景区资源的开发，同时也要兼顾保护生态与景区可持续发展，旅游行业协会与消费者利益的关系十分复杂。

1. 旅游行业协会利益诉求

一般来说，旅游行业协会是政府和企业之间的桥梁，在沟通、协调、监督等方面起着积极作用。东北地区全域旅游协会在旅游业发展中起着更为重要的作用，他们积极参与景区建设、导游的等级评定等分散化的与旅游业密切相关的区域活动。

通过组织旅游企业间的合作，旅游行业协会可以创造规模经济和范围经济，降低旅游产品费用，克服市场壁垒和恶意竞争，解决市场技术和管理方面的缺陷，维护国内外旅游商品竞争秩序。旅游行业的利益诉求取决于地区完善的市场机制及和谐的市场环境。旅游行业协会的效益是建立和完善市场运作机制和体系，使人才、资金、技术等市场运作标准化，保证资源和信息畅通无障碍地循环，降低运作成本，提高经济效益。各主体合作诉求的实现是鼓励旅游企业积极参与旅游合作的根本动力，如果参与主体的合作诉求无法得到满足，旅游企业则不会成为合作运营的主体，合作就变成政府单方面的行为。旅游企业一般通过行业协会积极与政府沟通交流，以最大限度地扩大利益诉求。

2. 行业协会的具体作用

（1）政府的搭档和得力助手。

从政府的视角来看，随着旅游产业的快速发展和行政体系的深化改革，国家政府部门积极推进旅游协会的改革和创新，为旅游协会的发展提供顶层设计，构建友好体系，形成良性发展的环境。当前，东北地区旅游行业协会具有与当地政府各个部门沟通协调的功能，政府在东北地区全域旅游的发展中提供财力、物力、土地资源等方面的支持，旅游行业协会在东北地区全域旅游的发展过程中扮演着旅游公共服务政策、规划、规范的制定者、推动者、实施者的角色。旅游行业协会发挥其功能所带来的效果，将直接影响东北地区旅游事业的发展水平，也直接影响着东北地区全域旅游行业的发展。国家相关部门要确立旅游发展的创新理念，坚定不移深化旅游改革，东北三省旅游协会在当前形势下应积极转变发展方式、深化东北地区旅游发展贡献出自己的力量，东北地区行业发展协会应做到规范市场秩序、建立旅游体系、提升旅游服务质量、满足消费者旅游需求，成为政府的左膀右臂。

（2）旅游行业专家。

从旅游协会的专业管理者的角度来看，旅游协会的主要功能是成为旅游产业的专业指导者。为了总结目前市场经济的变化，完成组织活动和行为的预测，旅游协会可以通过调查和研究对目标进行统计分析。根据预测结果，统计汇总当前旅游行业市场的变化情况并及时将有关信息反馈给政府和企业。因此，旅游协会一方面为政府提供相关资料，另一方面根据政府的指示进行运作，以促进旅游行业的整体发展。

（3）旅游企业的监督者、维护者和服务者。

对于旅游企业来说，旅游协会具有多种功能，旅游企业最基本的身份是监督者。旅游协会作为非政府的营利性组织，应该履行自身的职责，并为保护公共、社会、企业和国家的利益贡献自身的力量，同时实现多方共赢。旅游行业协会要避免企业的不当行为，维持公平竞争的环境。要善于发现东北地区旅游行业的环境、秩序、服务质量等方面存在的严重问题，并积极协助有关部门针对存在的问题进行改正，并加强对东北地区旅游市场的监督、逐步完善东北地区旅游企业的自我管理机制。随着东北地区旅游产业的发展，及时制定相应的行业规范并一一落实，包括建立产业信用体系、企业活动标准化准则，维持市场公平竞争，公平、公正、客观地抽查相关企业，实施标准化的旅游合同系统。旅游企业的信用选择和评价系统要保持企业现场调查活动的客观性、合法性和独立性原则，为旅游产业的健康发展创造良好的环境，更好地帮助政府和旅游行政部门，提供优秀的服务。

（4）重要的功能是维护旅游产业的发展。

旅游行业协会的重要目的是维护旅游业的发展和旅游相关企业的利益。旅游行业协会要根据不同行业的要求组织和申报信息，并最终将信息上报给政府部门。政府部门要根据市场环境的变化加以纠正，出台支持旅游产业发展的新政策，扶持当地旅游行业的发展。此外，如果旅游企业的利益受到损害，旅游行业协会要给予一定的帮助，要积极解决问题，维护每个成员的根本利益。

此外，旅游行业协会通过宣传、培训使相关企业熟识当地的法律法规政策，明确自身的权利与义务，当遇到问题时企业要学会用法律的手段维护自身合法权利。同时，旅游行业协会要积极向当地政府提出建议，并主动与政府及相关部门沟通协调，商议出有利于旅游行业发展的政策，积极推动有关部门协同配合，促进当地旅游行业快速发展。

（5）最重要的功能是为旅游企业提供服务。

旅游行业协会的存在和发展是为了提供服务，服务是协会的价值追求和宗旨，也是行业协会发展的最大动力，只有持续改善服务水平，才能发挥专业人员的作用。旅游行业协会的服务可以帮助企业维护正当权利，加强企业间的沟通和合作，更好地促进旅游行业发展。总之，旅游行业协会只有尽心地服务于企业，行业协会与企业之间才能产生凝聚力，旅游行业协会才会具有公信力。

东北地区全域旅游发展缓慢，是由于在管理上存在问题，因此行业协会对企业之间关系的协调就显得尤为重要，东北地区旅游行业协会应号召各成员企业，利用恰当的方法进行良性竞争，从而实现东北地区旅游资源整合，此举对旅游企业、当地政府、当地旅游业的发展十分有利。旅游行业协会应按照当地企业的要求，及时向当地有关部门反映企业自身的诉求，同时培养旅游企业守法、良性竞争的仪式。借助东北三省旅游局的宣传资源，旅游企业可以搭建良好的展示平台，提升自身的信誉与知名度。协会也要定期组织企业进行培训、企业人员实习、旅游信息传播以及开展信息与咨询服务

（6）产业规范的促进者，协调沟通的桥梁。

对于旅游商品消费者，旅游行业协会要最大限度地限制行业规范，同时调整政府与企业之间的关系，保护行业整体利益。旅游行业协会应就旅游服务最薄弱的方面，向旅游企业和主管部门提供有效的措施和建议。通过管理部门的支持和认可，获得消费者的理解和合作，使旅游企业的行动标准化，从而帮助旅游企业构建良好的社会形象。对于消费者举报的各种消费者陷阱事件，旅游行业协会要对旅游企业进行监督和标准化管理，加强旅游市场管理监督体系，接受媒体采访监督，促进旅游市场标准化运营。

旅游行业协会的其他作用是协调和沟通。"协调"是管理科学中的一项基本职能，是宏观控制的重要组成部分。旅游行业协会在旅游公共服务系统中具有全面协调和沟通功能。旅游行业协会最好消除单方面的调控，实现更广泛、更复杂、更全面的互动、合作，实现各方利益的平衡。为了减少旅游企业之间的恶性竞争，旅游行业协会针对减少内部矛盾应采取相应措施，如加强与其他企业和消费者的沟通，设身处地地站在消费者的立场上思考问题，旅游企业有时盲目追求利润最大化，侵害消费者的个人权益，这种现象会直接影响消费者的旅游体验。如景区间的各方企业进行恶性竞争，互不妥协，景区的最终发展将会受到很大限制，景区整体利益无法最大化，消费者也不会得到良好的旅游体验，投诉率也会增加，还有景区内部管理混乱，不良企业坑害消费者权利。因此需要当地旅游行业协会进行协调沟通，一方面要对旅游企业做好思想工作；另一方面要对消费者做好宣传和沟通方面的工作，尽量满足消费者的需求，不能让消费者乘兴而来，

败兴而归。

（三）服务提供者利益诉求

旅游服务提供者是指与消费者签订合同，通过自己或他人的行为，满足消费者服务需求的自然人、法人和其他民事主体，主要包括旅行社、旅游服务者及旅游服务者以外的其他人。旅游服务提供商的主要诉求包括：

1. 营利性

盈利是旅游服务提供者的一个重要特征。旅游服务提供者的盈利主要体现在三个方面：第一，大部分的旅游服务提供者是以营利为目的的民事主体；第二，盈利是市场经济的主要条件，旅游业是国民经济的重要部分，旅游行业的发展是衡量国民经济现状的重要标准；第三，盈利是旅游服务提供者的根本动机。如果没有利益这一重要因素，就不会存在相应的旅游利益相关者，也无法产生旅游合作，无法发展旅游行业。

2. 服务性

服务性是旅游服务提供者最基本的特性。在旅游产业中，旅游服务提供者有义务为消费者提供旅游服务，旅游服务提供者和消费者构成旅游合同的主体，旅游服务提供者的核心作用就是为消费者提供相应服务。

3. 多样性

消费者旅行时复杂需求直接决定了旅游服务提供者的多样性。在法律层面上，旅游服务提供者由旅游经营者、旅游辅助服务提供者和除旅游辅助服务提供者以外的第三方组成。在细分的关系下，旅游服务提供者的种类也会更多，如导游、全职翻译、司机、专职解说、领队和其他特定服务提供商。旅游服务提供者是指除旅游经营者、旅游辅助服务提供者和出境旅游辅助服务提供者以外的第三人的总和。

4. 相对性

相对性是旅游服务提供者的本质特性。客观地说，旅游法律关系是根据当事人签订的合同设定的。因此，合同的相对性反映在旅游法律关系的各个方面。旅游服务提供者的相对性主要体现在两个方面：第一，主体相对性。主体的相对性是指旅游合同的主体是消费者和旅游服务提供者，主要是消费者和旅游服务经营者。第二，权利和义务的相对性。在旅游合同中，旅游服务提供者的主体地位直接决定旅游服务提供者与消费者之间的相对权利和义务结构。

（四）消费者利益诉求

东北地区全域旅游的发展将与当前的时代相衔接，在这个阶段更好地满足国内消费者和海外消费者的旅游需求。同时，培养优秀的消费者素质也是全域旅游发展的核心工作之一。

消费者是旅游服务的对象和旅游活动的执行者，是旅游业发展的前提。旅游企业的所有商业活动都是以消费者为中心展开的。消费者在进行旅游活动时也会关注经济效益，但其核心的利益诉求还是在于享受高质量的旅游产品和服务，获得美好的旅游体验，满足自身旅游需求。作为旅游服务对象，消费者的利益诉求是不同于其他主体的。同时，消费者不好的行为也会给旅游景区带来很多负面影响。

消费者是旅游商品和服务的购买者。消费者的购买量、规模、结构和水平直接影响旅游经济利益的实现。因此，旅游商品的开发和组合必须有合适的市场来满足消费者多样化和个性化的需求，适销对路，如此旅游企业才能在消费者购买行为中获得经济效益，同时不会被市场淘汰。消费者在景区遇到违法现象或受到不公正的对待可通过消费者协会、法律、新闻媒体等渠道维护自身合法权益。

消费者是旅游活动的主体，并处于东北地区全域旅游利益关系的核心地位。作为服务的对象，消费者和其他利益关系者的核心利益是异质性的。他们的核心追求更反映在对旅游精神体验的追求与对优质的产品与服务的要求上。旅游消费者的利益诉求主要体现在：缓解工作压力、满足自身的好奇心、获得新的旅游体验、沟通交友、旅游学习和对未知环境探索的渴望。在旅游过程中消费者渴望获取新知识、启发对未知旅游目的地的依恋情感、满足自身购物、饮食、娱乐等要求，同时也是为了享受生活、实现身心放松。

三、价值共创视角下东北全域旅游协同发展参与主体利益协调

（一）主体利益协调影响因素

1. 模型构建

假设该旅游供应链由一个景区和一个旅行社构成，景区提供给旅行社两种不同的服务：普通消费者通道和 VIP 消费者通道，具体区别在于，普通通道的消费

者需要在景区排队依次进入景点，VIP 通道的消费者享受景区提前预留的位置，无须排队。该旅游供应链渠道结构如图 10-1 所示。

图 10-1　旅游供应链渠道结构

景区将普通票和 VIP 票分别以 w_1、w_2（$w_1 < w_2$）的价格出售给旅行社，旅行社以 p_1、p_2（$p_1 < p_2$）的价格出售给消费者。对于两种不同的门票，消费者也有不同的效用，并且假定普通票和 VIP 消费者体验分别为 s_1、s_2（$s_1 < s_2$），针对不同的旅游产品，消费者效用与旅游产品的价格和旅游体验有关。假设对于同一类型的旅游产品，消费者偏好为 θ，且消费者偏好 θ 服从 [0，1] 均匀分布，并且参照以往学者的研究。提出该旅游供应链的效用函数：购买普通门票的旅游效用：

$$u_1 = v + \theta s_1 - p_1 \qquad (10-1)$$

购买 VIP 门票的旅游效用：

$$u_2 = v + \theta s_2 - p_2 \qquad (10-2)$$

v（$v > 0$）表示旅游产品的基础效用。当 $v < 0$ 时，消费者的效用小于 0，就不会购买任何产品（房进军，2015）。当 $\theta \in [0，\theta_0]$，$\theta_0 = \dfrac{p_1 - v}{s_1}$时，则旅游产品对消费者的需求为 0；当 $\theta^* = \dfrac{p_2 - p_1}{s_2 - s_1}$时，旅行者选择两种旅游产品的效用相同。

普通游的需求函数为：

$$D_1 = \theta^* - \theta_0 = \frac{p_2 - p_1}{s_2 - s_1} - \frac{p_1 - v}{s_1} \qquad (10-3)$$

VIP 游的需求函数为：

$$D_2 = 1 - \theta^* = 1 - \frac{p_2 - p_1}{s_2 - s_1} \qquad (10-4)$$

对旅行社来说，普通消费者的业务要远大于 VIP 消费者的业务，所以旅行社承担普通消费者服务的成本记为 c，而 VIP 消费者的服务成本忽略不计；景区向旅行社提供票务，承担服务成本 c。

2. 分散式决策模型

在分散式决策模型中，景区占主导地位，景区与旅行社之间存在以利益最大化为目标的 Stackelberg 博弈关系。具体的游戏顺序如下：旅游地点决定两种票的批发价 w_1 和 w_2。根据商品的批发价格，旅行社决定两张门票的零售价格为 p_1 和 p_2。

旅行社的利润函数表达式为：

$$\pi_s = (p_1 - w_1 - c_1) D_1 + (p_2 - w_2) D_2 \tag{10-5}$$

景区的利润函数表达式为：

$$\pi_p = (w_1 - c) D_1 + (w_2 - c) D_2 \tag{10-6}$$

对式（10-6）求解可得分散决策下的均衡解：

$$w_1 = \frac{c - c_1 + s_1 + \nu}{2} \tag{10-7}$$

$$w_2 = \frac{c + s_2 + \nu}{2} \tag{10-8}$$

$$p_1 = \frac{c + c_1 + 3s_1 + 3\nu}{4} \tag{10-9}$$

$$p_2 = \frac{c + 3s_2 + 3\nu}{4} \tag{10-10}$$

$$\pi_s = \frac{1}{4(s_1 - s_2)} \left[\frac{(c + c_1 - s_1 - \nu)(cs_2 - cs_1 + c_1 s_2 + s_1 \nu - s_2 \nu)}{4s_1} - \frac{(s_2 - c + \nu)(c_1 - s_1 + s_2)}{4} \right] \tag{10-11}$$

$$\pi_p = \frac{1}{2(s_1 - s_2)} \left[\frac{(c + c_1 - s_1 - \nu)(cs_2 - cs_1 + c_1 s_2 + s_1 \nu - s_2 \nu)}{4s_1} - \frac{(s_2 - c + \nu)(c_1 - s_1 + s_2)}{4} \right] \tag{10-12}$$

3. 集中式决策模型

在集中式决策模型中，旅游地与旅行社一起根据供应链利益最大化而做出决策。

旅游供应链总利润：

$$\pi = (p_1 - c - c_1) D_1 + (p_2 - c) D_2 \tag{10-13}$$

求得关于 π（p_1，p_2）的海森矩阵 $\begin{bmatrix} \dfrac{2}{s_1 - s_2} - \dfrac{2}{s_1} & -\dfrac{2}{s_1 - s_2} \\ -\dfrac{2}{s_1 - s_2} & \dfrac{2}{s_1 - s_2} \end{bmatrix}$，已知海森矩阵负定，

旅游供应链利润是关于 p_1、p_2 的严格凹函数。

$$p_1^c = \frac{c+c_1+s_1+\nu}{2} \tag{10-14}$$

$$p_2^c = \frac{c+s_2+\nu}{2} \tag{10-15}$$

$$\pi^c = \frac{1}{4(s_1-s_2)}\left[\frac{(c+c_1-s_1-\nu)(cs_2-cs_1+c_1s_2+s_1\nu-s_2\nu)}{s_1}-(c_1-s_1+s_2)(s_2-c+\nu)\right] \tag{10-16}$$

通过将集中决策与分散决策的平衡解决方案进行比较，可以看出集中决策下的旅游供应链效益要高于分散决策下的旅游供应链总收入。在分散决策中，"双向边际效应"会导致供应链利润的损失。在此基础上，引入收益共享契约来协调在分散决策的旅游供应链利润是非常有必要的。

（二）主体利益协调机制

在分散决策情况下，景点和旅行社作为独立的决策主体，单方面追求自身利益的最大化，从而会导致整个旅游供应链的利益降低。当存在"双向边际效应"时，分散决策下的供应链利润能否达到集中决策下的利润水平？能否达到景区和旅行社的利润共同协调？因此，在旅游供应链系统中，应设计适当的供应链合同，协调双方的利润分配，有效地提高旅游供应链的整体利润（房进军等，2015），达到帕累托改进的目的。

在景点与旅行社的 1∶1 旅游供应链中，若存在两种旅游产品，鼓励景点继续与旅行社合作，以缓解利益冲突。通用票共享、VIP 票务所得的收益 $1-\lambda_1$、$1-\lambda_2$ 给景区，而景区将两种票务均以一个较低的价格 w 出售给旅行社。

$$\pi_s^{co} = ((1-\lambda_1)p_1-w-c_1)D_1+((1-\lambda_2)p_2-w)D_2 \tag{10-17}$$

$$\pi_p^{co} = (\lambda_1 p_1+w-c)D_1+(\lambda_2 p_2+w-c)D_2 \tag{10-18}$$

根据 $\dfrac{\partial \pi_p^{co}}{\partial p_1}=0$，$\dfrac{\partial \pi_p^{co}}{\partial p_2}=0$ 求得

$$\begin{cases} p_1^{co} = \dfrac{(s_1-s_2)\left[2\lambda_2(c-w)+\lambda_2^2 s_1+\lambda_1\lambda_2 s_1+2\lambda_1\lambda_2\nu\right]}{s_1(\lambda_1+\lambda_2)^2-4s_2\lambda_1\lambda_2} \\[3mm] p_2^{co} = \dfrac{(s_1-s_2)\left[(\lambda_1+\lambda_2)(c-w)+\lambda_1^2\nu+2\lambda_1\lambda_2 s_2+\lambda_1\lambda_2\nu\right]}{s_1(\lambda_1+\lambda_2)^2-4s_2\lambda_1\lambda_2} \end{cases} \tag{10-19}$$

为了保证协调之后的旅游供应链总利润等于集中决策下的旅游供应链总利

润，需要满足：

$$\begin{cases} p_1^{co}=p_1^c \\ p_2^{co}=p_2^c \end{cases} \tag{10-20}$$

将式（10-14）、式（10-19）代入式（10-20），可用收入分享契约调整旅游供应链的合同参数。$(w, \lambda_1, \lambda_2)$ 需要符合如下条件，$\dfrac{s_1}{s_2}>\dfrac{4\lambda_1\lambda_2}{(\lambda_1+\lambda_2)^2}$，$w\geq 0$，$0<\lambda_2\leq 1$。

$$w=\frac{X-Y}{(c+v+c_1+s_1)(s_1-s_2)} \tag{10-21}$$

其中，$X=-c^2(s_2-s_1)+c(s_1^2+c_1s_1-c_1s_2+s_1v-s_2v)$，$Y=-\lambda_2(cs_1^2+c^2s_1-c^2s_2-cs_1s_2+cs_1v-cs_2v+c_1s_1v-c_1s_2v)$。

将式（10-15）、式（10-19）、式（10-21）代入式（10-20）可得：

$$\lambda_1=\frac{\lambda_2(c-c_1+v+s_1)_1}{c+v+c_1+s_1}$$

在有限理性的背景下，供应链成员应当首先考虑自身利益，只有在满足自身利益的前提下才会考虑整个供应链利益的最大化。所以，为使双方愿意接受"收益共享契约"，双方从这个协议中获得的利润必须不少于双方原本各自获得的利润。也就是说，合同约束下的每个成员的利益能保证帕累托改进，即供应链成员实现双赢。

为了证明景点和旅行社之间合同设计的实效性，本书采用了数据相关性分析。参数是这样的：$v=1$，$s_1=0.2$，$s_2=0.4$，$c=0.15$，$c_1=0.35$。参数假设在集中决策和分散决策中的均衡解见表10-1。

表10-1　两种决策下的均衡解

决策模型	w_1	w_2	p_1	p_2	D_1	D_2	π_s	π_p	π_c
集中决策	—	—	0.85	0.775	0.375	1.375	—	—	0.991
分散决策	0.5	0.775	1.025	1.0875	0.1875	0.6875	0.2477	0.4953	0.743

如表10-1所示，平衡解决方案符合理论假设，而使用分散决策的旅游供应链的总收益小于集中决策。这与先前理论分析的结论一致。

根据旅游地与旅行社之间的收益共享合同设计可以看出，统一批发价格 w、普通旅游商品收益共享率 λ_1、VIP旅游商品收益共享率 λ_2 这三个契约要素之间存在着相关关系（见图10-2）。

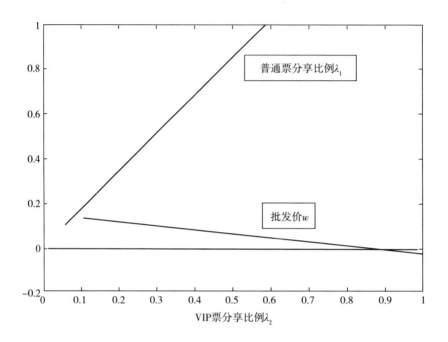

图10-2　契约因子之间存在相关关系图

　　如图10-2所示，随着收益分享比例 λ_1 的变化，景点和旅行社的利润是不断变化的，但该供应链可以达到理想收益状态。为了保证收益共享契约能被双方接受，只有契约后的利润高于分散决策下的利润，双方才会接受收益共享契约，只有当双方利益都得到改进时，景区与旅行社才能合作履行调解合同。通过表10-2的分析可知，当 $0.35 \leqslant \lambda_1 \leqslant 0.45$ 时，景区和旅行社双方通过收益共享契约增加各自的利益，不仅能实现双方的帕累托改善，还可实现旅游供应链的整体调整。同时，契约要素有一定的灵活性，以实现旅游供应链的完善调整，二者的利益分配取决于渠道竞争水平。因此，当满足 $0.35 \leqslant \lambda_1 \leqslant 0.45$ 时，供应链各主体会接受该契约的协调（张廷龙，2017）。

表10-2　契约模型下旅游供应链利润变化情况

λ_1	λ_2	w	π_p	π_s	π	$\Delta \pi_p$	$\Delta \pi_s$
0.100	0.170	0.119	0.159	0.806	0.965	-0.336	0.558

续表

λ_1	λ_2	w	π_p	π_s	π	$\Delta\pi_p$	$\Delta\pi_s$
0.150	0.255	0.104	0.239	0.728	0.967	−0.256	0.480
0.200	0.340	0.089	0.318	0.650	0.968	−0.177	0.402
0.250	0.425	0.073	0.398	0.571	0.970	−0.097	0.324
0.300	0.510	0.058	0.478	0.493	0.971	−0.018	0.246
0.350	0.595	0.042	0.557	0.415	0.972	0.062	0.167
0.400	0.680	0.027	0.637	0.337	0.974	0.142	0.089
0.450	0.765	0.012	0.716	0.259	0.975	0.221	0.011
0.500	0.850	−0.004	0.796	0.180	0.977	0.301	−0.067

　　本章研究了旅游目的地与旅行社之间在旅游供应链中的定价策略与调整。通过消费者效用函数，构建两种产品的需求函数，并采用 Stackelberg 博弈分析旅游供应链中每个成员的决策策略。通过对比分散决策和集中决策下的利润，然后引入收益共享契约来协调旅游供应链，并提供了契约参数的关系和约束条件。最后，通过数值分析进一步验证了该契约的合理性。经过验证，结果表明契约要素在一定范围内对景区和旅行社的效益都有所提升，对旅游供应链的整体效益最大，从而实现了整体的调整，使旅游供应链和渠道的各方都能达成帕累托改进。但为了促进研究，旅游产品的需求只能通过消费者效用水平来建立，模型是建立在旅游供应链各方需求决定和信息对称性之上的，不包括服务水平参数及其他调整协议的讨论，不考虑在线渠道存在的双渠道情况，有待进一步研究。

第十一章　价值共创视角下东北全域旅游品牌建设线上线下协同发展

一、价值共创视角下东北全域旅游消费者市场细分及体验分析

（一）价值共创视角下东北全域旅游消费者市场细分

中国东北地区全域旅游的消费者除了来自国内的其他省份，还有部分来自俄罗斯、韩国、日本等国家。东北地区的消费者人数分布不均匀，在地理位置、人口数量、经济、自然条件等方面，各地差异也很大，旅游消费需求也大不相同。然而，随着区域内旅游业竞争日趋激烈，东北地区要想在日趋激烈的市场环境中抢抓机遇，更好地满足不同国家和地区消费者的需要，扩大旅游市场份额，就要有针对性地制定灵活的营销策略，对东北全域旅游市场进行再次精准细分，并对消费者的需求和愿望有充分的了解。

东北旅游市场的整体细分应该是可测量的、可获得的、稳定的，并应基于导致旅游需求差异的变量进行细分，必须选择各种细微变量或变量组合，以确定细分市场的方法。旅游市场的变量细分主要分为地理、人口、心理、行为四类，如表 11-1 所示。

1. 按地理变量细分

（1）根据客源地细分。

1）国内旅游市场。

黑龙江省国内客源市场以省内为主，约占 60%；省外客源中吉林省和辽宁省

表 11-1　旅游市场细分变量构成

细分标准	细分变量
地理变量	地理区域（洲别、国别、地区等） 气候（热带、亚热带、温带、寒带） 地形（山区、平原、高原、盆地） 空间位置（远程、中程、近程） 人口密度（城市、农村）
人口变量	年龄、性别、职业、婚姻、家庭规模、收入、教育、信仰、种族、国籍
心理变量	性格、生活方式、社会阶层
行为变量	购买动机（旅游、商务、会议、度假等） 购买时期（淡季、旺季、平季、节日假期） 购买方式（集体、个人） 购买次数（一次购买、重复购买） 偏好（极端偏好、一般偏好、摇摆偏好、无偏好） 追求利益（舒适、方便）

占 13.78%，26.22% 来自其他经济发达省份，其中广东省、北京市和长江三角洲的省份比例占到 10.88%。目前，黑龙江省内旅游资源市场呈现良好的发展态势。在黑龙江省消费者的带动下，华北地区、长江三角洲地区、珠江三角洲地区旅游市场蓬勃发展。随着自驾游的兴起，黑龙江省旅游形势继续乐观，城郊旅游、休闲旅游市场平稳发展。由于黑龙江省季节差异明显，在寒假至春节期间，黑龙江省成为我国十分受欢迎的旅游目的地之一。黑龙江省旅游业发展潜力巨大，在国内占有一席之地。从全国视角看，黑龙江省内经济发展不平衡，中西部地区旅游市场较为薄弱，这和黑龙江省中西部经济发展水平不高有很大的关系，因此黑龙江省中西部的消费者消费意识薄弱。对此，黑龙江省政府需要采取积极措施，加大对省内中西部地区的宣传力度，转换管理思路，结合市场需求，设计出符合市场需求的旅游产品和旅游线路。

辽宁省的内需旅游市场主要是省内居民，约占 32%，省外消费者比例依次为北京市占 17%、山东省占 10%、东北地区的黑龙江省和吉林省共占 16%、天津市占 8%，以及长江三角洲占 17%。消费者短途旅游、商务差旅、会议旅游占市场份额相当大，其他地方的消费者主要是来自距离较近、交通发达的地区。

吉林省国内旅游客源市场主要在省内，约占国内旅游客源总量的 55%。来自辽宁省、黑龙江省、北京市、山东省的省外消费者约占 50%，来自广东省、四川省、天津市、河北省、湖南省的消费者约占 30%。吉林省主要旅游市场集中在中国东北地区，与地域邻近密切相关。北京市和山东省已经成为吉林省不容忽视的旅游资源市场，这两个省份与吉林省毗邻，经济发展快，旅游经济增长潜力大。由于吉林省与国内沿海城市相隔千里，因为地理位置差异而产生的特色旅游资源更多，这一点能吸引国内沿海城市的消费者前来游玩，沿海城市经济发达，人均消费水平高，积极发展沿海城市的消费者市场，将是吉林省旅游可持续发展的战略选择。

从东北三省的总体分析来看，辽宁省处于较好水平，黑龙江省位于中等位置，吉林省处于中下水平，这与东北地区旅游资源的质量非常不匹配。目前，东北地区消费者客源仍然是主体客源市场，占东北地区旅游市场的 50%，但东北地区旅游经济外向型发展势头较弱，相邻地区依然是东北地区省外消费者的主要来源地，消费者数量呈现出明显的按距离衰减的特征。但从日渐兴起的长江三角洲、珠江三角洲市场发展态势来看，国内经济发达地区将成为东北地区消费者的另一来源，具有极大的发展潜力。

2）入境旅游市场。

截至 2019 年底，黑龙江省共吸引国外消费者 110.7 万人次，同比增长 1.4%，旅游创收 43.6 亿元，同比增长 20.4%。亚洲是中国主要的旅游资源市场，欧洲、美洲、大洋洲和非洲次之。主要来源市场是：亚洲包括日本、韩国、新加坡、马来西亚、泰国；欧洲包括俄罗斯、德国、英国、法国；美洲包括加拿大、美国；大洋洲包括澳大利亚（王军等，2010）。

黑龙江省在中国东北地区，属东亚地区（同韩国、日本接近）、与俄罗斯隔江相望。由于地理位置便捷，黑龙江省国际旅游市场十分发达，目前，俄罗斯客源市场为一级客源市场，韩国和日本互补的近距离消费者为二级客源市场，这基本符合中国国际消费者客源市场的大背景。其中俄罗斯、韩国、日本的市场具有稳步增长的趋势，由于这三个国家客源基数大，属于成熟稳定的国际旅游资源市场。同时，美国和法国的消费者不断增加，美、法两国的旅游市场是有很大发展可能性的潜在市场。来自其他国家的消费者数量仍在小范围内波动，但总的发展势头良好。未来黑龙江省国际旅游的发展，需要在国际旅游市场的运营和管理上加以注意，加强营销和宣传，做好市场基础建设，抓住市场的机遇，不断地探索潜在的旅游市场，最终形成稳定的国际旅游市场。

辽宁省入境游客主要由我国港澳同胞、台胞和外国消费者组成。相关统计显示，辽宁省入境旅游市场以日本、美国、俄罗斯的消费者为主。按最近发展趋势来看，我国港澳消费者来辽宁省旅游人数明显下降，台湾同胞的份额曾一度呈上升趋势，后来逐渐回落，其余国外消费者的份额增长趋势明显，每年增长的幅度较稳定。

吉林省入境游客市场集中分布在日本、韩国、德国、美国等多个国家。多年来，吉林的入境旅游消费者一直在东北地区居首位。自 20 世纪 90 年代至今，日本来吉林省旅游的消费者占入境旅游市场的 30%，此外，韩国消费者在吉林省境外消费者中所占比例一直在上升。因此，韩国、日本等国外旅游客源市场的变化对吉林省入境旅游客源市场的发展将产生重要影响。此外，吉林省入境旅游市场相对单一的结构不利于吉林省入境旅游业的稳定发展。例如，2020 年新冠肺炎疫情暴发，大力发展吉林省入境旅游计划被搁置。积极促进吉林省旅游资源市场空间结构的多边化，是长期而紧迫的任务。20 世纪 90 年代至今，国际政治格局瞬息万变，随着吉林省经济迅速发展，旅游行业得到重视，国家间旅游业合作增多，欧美来吉林省旅游的人数逐步增多，未来欧洲和美国的旅游市场更具发展潜力。

东北地区国际消费者以俄罗斯、日本、韩国、蒙古四个邻国组成的东北亚客源市场为主，比例达 75% 以上；其次则是以美国为代表的经济发达国家市场。入境消费者市场过度依赖少数邻近国家，且入境消费者流向单一，与旅游资源分布不匹配。

（2）根据消费者流向细分旅游市场。

根据客流，旅游市场可划分为一级、二级、机会市场。一级市场是指前往同一个目的地国家或地区的总访问量占比居前三名的消费者所在的地区（一般在40%~60%），一级市场是旅游行业的核心市场，旅游企业的营销计划首先考虑一级市场需求和消费特点。二级市场又称辅助市场，是指在目的地旅游国家总消费者人数中占比小于 40% 的市场。二级市场的特点是市场潜力大，但由于对旅游目的地缺乏了解、旅游企业的营销策略等其他因素或市场尚未完全开发，需要旅游企业加强营销并了解消费者需求。对于当地的旅游市场开发，要采取有效的宣传手段，了解消费者购买动机，将潜在需求转化为现实需求。机会市场也称为边缘市场或潜在市场，指的是一个旅游目的地可利用的市场。其特点是这个市场的海外消费者增多，而寻找目的地的消费者却很少，要进一步发展这个市场还需政府和有关部门共同努力。

1）国内旅游市场。

东北三省国内消费者主要分布在黑吉辽地区、京津冀地区、内蒙古自治区等地。其中，国内旅游资源一级市场集中在黑、吉、辽三省，这三省集中了 56% 的东北地区国内旅游市场。国内二级旅游市场主要包括北京、上海、河南等与经济发达地区有相当距离的地区，占东北旅游市场的近 22%。经济发达的沿海地区构成了中国东北部的机会市场。

2）入境旅游市场。

由于黑龙江省与俄罗斯接壤，来到中国东北地区的外国消费者中有 70%～80% 来自俄罗斯。因此俄罗斯成为东北入境旅游的主要市场。中国东北入境旅游二级市场主要分布在日本、韩国、东南亚等国家和地区。这些国家和地区，不仅在地理位置上与中国东北地区比较接近，而且在地域风俗、生活习惯等方面也很相似。中国东北地区的入境机会市场主要分布在美国、加拿大、英国、法国、德国等国家。这些国家前往东北地区旅游的人数较少，但近几年来到黑龙江旅游的人数都在稳步增长，特别是来自美国的消费者增加幅度最明显，今后还将继续发展。

2. 按人口统计变量细分

按人口变量划分是将旅游市场分割成不同的旅游子市场，其消费群体基于一系列的人口变量，如对年龄变量、家庭变量、性别变量进行进一步划分。

（1）细分为消费者的年龄结构。

在旅游内容、价格政策、旅游时间和交通方面，各年龄段存在明显差异。因此，根据消费者年龄分布，旅游市场可分为：

1）老年人市场（65 岁及以上）。

老年人旅游主要是为了休假、康复、健康管理、探亲等。这一消费者群体具有良好的经济基础、更多的业余时间，对旅游景区的关注主要在住宿条件、旅游交通、安全、舒适等方面，对旅游景点和旅游服务质量有较高要求。到东北地区旅游的高龄消费者数量虽然不多，但呈增长趋势，随着人口老龄化的加剧，银色旅游市场具有更大的发展空间。

2）中年人市场（45～64 岁）。

在中国东北地区的旅游市场中，45～64 岁的消费者占很大比重，呈现出逐年增加的趋势。这一年龄段的消费者在中国东北地区整个旅游市场中占据着很重要的一部分。这一年龄段的消费者特点是经济实力好、社会地位高、购买力强，需要与自身年龄地位相匹配的旅游服务和设施，对旅游服务质量要求高。

3）中青年人市场（25～44 岁）。

25～44 岁的年轻人是东北地区最重要的客户群体。青年消费者处于工作的上升阶段，工作繁重。他们中的很多人利用假期出差的机会来缓解压力，调整生活的节奏。他们是旅游行业具有无限发展潜力的核心旅游市场。

4）青少年旅游市场（15～24 岁）。

大部分 15～24 岁的年轻消费者是学生。年幼的孩子们一般都是和父母一起去旅行，年龄稍大的成年人则选择经济游或者自助游。这些人会选择充满活力、健康、精力和冒险的旅行。这类旅游市场消费水平较低，因此这类消费者对旅游的基础条件要求不是很高。

5）儿童旅游市场（14 岁及以下）。

儿童旅行一般由学校或家长组织。他们通常选择有教育意义、有趣、安全的旅行。他们非常重视饮食健康和住宿设施的安全性，对旅游纪念品非常关心。

（2）按性别因素细分。

根据消费者的性别差异，旅游需求也不同。男性消费者更独立，更关心自己的旅游体验，他们更倾向于学习型、运动型、商务出行、体育旅游、探险旅游以及康养旅游等旅游类型。女性消费者喜欢结伴或带小孩。她们的特点是爱购物，对价格敏感，对旅游活动的质量和服务要求更高。近年来，随着女性社会地位的提升，女性消费者因公出游的数量迅速增加，而在当前女性旅游市场中单独旅游成为一种时尚。近年来，东北地区消费者的男女比例相近，且男性数量略高于女性，但女性市场也受到广泛关注。

（3）根据消费者收入划分旅游市场。

根据消费者的收入水平，旅游市场可分为高级、中级、低级三种旅游消费市场。其中，高级旅游市场追求精美的、高价值的、舒适的旅游体验。这种旅行的消费者一般特点是：社会地位高、收入水平高、购买力强。中级旅游消费市场是旅游业主要的市场，这类消费者一般会选择中等和下游旅游项目，他们注重旅游产品的价格。低级市场的消费者一般会选择价格低廉的旅游产品。

3. 根据消费者消费行为变量细分

按消费者购买行为细分市场，可采用下列方法：

（1）按旅游目的细分。

1）观光旅游市场。

观光旅游市场主要是，以目的地旅游资源和风景吸引消费者的传统旅游市场。这样的消费者，主要是为增进对异地风景、文化及民俗习惯方面的了解，因此再次访问的概率不高。目前观光旅游产业在中国东北地区整体旅游市场中占很大比重。一方面，中国东北地区丰富的旅游资源具有魅力能吸引消费者，另一方面也反映了中国东北地区旅游结构单一，中国东北地区的旅游市场和旅游商品结构不合理。因此，推动中国东北旅游长期稳定发展，需要尽快调整旅游产品结构。

2）休闲度假旅游市场。

随着人们生活节奏的加快和生活方式的多样化，越来越多的消费者选择休闲旅游，从而获得身体上、精神上的放松，休闲旅游成为目前东北旅游的潜在发展方向。中国东北地区的统计资料显示，近年来休闲度假消费者比例逐年增长，发展潜力巨大。

3）会议、商务旅游市场。

会议及商务旅游市场价格昂贵，为吸引国外商务提供了绝佳机会。这类旅游市场正逐渐成为东北地区越来越关注的主要旅游市场之一。然而近年来，中国东北地区会议旅游和商务旅游市场份额略有下降。因此要加强对东北地区商务旅游市场的开发，挖掘市场潜力，促进东北地区旅游产业的快速发展。

4）探亲访友市场。

这个市场的主要目的是寻找亲友。他们不太关注目的地旅游设施和服务水平，有些甚至不需要酒店、旅行社或其他住宿和餐饮服务。目前，中国东北市场的主要客户是华侨和东南亚国家、中国港澳台地区、马来西亚、新加坡的亲朋好友。这个市场人数不多，比例不大，一般在中国的春节、中秋节以及其他传统节日，消费者会寻访亲友。

（2）根据购买时机细分旅游市场。

根据购买时机可将旅游市场细分为旺季、淡季、假期旅游市场。

（3）根据消费者购买旅游产品时追求的利益（效用）进行细分。

利益细分是一种基于因果关系变量而非描述性变量的市场细分方法。基本概念是人们在消费特定产品时所追求的效用就是市场细分存在的原因。通过研究消费者在购买旅游产品时的利益追求，识别决定消费者旅行行为的关键影响因素，并结合这些因素开发出独特的旅游产品，以满足消费者的需求，并制定独特的营销战略。比如，针对蜜月旅行的消费者，酒店可以提供烛光餐厅；针对商务宾客，可以提供餐饮、会议室、免费上网等服务。这些都是根据消费者所追求的旅游产品的利益采取的战略。

（4）针对不同旅游机构的旅游市场划分。

旅游市场根据旅游过程和消费者的形态，可分为团体和个体两种旅游市场。团体旅游的好处是，饮食、住宿、娱乐、购物由旅行社安排，消费者可以节省时间，有效利用时间去自身感兴趣的旅游景点，旅游时团队活动更安全，并且没有沟通障碍，消费者人数多、费用低，更适合大多数经济实用型消费者。个人游的最大优点就是不受时间限制，可以自由调整日程，消费者可以根据自己的喜好选择景点和想去的地方，可以不受时间和地点限制地自由购物和饮食。

在上面分析的基础上，根据中国东北地区旅游的国内外环境，结合中国东北地区旅游市场的现状，可以归纳出中国东北地区旅游市场的细化，如表11-2所示：

表11-2 东北全域旅游细分市场

序号	细分标准	细分市场
1	根据客源地进行旅游市场细分	国内旅游市场
		入境旅游市场
2	按消费者年龄结构细分	老年人市场（65岁及以上）
		中年人市场（45~64岁）
		中青年人市场（25~44岁）
		青少年旅游市场（15~24岁）
		儿童旅游市场（14岁及以下）
3	按旅游目的细分	休闲度假旅游市场
		观光旅游市场
		会议、商务旅游市场
		探亲访友市场
		其他市场
4	根据购买时机细分	旺季旅游市场
		淡季旅游市场
		平季旅游市场
		节假日旅游市场
5	按旅游组织形式细分	团体旅游市场
		散客旅游市场

（二）价值共创视角下东北全域旅游消费者体验分析

1. 消费者体验对东北全域旅游价值共创的作用分析

价值共创理论在企业经营中被广泛应用，但在旅游方面却几乎没有被提及。因此，本小节研究的目的是探索价值共创的一种方法——旅游景区和消费者之间的价值共创过程。同时，考虑到消费者、社区、社会成员之间的交流活动对消费者创造价值的行为也会产生影响，参与者将扩大到B2C2C的领域。根据学者们对旅游经验、经验价值和价值共享的定义，从价值共创的观点来看，价值共创的目标是完全理解消费者旅游需求和对景区开发的反馈和建议，为满足消费者旅游需求提供更好的产品和服务。

·213·

（1）消费者体验来源于旅游全过程。

本书将消费者旅游价值共创的概念解释为消费者通过与景区互动，参与景区旅游产品开发、生产、消费的全过程，将自身对旅游产品的需求和对景区的建议及时反馈给景区，以便景区充分了解消费者的需求，其核心是消费者与景区共同创造出个性化的游行体验。

（2）消费者体验共享能够提升旅游地区的价值。

消费者价值过程体现在，消费者通过参与景区产品的设计、生产、消费的全过程，将消费者对产品的需求和意见反馈给景区，景区的相关部门能够及时了解消费者的需求，并对消费者反馈的信息进行筛选，甄别出有用的信息用于未来改进和提高景区原有产品的质量、开发出新的旅游产品。

因消费者加入名胜地参与产品开发的全过程，使得景区能够创造出符合消费者要求的旅游产品。这样不仅使产品外在功能属性给消费者带来实用性的满足，更能使消费者在消费过程中有极大的精神满足。同时，消费者在参与过程中对生产过程表现出更多的控制权和主导权，满足生产过程中的快乐和自我知识效率的要求后获得成就感。消费者不仅会参与自我价值的实现，给自己带来幸福，还会提升旅游体验的价值，最终实现旅游消费者与景区的价值共创（魏晓宇等，2018）。

（3）全域旅游的价值共创依赖于消费者的体验反馈。

旅游体验价值共创的过程，是一个复杂的系统过程，其本质在于消费者与景区之间通过有效的互动，进行知识的转移、情感的维护和建立良好的合作关系，从而实现景区价值的共同创造和景区形象更好的推广。通过分享旅游经验、景区互动等方式最终实现消费者体验价值，景区价值会因此获得巨大的提升，以此来进行价值共享，其本质如图11-1所示。

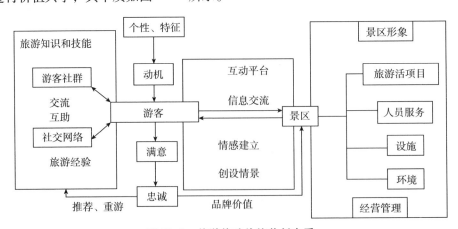

图 11-1 旅游体验价值共创本质

景区和消费者是相互需要、相互依赖的关系，通过双方共同合作创造价值。消费者拥有多种专业背景、兴趣和知识背景，除了满足自己的旅游需求，在旅游过程中，消费者还能够积累丰富的旅游知识和经验，以及景点（竞争者）的信息、产业相关知识和其他有用的信息和知识。消费者可以与旅游社区和社交网络成员进行交流，与他们分享知识，形成更广泛的消费者知识网络体系。此外，旅游地的基本信息、旅游商品信息、相关经营信息等也成为影响消费者体验的重要组成部分。

　　在创造共享价值的活动中，景区可以通过双向平台与消费者交换信息和知识。消费者们通过有效地分享体验，向其他消费者公开其对旅游胜地和旅游商品生产和销售过程的认识。这样消费者能更好地参与设计帮助销售旅游商品，消费者将对旅游过程中产生的需求和产品意见及建议等反馈给旅游景区或服务提供者。通过这种方式，消费者可以参与创造旅游价值的过程，从而使各参与方获得必要的信息并合作，创造独特的旅游体验。

　　另外，在全域旅游价值创造过程中，消费者的参与有助于服务提供者和消费者之间的相互作用，促进友好感情的形成，实现合作关系的构建和深化。通过对话、沟通、信息传递和知识交换，可以加深景区与消费者的相互理解和互动，逐渐形成信任和友谊的情感纽带。公开景区产品信息、质量管理、企业文化及其他信息，帮助消费者了解管理理念及方法、生产工艺、质量管理措施等景区外部视觉信息及内部非视觉信息。双方通过相互沟通建立起来的信任和了解，是合作的重要基础，也是继续合作的重要前提条件，其关系如图 11-2 所示。

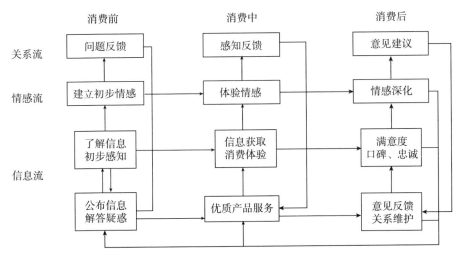

图 11-2　旅游体验价值共创系统中知识流、情感流及关系流的关系

在价值共享过程中，通过双向交流平台，消费者通过有效的信息传递、知识学习，深化相互理解，建立深厚的感情和合作关系。创造旅游体验价值。

2. 全域旅游消费者体验的时间序列划分

（1）消费前体验。

消费者在旅游之前，主要是收集信息、进行比较、制订旅行计划、为旅行做准备等。消费者想知道旅游景点的需求和其他与旅游景点相关的信息。还通过与社区成员和主题旅游社区成员进行沟通，了解其他消费者的体验、旅游建议等信息，获取有用信息。此外，消费者认为来自社会群体成员和旅游专题社区的旅游信息更真实可靠，这对他们的旅游决策有很大的影响。通过多种方式（尤其是互联网）了解完整的旅游信息，使消费者在出行前根据自己的需求做出选择。同时景区还应提供以下多种与消费者的沟通方式。通过互联网、电话等最方便的方式，及时提供咨询服务，解决消费者的疑虑，减少信息收集和比较选取的时间和精力消耗。通过与客户沟通，相互理解，了解消费者需求信息，引导消费者进行消费，提高产品购买率和回头率，树立良好声誉。

（2）消费过程体验。

在旅游消费体验过程中，消费者通过对旅游活动、旅游环境、设施、人力资源和服务获得实际经验，形成主观心理感情和评价。在这个阶段，价值共享的内容主要反映在景区的核心和周边产品的特定要素上。消费者会结合自身的兴趣，认识到产品和服务的重要性以及实际的产品质量和服务效果。旅游目的地应注意消费者会接触的所有地方的旅游商品和服务的质量，使消费者能够获得高质量的旅游体验。在不影响消费者正常旅游活动的情况下，要及时了解和响应消费者的要求和反馈信息，采取灵活、方便、快捷的方法解决消费者反映的问题。为了消除消费者的负面情绪，可以适当提供物质补偿。在旅游消费过程中，消费者与景区提供的产品和服务相互作用，形成主观认知和情感反思。有些消费者喜欢与亲戚、同事、同学等分享自己的旅游感受，而有些消费者则喜欢上网与其他网络成员分享。由于信息传播形成了其他潜在消费者的间接体验，消费者之间的沟通对潜在消费者旅游决策的影响比企业宣传的影响更大。他们觉得其他消费者的体验和情感更加真实可信。

（3）消费后体验。

在这个阶段，旅游地区的服务提供商需要及时了解消费者的整体情绪和评价信息，可通过消费者发布的旅游评论及时了解和收集反馈信息。旅游地区的服务提供商还可为消费者在网站上提供一个交流空间，一方面，方便对东北旅游产品感兴趣的网友进行沟通，另一方面，方便各景区从消费者那里获得反馈信息。对东北地区旅游信息进行分类分析，结合各景区和服务提供商的供给情况，提高著名景区的产品和服务质量，为消费者提供更优质的旅游商品，提高著名景区的产品质量。此外，对于消费者的建议，各旅游景点应及时提供反馈和引导，让更多的潜在消费者了解旅游景点。同时，可以拓展服务内容，重视与消费者的关系，组织旅游交流活动，进一步了解消费者对景区发展的观点和建议。对于提出有价值建议的消费者，要为其提供重游机会、打折和金钱奖励，以激发消费者的热情，使消费者更多地参与到景区的价值创造过程中来。一些有重要价值的消费者可以被企业招募为成员，以鼓励他们为企业提供更有价值的信息，并承担企业稳定的"智囊团"的角色。

3. 价值共创视角下东北全域旅游消费者体验内容

中国东北地区的全部景区都可以邀请消费者体验新产品，根据顾客反馈进行调整和改善产品，当新产品正式使用时可以更好地满足消费者的要求，帮助消费者获得更高质量的旅游体验。另外，在开发新的旅游商品时，旅游景区应邀请对旅游商品有类似消费经验或兴趣的消费者，交换研究开发和设计的知识和技术，提出意见和建议。根据消费者需求量身定做产品，满足消费者个性化需求，以此提升消费者体验，从而吸引更多的消费者。旅游景点还可以鼓励消费者对旅游环境、设施和各种选择提出看法和意见，根据消费者的实际需求和偏好，设计、开发、旅游产品，并由消费者决定解决方案，待消费者完善后再由消费者决定是否实施。在景区内，消费者充分自主选择想要的旅游产品，刺激消费者的消费需求和回访意愿，使回访者能够充分享受自己设计的产品带来的良好体验，形成品牌忠诚度，提升市场份额。价值共创视角下的东北全域旅游消费者体验内容如表11-3所示。

4. 依据消费时间序列的消费者与全域旅游服务提供区域的价值共创

旅游地区在各阶段根据消费者需求的特性对接触互动的所有消费者根据消费时间阶段和其他设定生成内容进行划分，并采用多种互动方式，加强与消费者的及时沟通。根据消费者提出的要求、产品意见及提案，景区要为消费者提供高品质的旅游产品，提高消费者的旅游质量体验。景区通过采取适当措施吸引消费者，通过交流增进景区与消费者的相互理解，建立良好关系和信任，提高旅游满意度和忠诚度，增加景区宣传，最终实现消费者和景区的价值共创（王潇苒，2018）。将客户的经验价值和景点资产价值融合，为双方带来双赢，价值共创的时间序列及旅游服务供给与消费的匹配如表11-4所示。

表 11-3　旅游消费体验过程中价值共创内容

构成			项目种类及衡量标准
服务内容	资源环境		整洁度、协调度、拥挤度、安全度
	旅游设施	种类标准	包括游乐、指示、卫生、餐饮购物、停憩、内部交通、安全设施、舒适度、安全度、便捷度、清洁度等
	工作人员		着装（形象）、语言、行动、表情、知识、技能、工作（服务态度）、服务意识、对消费者需求的理解；与消费者沟通的能力
	服务	项目标准	讲解、咨询服务、购物、餐饮等服务项目质量、效率、友好度、主动性、准确性、及时响应、服务流程的规范化、定制化等
	游憩活动项目		吸引力、丰富度、特色度、新奇度
	园林景观		自然景区、园林绿化、人文景观
自然及社会要素	旅游形象		形象感知、认同、设计（视觉、理念、行为形象等）
	经营管理		针对存在问题、不合理方面提出建议
	信息交换		信息透明、信息数量、传递速度、传递的有效性、便捷度
	景区品牌		感知、认可
	价格因素		合理、公道（质价相符、质优价廉）

表 11-4　旅游体验价值共创的时序阶段

阶段	价值共创	
	消费者	景区
前体验阶段	了解企业信息，咨询信息，反映自己的旅游需求； 消费者社群、社交圈成员的信息交流； 参与新产品研发与设计（利用已有的知识和经验）； 新产品预体验与意见反馈	提供景区信息、提供咨询服务、引导消费，建立消费者偏好； 降低消费者收集信息、决策比较时间与精力成本； 了解顾客需求，根据需求信息进行产品完善、属性重组和降低成本
消费体验中	旅游消费体验（产品功能效用感知、利益感知和情感的形成）； 需求和意见反馈	注重每一个产品与服务细节，提供优质服务，同时了解顾客需求，引导消费者情绪，建立关系和情感
后体验阶段	回味体验，前后对比，总体评价，品牌忠诚，反馈意见	需要回访，了解顾客的感受和意见；及时答疑惑；情绪引导；关系维系

5. 东北全域旅游消费者体验的价值创造过程

旅游体验的价值体现为消费者的认知利益和认知费用之间的平衡。感知的利益包括实际价值和感知价值。实际价值主要反映在旅游过程中，能满足消费者实际需求的产品的外部功能，如服装、饮食、住房、交通运输等以及其他基本生理需求。感知价值是消费者在旅游过程中获得的心理层面的满足感。例如，当地特产美食的味道不仅可以满足消费者的生理需求，消费者还可以从饮食的味道中获得乐趣，体验当地的饮食文化。感知成本主要体现了消费者对旅游商品价格和个人消费支出的认识。参与价值共享活动的认知费用增加了消费者对空间、智能、体力和能源的投资。下文将分析旅游体验价值的三个要素，分析消费者参与共同创造价值活动对旅游体验价值增进的影响。

（1）实际价值创造。

实际价值反映在旅游商品的外部属性和功能效用上，主要满足消费者的实用要求。消费者可对旅游商品开发、设计、生产的整个过程提出直接意见，如消费者在景区休息座位数、位置布局、外观舒适性等方面提出建议，帮助景区改善外部属性，更好地满足消费者的需求。实际上消费者在各旅游景点价值链的所有连接中，直接参与自己的旅游需求控制过程，共同创造价值，参与旅游景点的价值创造过程，实现个性化定制旅游商品，最大限度地满足消费者的要求，为消费者提供实质性的价值认识。

（2）感知价值创造。

感知价值主要是指消费者的内在心理需求的满足。通过参与旅游体验价值的分享和创造活动，消费者的心理需求得到满足，情感价值得到提高。消费者参与价值共创活动时感知到的价值提高主要来自两个层面：第一个层面，好的风景带来的心理快感可以更好地满足消费者的个性化需求；第二个层面，消费者通过价值共创活动可获得内在的满足。

（3）产品质量价值创造。

在产品质量提高方面，消费者可以参与旅游景点的所有生产价值链，提出自己对旅游的要求和反馈建议，实现旅游商品的个性化定制，帮助景区提供更好的服务。比如，景区座椅更加整洁舒适，既能满足人们休息的要求，又能给消费者带来心理上的享受。消费者通过便利的途径发表自己的意见和看法可以反映在景点建设、景区规划等方面，景区的及时答复能让消费者的意见得到落实，同时景区应承诺尽可能在最短的时间内解决，或是尽快向消费者解释。旅游景点及时的应对措施和良好的态度在一定程度上能够缓解消费者的负面情绪。有时双方可以通过有效的沟通，加深相互理解，将消费者的负面情绪转换为积极反馈，增加消费者的经验，提高消费者的体验价值。

（4）感知体验的创造的具体价值。

从消费者自身参与价值共创活动开始，旅游景区为了提升消费者的幸福感，通过景区双向平台交流，消费者参与景区价值共创，与景区进行信息交换，进行产品开发及管理知识的学习。在参与创造价值和在产品生产的全过程中，可以充分满足消费者的参与心理，体现消费者的"主人翁"地位，体验设计和制作旅游产品的乐趣。在参与过程中，消费者可以与景区工作人员及其他消费者进行沟通，满足消费者的社会沟通需要。总之，消费者可以学习知识，发挥自我效能，体会参与过程带来的乐趣，满足消费者与景区交流的要求。这一切都能实现自我价值，给消费者带来快乐的心理感觉，提高知觉经验价值。

参与价值共创活动后，消费者认知的旅游经验价值费用包括产品价格因素和顾客参与（输入）因素两个方面。消费者可以参与产品研发、旅游生产和消费全过程，与旅游景区一起创造价值，降低旅游产品价格。通过消费者的参与，景区可以减少产品浪费，直接了解消费者需求，还可以节约景区市场调查费用。另外，通过降低制造成本和价格，景区可向旅行的消费者提供物美价廉的产品，节约消费者体验费用。消费者为了参与价值共创活动，需要投入一定的时间、体力和能量，这也是消费者体验成本的一部分。随着价值共创过程的变化，消费者的消费水平也会发生变化，随着消费者与旅游景区相互作用的深化，价值共享水平也在深化，消费者的旅游消费水平也在增加。

总之，通过消费者参与价值共创活动，能够提高消费者的体验价值和感知价值，消费者的参与降低了自身认知成本，从整体上看，其感知效益远远高于感知成本，消费者的旅游体验价值将得到极大提升。

二、价值共创视角下全域旅游品牌
建设线上线下协同发展方式

成功的品牌通过其他产品名称、标志或包装等标识，以帮助顾客识别产品、服务、人或场所，在产品和服务中添加品牌名称，以更好地满足购买者对固有的附加价值要求。因此，推动旅游品牌建设可以从内部激发旅游产业的活力，提升旅游产品和服务的质量，促进旅游产业的良性健康发展，从外部提升东北地区全域旅游的整体竞争力。

（一）东北全域旅游资源引领的东北全域旅游品牌建设

1. 构建差异化东北旅游品牌

品牌定位是品牌传播的基础，其关键是给消费者提供差异化的价值特性，并将这种思想应用在品牌传播活动中，也就是选择一种特定的品牌策略，进行东北全域旅游资源的传播。依据上述资源类型的划分，可以把每一种不同的旅游资源作为一种主要品牌。这种主要品牌成为其他品牌的信誉代表，强化主题品牌的认知度。东北旅游品牌传播可以选择"主体+两翼"的品牌战略，即以东北地区旅游的特色资源为主题，结合东北的独特民俗文化以及东北工业旅游资源，推动东北旅游产业的发展。在区域上可以选择哈大高铁作为主轴，利用高铁线路资源，整合散落的东北旅游资源。具体来说，可以围绕以下几个子品牌进行推广。

（1）以冰雪旅游为中心的旅游品牌建设。

东北地区的冰雪旅游资源是东北地区旅游业发展的优势。围绕冰雪旅游资源，可以构建几个知名的旅游资源中心，把冰雕、滑雪、雾凇等旅游景点连接起来。必要的时候，申办全国冬季运动会，通过运动会资源推动东北冰雪旅游的发展。由于国内其他地区也存在少量冰雪旅游资源，为了提高竞争力，东北地区冰雪旅游就应该积极发展特色产品，建设出东北冰雪旅游的品牌。例如，建设特色雪道、构建独特性的滑雪场地、兴建特色冰雕博物馆等。

（2）构建具有东北民俗风情的旅游品牌。

东北民俗风情有自身的独特性，围绕东北民俗风情品牌，可以在一些副省级城市，兴建东北民俗文化推介区，并结合一些旅游核心发展区域，兴建旅游特色民俗村，利用原汁原味的东北旅游资源吸引消费者。

（3）东北生态观光旅游品牌。

东北生态观光资源非常丰富，但是分布比较分散。要打造东北生态观光旅游品牌，需要将这些分散分布的旅游资源整合起来，形成一条独特的旅游线路。在全域旅游推广的环境下，将这些旅游线路整合起来形成一个独特的旅游景区集合，让消费者能够自由安排自己的线路，就能够产生无穷的趣味。

2. 围绕目标市场精准打造旅游品牌

东北旅游市场的细分一方面可以满足不同类型消费者的需求，另一方面可以发现未被满足的消费者需求。另外，旅游市场的细分属于适时化战略，可以避免严重的问题，选择适合自身发展的目标市场。

旅游品牌目标市场是指通过品牌传播和资源整合发展的潜在市场和未来市场。在市场细分的过程中，我们不仅要了解当前市场，还要了解目标市场，在针对特定消费市场的基础上，促进东北地区旅游品牌的发展。对于东北旅游品牌的建设来说，要建设一个品牌资源必须要深度细分目标市场，才能逐渐与竞争品牌进行对抗。而要最大程度地利用资源，进行准确的市场细分，就必须要深刻分析消费者行为，也就是从消费者的特点入手。消费者的需求、欲望、购买能力等方面的因素是导致他们对旅游资源重视程度产生差异的原因。对于东北旅游的发展来说，应在深入分析消费者的消费能力、消费偏好、消费行为的基础上进行区分。在消费能力方面，从东北旅游市场的变化来看，消费者的消费能力在不断提升。从消费者的需求满足程度来看，消费者的旅游需求水平也在不断提升。因此，对于东北旅游品牌来说，应该全面考虑到消费者这一方面的变化。然而，如果仅仅是全面提升东北旅游消费的水平，那么对于消费者来说，消费者的消费水平有限，承担不起高额消费。对于景区来说，也会产生成本和效应不匹配的现象。因此，必须要对消费者的需求进行全面的分析，划分不同的消费者类型，具体包括以下几个方面：

（1）按自然属性划分目标市场，精准打造旅游品牌。

学生、退休人员、职工白领、工人是东北地区旅游品牌的主要客源。学生，特别是年轻的学生，行万里路对他们来说有着重要的教育意义，因此，学生们也非常喜欢旅行。在学生旅游市场，东北旅游景区可以通过生动的故事进行品牌传播，引起学生的好奇心。很多退休人员对东北有强烈的情感，这种旅行大多是自愿的，他们也是"银发队"的一部分。此类人群来东北旅游往往是旅游观光，也有很多是怀念过去在工作岗位上的奋斗经历。而在职工白领市场、工人市场，这些群体在东北旅游的目的是释放自己工作的压力，他们希望在东北能够选择一些可参与的趣味旅游活动，刺激性和娱乐性是他们选择旅游景区的主要标准。

（2）按照不同的行为属性划分目标市场，精准打造旅游品牌。

从旅游目的地的角度，东北旅游市场可分为学习型、会议型、休闲型和奖励型四种类型。一是学习型旅游市场。东北旅游具有一定的教育意义，其中有不少红色旅游资源、文化旅游资源，都能够让消费者想要了解历史，激发消费者喜爱东北文化、热爱祖国的意识，因此，这种旅游可以归类为学习型旅游。二是会议型旅游市场。这种类型的旅游是一种由会议组成的旅游形式，这种形式也可以让消费者更多地了解东北地区。目前中国东北地区的会议旅游的市场潜力巨大。以此为契机，可以加快中国东北地区旅游景区市场化的步伐，开拓中国东北地区商务旅游市场。三是休闲型旅游市场。休闲旅游是中国东北旅游市场的主要组成部分。东北地区旅游资源丰富，生态环境良好，不仅有草原林地还有河流，许多城郊地区都兴建了不少的农家乐和度假村，满足了城市人群休闲度假的需求。四是奖励型旅游市场。奖励旅行市场起源于美国 20 世纪 50 年代的商务旅行。如今，这种旅游业已经发展到了世界上所有的国家。为了激发员工的热情，企业领导会以旅游的形式奖励表现突出的员工。对于员工来说，这不是单纯的休假，而是领导的肯定。东北地区有丰富的旅游资源，企业可以将东北地区的旅游活动作为对员工的奖励手段。

3. 围绕东北旅游市场发展的资源整合

在当前的环境下，一方面，全国旅游产品种类和数量增加，市场竞争压力逐渐增加。另一方面，旅游信息更加丰富，媒体传播形式日益多样化。在这样的传播环境中，传播媒介越多，所接触到的品牌的零碎信息就越多。这对旅游品牌的发展造成了一定的障碍。因此，东北旅游品牌传播应通过品牌整合、通信渠道整合、通信手段整合及资源整合，按照整合原则实现东北旅游资源的统一。作为一种交流的方式，整合交流实际上是一种营销策略，其作用是为了达到沟通的最大效果，设定全面的品牌接触、拥护受众。从东北旅游资源的效果来看，主要包括以下几点内容：

（1）营销信息整合，实现合并交易，将品牌形象、品牌资产、广告宣传及其他通信工具有效结合，整合品牌传播给利益相关者品牌的概念，最终生成强大的品牌形象。

（2）在旅游品牌交流中，整合营销基本上是多种旅游资源的整合和接触，交流被视为品牌和观众之间的交流渠道。在新媒体时代，为了吸引消费者对东北旅游品牌的关注，需要通过观众对品牌的理解来连接和整合这些渠道。

（3）整合营销交流的开始和结束都是围绕消费者。根据消费者的要求，形成具体的交流模式，促进旅游消费行动，构建品牌忠诚度。这一过程是从外部到内部的双向沟通过程，是以消费者为中心的循环传播过程。

（4）整合营销交流是以构建品牌忠诚度为目标的关系营销活动。这些活动基于现有或潜在的消费者数据，强调品牌与消费者之间的长期利益关系。

4. 资源引领的东北全域旅游品牌建设

运用整合营销理论对东北地区全域旅游进行传播，为了最大限度地提升交流效果，应该构建统一的品牌形象，从而使得东北地区全域旅游能够和消费者进行亲密接触。这个过程要求传播者和消费者之间有信息互动，最终形成多样化的信息反馈活动。旅游产品是品牌传播的基础。东北旅游品牌要想在相对稳定的市场中竞争，就要从基础的旅游宣传文案开始，在宣传内容的基础上进行旅游宣传与传播，逐步整合其他旅游资源，形成品牌的合作，从而提升消费者对品牌的认可程度。东北地区的旅游资源丰富，但是分布较为分散。在主体整合的基础上，可以采取认知品牌整合和价值品牌整合两种形式，即要在东北旅游品牌进行资源整合和内容整合的基础上，将区域内的各类旅游资源进行结合，形成具有特色的旅游品牌集聚效应，具体包括以下几点：

（1）基于价值意识的品牌合作。

这种品牌合作的核心是构建不同品牌紧密的核心特性和价值联系，创造出满足消费者需求的新的旅游消费价值。建立在资源互补的基础上，东北旅游资源的不同品牌之间可以联合，促使不同区域之间进行资源的整合。依据不同强势品牌的能力，按照相关主体或者特色的衔接需求，实现特色旅游资源之间的相互补充。具体来说，东北地区可以进行区域内旅游资源整合。区域内整合就是形成东北整个区域之间的联合，打破省际行政壁垒，突破地区封锁，加强跨地区的旅游资源合作，并且在合作中寻求区域内资源的共同发展。例如，辽宁省具有一定的带动效应，可以将本省的资源同黑龙江省和吉林省整合起来，共同打造一个东北特色资源旅游线路。在冰雪旅游方面，可以整合现有的冰雪旅游资源，形成冰雕、滑雪、滑冰、运动等多方面资源的强势联合。

（2）认知型品牌旅游资源的联合。

认知型品牌旅游资源的结合主要是通过合作向对方客户展示服务和产品，逐步扩大企业在市场上的影响力，持续提高企业在目标客户中的知名度。具体来说，在东北旅游资源市场上，可以培养出一些龙头旅游企业，提升消费者对他们的认知程度，最终转换成为对东北旅游的认知程度。企业的推介，有利于人们认识东北旅游的魅力。这些企业可以通过实物、新媒体、户外媒体等多种方式推广东北旅游线路，把东北优秀的旅游资源传达给消费者，使得他们对东北旅游形成整体的认识。

在具体的传播方式上，企业和政府都应该找准不同品牌的接触点。这主要是因为旅游市场消费竞争越来越激烈，消费群体高度分化。传播媒介也日趋零散化，打动消费者的关键是找到消费者和品牌的接触点，提高信息传播的有效性。

（二）以经济发达地区为牵引的地域品牌建设研究

为了加强东北旅游同盟建设，以"4+1"东北旅游联盟为基础，形成东北三省综合旅游策划合作，确立合理的分工，根据各自固有的特点，完善空间开发模式，在各种行政制度方面打破壁垒，对整个旅游计划进行合理的劳动分工，形成完善的优势，分别是空间布局上具有固有的属性。在此基础上，由政府主导对东北三省工业、冰雪、河流、森林、湿地等特色旅游资源进行整合，区域共享资源、信息交换、开拓消费者市场，从而激活东北地区旅游市场。

1. 辽宁省旅游品牌建设

结合辽宁省旅游资源特点，推进辽东半岛，辽宁省中部、西部建设，努力构建辽宁省代表性旅游商品体系。辽宁省集红色旅游、绿色生态、海滩度假、工厂农业、满洲历史文化及其他旅游资源于一体，打造"红、绿、蓝、金、银""五色"旅游品牌形象，提高辽宁省整体形象，提高文化产品质量，打造辽宁省旅游精品。来辽宁省旅游消费的消费者平均消费水平在辽宁省人均消费水平之上，文化、体育、技术、交流等方面的支出相对较高，表明辽宁省旅游具有发展潜力。现有中国东亚国际旅游节、辽宁冰雪温泉旅游节、辽宁省旅游庆典，中国国际园艺博览会（沈阳）、大连国际服装庆典、沈阳国际旅游节及一系列独特的庆典，与辽宁省整个"五色"旅游品牌形象一起，形成了辽宁省独特的旅游品牌。

辽宁省旅游品牌在建设发展过程中，可以立足于品牌价值较强的"辽河红海"项目。在该项目里，许多优惠活动都能吸引消费者，通过提供特定的旅游时间，让消费者合理、有效地组织旅游计划，留下更好的旅游回忆。辽宁省红海景区风景宜人，旅游品牌建设也独具特色。辽河海滩景色独特，红色海滩旅游已成为辽宁省独特的自然景观。

盘锦市是位于辽宁省渤海湾东北方向的辽河口湿地，独特的地理环境造就了美丽的风景。泛红海水浴场是湿地生态旅游胜地，以世界上最大、保存最好的湿地资源为依托，依靠红海水浴场和芦苇湿地，使盘锦红色海滩更加吸引消费者。红色沙滩就像一束燃烧的玫瑰盛开在绿色芦苇上，它的结构奇特而美观，设计新颖美观，以瞭望台为例，瞭望台高 20 米，是饶河红海滩的最高点，站在此处能以最大角度和高度，以最开阔的视野欣赏辽河河口。

2. 吉林省"大长白山"生态旅游品牌建设

吉林省旅游品牌的基本定位是以自然风光为基础，以人文因素为补充。

吉林省旅游品牌建设应从四个方面入手，重点开发自然资源——山、水、林、动物。

（1）"山"指的是长白山的山脉，长白山所带来的旅游资源在东北地区所有旅游资源中居于首位。长白山独特的风光与祖国其他名山有所区别，山顶终年积雪，山下四季变换，消费者一年四季都可以欣赏到长白山的不同风景。

（2）"水"是松花江和鸭绿江的总称。长白山山脉是鸭绿江的发源地，朝鲜和中国的边界江就是鸭绿江，消费者来到此处可以在鸭绿江上游泳，参观河两岸的景色；松花江横贯吉林、黑龙江两省，源头就是长白山。

（3）"林"在吉林省，不仅有净月潭森林公园、红岩森林公园、长白山，还有兰家大峡谷红松阔叶林，它获得了"中国最美森林"称号。

（4）"动物"指东北虎、黑貂、白鹤、秋沙鸭等国家珍稀动物，散落在吉林省各地，消费者们可以接触到东北各种独特的保护动物，加深对吉林省旅游资源的印象。

吉林省要实行高质量产品驱动战略，就要紧抓"吉林要素"来打造旅游品牌。牢牢把握品牌创意的主线，挖掘吉林的历史文化、旅游资源特色，通过创新设计引入时尚元素，使得吉林旅游品牌形象蕴含丰富的文化意义。

吉林省有着独特的景致，长春市将"森林城""汽车城""电影城"结合起来，吉林市拥有两大美称，分别是"江城"和"雾凇之都"，长白山山脉则贯穿了白山市、通化市和其他城市，因此，吉林省旅游品牌将在设计过程中逐步整合多种因素，逐步形成高度统一协调的独特品牌形象，获得更广阔的发展前景和影响力。

长白山是吉林省乃至国内外生态资源的最高峰。它拥有丰富多样的动植物资源，具有垂直分布特性，是世界上保存最完整的活植物生态系统。吉林省树立了以长白山旅游资源为核心，引领城内旅游的品牌理念，结合吉林省旅游资源的多种特性，转变为生态旅游，刺激国民经济发展。此外，吉林省将纪念品、民风民俗、汽车秀及综合名胜地共同开发，综合提高吉林省旅游产业的整体品质和旅游品牌形象。

3. 黑龙江省旅游品牌建设

黑龙江省的旅游资源分为两季，冬天是冰雪旅游，夏天是避暑旅游。随着人们对黑龙江省旅游资源的认识不断增强，黑龙江省旅游业的市场范围不断扩大，消费者比例不断上升，黑龙江省正打造有黑龙江省要素的旅游品牌。

黑龙江省的旅游形象被世界旅游组织的专家定位为中国"COOL"旅游。近年来，黑龙江省生态旅游组织推出"冰雪之冠，畅爽龙江"冬季品牌，在全国宣传，形成一定的品牌效应，并开辟了新的冰雪旅游路线，如冰雪、鹤乡、冬季雪线如公路、北村、湖泊（刘晓峰，2004）。"十三五"期间，黑龙江省定位为生态旅游、休闲度假、养生养老等旅游目的地。

多年来，黑龙江省雪景旅游取得了一定的成功，雪景旅游的形象是"冰宝"，避暑旅游的标志是"爽爽虎"，旅游标语是"避暑胜地，畅爽龙江"。2016年10月，黑龙江省设立"黑龙江省旅游形象大使"，进一步提升品牌形象的知名度。

经过多年开发，黑龙江省依靠冰雪旅游资源，成功打造了冰雪旅游品牌，为了在国内旅游市场占据绝对优势，推出了许多高品质的冰雪旅游产品，在国际冰雪旅游市场上引起了巨大反响。黑龙江省冰雪旅游整体发展良好。同时，黑龙江省冰雪旅游资源分布广泛，相似性强。一些冰雪旅游创业企业还盲目模仿哈尔滨、海林以及其他冰雪旅游创业地区的开发模式。冰雪旅游商品开发基础薄弱，类型单一，模仿痕迹严重，缺乏固有文化特性，消费者返游率低。这一模式导致了黑龙江省冰雪旅游商品缺乏特色和独有的文化含义，因此黑龙江省冰雪旅游虽然是大规模发展，但规模不经济（张娜等，2017）。

黑龙江省结合冬季国际滑雪乐园和夏季湿地乐园，打造"Northland"旅游品牌。滑雪娱乐和夏季康养旅游，漂流勘探、冰雪节、啤酒节及其他旅游品牌特色，为黑龙江省旅游品牌的形成做出贡献，对全面提高黑龙江省旅游的国际化水平和地位起到重要作用。

（三）"网络+体验"式营销的线上线下全域旅游协同发展

东北地区整体形象的形成，为形成更庞大、更具消费能力的市场提供了条件，而具体营销策略的制定，则将使市场的形成成为现实。由于跨省区的区域旅游营销更加关注旅游营销的宏观领域，本节将对冰雪旅游网络平台构建、构建旅游要素协同服务平台、构建共享营销平台、共建旅游线路四个方面进行探讨。

1. 全域旅游网络平台搭建及线上信息共享

结合东北地区独特的冰雪旅游等自然风光，以现有的东北旅游网络平台为基础，构建东北地区旅游网络平台。根据旅游智能型信息双向服务模式的框架，设计了包括门户层、应用层、平台层、信息处理平台服务层、数据层和基础设施平台在内的整个网络平台。门户层是各种形式的宣传、推广，在东北地区全域旅游网络平台中起着举足轻重的作用。在促进东北地区全域旅游的背景下，结合现代互联网的应用，促进东北地区全域旅游资源的发展至关重要。平台的应用层包括智能景区应用、智能天气应用程序、智能导航应用程序、智能交通应用程序以及旅游服务提供商提供的其他旅游相关应用程序。加入东北地区全域旅游平台，能够形成更宽的全域旅游服务网络。需要注意的是，作为入口，东北地区全域旅游网络平台不仅为自然资源及人文景观旅游提供相关的服务项目，而且还可以拓展和移植到商务旅游、暑期旅游等多种旅游形式提供服务。

（1）智能旅游的全球信息共享。

互联网的迅猛发展，给旅游产业带来变化和升级的实际要求。作为重要的旅游景点，旅游城市要接待大量的消费者。智能型旅游景区在网络平台或者第三方平台提供的目的地信息，让消费者做出决定，在网络平台提供智能信息的景区，可以精确地统计乘客流量，有助于景区进行精确的管理与控制。通过消费者与目的地之间的智能信息互动，景区能够实现消费者与目的地的共同盈利，优化景观资源利用，最大限度地保护生态环境。景区还可通过现场 AR 和 VA 技术，提供超现实的景区信息内容，为消费者提供别具特色的信息体验。

（2）智能传递信息。

作为旅游信息及中介服务的提供者，旅行社可以通过技术更新促进服务更新，实现智能化，更方便采用旅游信息。新模式可以节省消费者的时间，提供明确的咨询服务，方便消费者和供应商之间的交流，还能以多种语言提供多样化的服务，协助访客解决资讯超载的问题。整个设计完全以消费者的需求为基点。智能旅行社可以根据不同的用户和市场特点以多种模式适应市场需求。智能旅行社不仅可以让消费者轻松获得信息，还可以积极为用户推送信息，为旅游产业链的枢纽节点提供个性化解决方案，让其获得更多好处。

（3）智能酒店信息。

智能酒店基于电信、计算机技术等新型技术，将大数据、云计算和人工智能整合到酒店的风格设计、日常管理、日常运营和最终决策的全过程。智能酒店不仅向客户提供酒店住宿、健身、娱乐及餐饮信息，以及酒店周边的外部信息，还为客户提供便利而个性化的体验与服务。智能酒店还可以为酒店管理者提供酒店各个方面的运营信息，以及对客户信息的精确分析，来进行整合营销。它运用智能信息化技术，提高经营效率，形成核心竞争力，为酒店业提供了可持续的发展空间。智能酒店可以为顾客提供直接的信息服务和个性化的服务。智能型酒店是酒店业的智能型技术应用程序，通过个性化、多样化的服务，拓展客户来源，掌握市场占有率，形成酒店高效智能的市场形象，持续推进酒店商业模式创新。

（4）智能旅游公共服务信息。

智能旅游公共服务系统是城市公共服务系统的重要部分。为了优化供给机制，要通过城市金融投资引导社会资本投资，通过政府和企业间的合作，有效运营智能旅游的整个公共服务系统。以各种旅游服务企业为主体，通过智慧城市系统平台，综合优化城市服务信息，为消费者提供快速、准确、完善、多样化的信息服务。

2. 旅游要素支持的线下体验服务

（1）有效地协调共同的现实需求。

以中国东北综合旅游平台建设为基础，以消费者需求为目标，整合旅游主题、对象、媒体三要素，调整中国东北相关旅行社综合旅游服务，协调旅游景点、公交、铁路、航班及其他利益相关者。将东北地区旅游网络平台作为消费者入口，为消费者提供东北地区旅游连锁全面服务。这些服务是通过多个服务提供者执行的标准化服务模块在旅游平台上提供的。这些服务提供商包括地区旅行社、导游、景区、餐厅、酒店等。同时，根据消费者需求调整不同的旅游价格。东北地区全域旅游平台以消费者的旅游需求为例，为消费者整合最新在线出租车、搭便车、快车，根据平台内置地图提供智能导航及其他服务，可节省时间、精力和费用。

（2）准确地调整个人的实际需要。

基于消费者的个性化需求，根据东北地区旅游平台的算法，实现消费者需求和平台资源的自动匹配。东北地区旅游平台作为地区旅游的入口，实现了地区旅游资源、数据和信息的数字化整合，构建了多种资源库。从旅游要素类型来看，东北地区旅游平台应该是全国旅游资源最丰富和旅游要素最多的旅游平台。根据网络平台发展情况，多种旅游要素进入平台，网络外部效应带动中国东北一带旅游平台持续扩张。消费者可以通过搜索、查询、预约、共享直接获得该平台提供的综合性服务方案。主要内容有：①它为消费者提供餐饮、主题酒店、中国东北的一对一旅游服务和对接生活服务以及一系列相关的短期租赁、共享消费、长期租赁以及其他类型的相关生活和健康服务。②开发中国东北地区旅游相关知识模块，包括知识与技术共享服务、旅游知识、旅游技术与旅游文化知识等一系列专业服务模块，根据用户的各种要求提供正确的服务。③旅游设备共享服务。中国东北的一对一旅游设备昂贵，消费者购买后几乎不使用，会造成巨大的资源浪费。公司通过中国东北地区旅游平台整合和分散资源，提供滑雪装备、热装备和医疗保护装备共享服务。

（3）协调潜在需求。

努力挖掘潜在需求要充分利用现代信息技术，充分利用多种门户平台和多种多样的其他公司平台，其目的在于推广冰雪、冰雕及东北地区全域旅游资源。旅游景点开发、使用 WeChat 社交软件、众多其他公司参与服务等持续扩大东北地区全域旅游平台影响力的主要内容如下：①热点新闻推出服务将通过东北地区潜在用户固有的旅游平台实时发布，发布内容包括最新旅游咨询问题、优先门票活动、热点路线及其他新闻。这些用户不仅包括国内消费者，还包括国外消费者，特别是对东北全域旅游感兴趣的人。使用最新的数据挖掘技术，整合潜在消费者群体的搜索、浏览和交易行为数据，识别最新的热门旅游信息，并将其推广给潜在消费者。配对服务解决方案，及时激活，最大限度地利用平台短信通知、网络弹出窗口、短信、电子邮件、相关 APP 广告及其他网络营销渠道，实现大量上市。②关注和挖掘热点新闻，通过大数据技术、深度学习、云存储技术以及其他新一代信息技术，为消费者提供各种信息，但并不局限于此，还包括搜索记录、评价反馈、搜索词、潜在消费者肖像的构建、个别行动模式的构成、服务需求和关注的偏好方面、以消费者数据系统为基础的东北地区旅游平台、地区旅行社和为消费者提供服务的中介。

3. "网络+体验"式营销的线上线下延伸

（1）构建新的整体营销平台。

通过举办以消费者为目标的旅游节活动，不仅可以让大众感受文化、体验社区、享受娱乐，也具有明确的城市主题和庆典意义。而对于旅游组织与旅游企业而言，则是一次集合旅游产品精华，向消费者展示旅游形象、吸引新闻媒体与社会关注的绝佳机会，更是促进旅游经济发展与其他产业经济联合发展的绝佳营销形式。

对于东北地区来说，能够联合举办定期的旅游节庆活动意义重大，既能够表现出东北地区全域旅游合作的实际进程，又能够产生巨大的声势和影响力，使消费者对东北地区产生较好的印象，在国内全域旅游竞争中加快步伐实现赶超。同时，旅游节庆活动的举办能够增进东北各省的相互了解，在合作中寻找默契，寻求其他多种合作渠道，为东北地区全域旅游合作的开展铺路。例如，可以由东北三省协同举办旅游节庆活动，策划"东北旅游节"。东北地区不同省市作为承办单位选取不同主体，协调旅行社、酒店集团、体育户外用品生产商等，分别在夏季与冬季举办活动，联合塑造东北旅游形象、联手打造东北旅游品牌、合作营销东北旅游产品、增进各方之间相互了解、增加东北旅游竞争力。共同建设大东北地区全域旅游圈，实现东北旅游集团式发展。让东北人更了解东北地区旅游，让外地消费者感受东北旅游魅力，留下深刻的印象，同时为东北旅游合作各方找到最佳的合作切入点。这类活动可以根据东北旅游合作的深入开展和东北旅游业发展状况，适时地将东北各省联合举办的东北旅游推介会推向全国。每年由每个省份负责面向区域外某一个省或国家进行东北旅游整体营销。例如，2019年，黑龙江省负责在北京召开东北旅游推介会，吉林省在上海推介，辽宁省在广州推介。2020年，黑龙江省在俄罗斯推介，吉林省在韩国推介，辽宁省在日本推介。

（2）建设一个多种语言的东北旅游网站。

网络营销是数字经济时代的新营销概念和方式，是连接传统营销，引导和改变传统营销的理想形态和有效方法（李东，2003）。网络营销具有全球性、整合性、低成本、交互性、个性化等特点。对于东北地区全域旅游发展来说，网络营销是加强各方融合、共建旅游品牌、强化对外宣传营销、提升区域旅游整体竞争力的有效途径。同时，扩大网络中的地域宣传涵盖范围，为了提升东北亚核心旅游圈的东北全域旅游的影响力，可以建立中、英文双语网站，扩大旅游信息量，提升对区域旅游形象和跨区域旅游产品线路的网络营销能力，形成大东北旅游区的概念。此外，依据消费者的来源网站语言建议使用多种语言界面，包括中文、英语、俄语、日语、韩语。在板块方面，可以以旅游产品为主划分，包括冰雪旅游、边境旅游、城市旅游、滨海旅游、山地旅游、草原旅游、森林旅游、温泉旅游、红色旅游等。此外，还有旅游资讯、旅游文化、旅游服务、驴友论坛等栏目。实现"网络+体验式"营销网络功能，主要包括：①旅游信息查询：了解东北旅游文化、旅游交通、餐饮住宿等情况，道路交通图和景区导游图下载，旅游景区票价及注意事项查询，等等。②旅游服务预订：在旅游服务频道提供食宿预订、包车租车服务等。③旅游在线交流：在驴友论坛中，可进行旅游经验交流、图片共享，结伴同游。

（3）延伸现有"线上+线下"的东北全域旅游营销范围。

目前，各省均已有自身的旅游营销平台，包括旅游网站、消费者服务中心等，同时也已形成了众多知名度较高、影响力较大的旅游节庆。因此，东北地区的整体营销还应充分利用已有的地方营销平台，对其营销内涵加以延伸，实现联合营销，这也是活跃东北地区旅游市场的重要手段之一。例如，在旅游网站上宣传东北地区整体旅游形象、核心旅游产品系列、跨省区旅游线路等，而在重大节庆时，则应将节庆融入东北地区旅游推介中，通过地方营销平台的互利宣传营销，形成东北地区旅游的整体竞争合力，拓展东北地区旅游市场规模。

1）创意多种营销方案。

除一般意义上的旅游营销策略外，还可审时度势创意设计多种营销方案，从而使东北地区旅游营销在强化基础营销方案巩固市场的同时，不断推陈出新，拓展新的旅游市场。例如，可以对特色旅游商品进行创新营销，采用学校联谊的方式，由东北地区的学生参与，以大兴安岭的白桦树皮为信纸，在寄予思念的同时，将兴安岭的美景附赠其中，可由此吸引学生前往东北大森林、大草原、大湿地开展生态教育旅游活动。

2）开展创意旅游吸引专业市场。

目前，专业市场已构成了旅游市场中不可小觑的一部分，东北地区应充分审视自身的资源特点，开展对接专业市场的特色旅游项目，以吸引专业市场。例如，针对摄影爱好者的"大美东北"摄影比赛，针对户外运动爱好者的"大兴安岭定向越野""草原徒步""火山探险"等，针对文化艺术爱好者的"工业区艺术包装设计"等。

3）利用东北强大的影视音乐等媒介推广东北形象。

东北地区拥有独特的地域风情，以东北地区为背景的影视音乐作品，已在公众心目中建立了一定的认知，包括反映草原风情、东北抗战历史、东北乡村特色等题材的影视作品，以及草原民歌、东北戏曲乃至歌颂东北风土人情的流行歌曲等。东北地区一方面应紧随影音艺术作品的推出，进行地区形象的营销和相应旅游项目的推广；另一方面则应主动与相关团体联合推出以"大美东北""大火东北"等为内容的作品，更新东北地区在受众心中的认知，激发人们对美丽东北的向往。

4）开展"四季营销"平衡东北旅游淡旺季。

东北地区的旅游淡旺季特点明显。目前，旅游旺季集中于夏、冬两季，春、秋两季较短且尚未在旅游市场中形成"识别"而长期被市场忽略，事实上，东北地区由于大森林、大草原、大湿地等构成了自然风光的主体，故形成"春有百花绚烂、秋有彩叶缤纷"的自然风情，应创意开展"四季营销"，将四时不同风韵之美呈现于大众眼前，尤其，东北林区秋季"丹枫白桦"构筑的五彩缤纷的唯美景观，更堪比九寨秋色，加之赏秋时节正是国庆长假期间，是东北四季营销的一处亮点。

5）开展"跨境游""边境游"拓展中国东北地区旅游空间。

中国东北地区西与蒙古接壤，东与鸭绿江、乌苏里江、黑龙江相接，与朝鲜和俄罗斯隔江相望。针对异国风情对国内旅游市场的巨大吸引力，以"边境游"

"跨境游"等字眼进行立体营销,从而拓展消费者对东北旅游空间认识的外延。对于一些暂时不可利用的资源则可以通过多国合作的途径进行共同开发。以"一地看三国"的珲春为例,可连接俄罗斯的长岭甲高速公路港口、珲春中俄国际铁路港口、朝鲜的全河港口和沙塘五洲港口,将 1.5 万米长的出海通道打造成为边境游的一条"黄金水道"。

4. 东北全域旅游精品游线打造

对于旅游营销来说,最重要的一点就是要树立旅游品牌,破除东北旅游产品的同质化印象。要想破除同类旅游产品的同质营销问题,必须树立各个旅游产品独特的品牌。因为品牌代表了一种文化,缺少旅游品牌文化,旅游景点在人心中的印象不易长久。因此,需要针对不同的消费者需求设计旅游线路,旅游线路可跨越两个甚至多个省份,设计自然景观与文化景点相结合的线路。

(1) 针对老年市场的系列设计。

设计要点:慢速、舒适的旅行。

线路 1:由辽宁省、吉林省、黑龙江省共同推出哈尔滨—长春—沈阳—大连城市旅游线路,感受俄罗斯异域风情(哈尔滨)、重温共和国早期电影作品(长春)、参观沈阳故宫(沈阳)。

线路 2:由黑龙江省和吉林省共同推出长白山—镜泊湖—绥芬河旅游线路。这条线路包括白山、黑水和港口,展现了中国东北的景观文化和民族风俗习惯。

(2) 针对年轻学生市场的线路设计。

设计要点:自然景点多,交通便捷,具有一定的户外探险性。

线路 1:由吉林省和内蒙古自治区共同推出长白山—夹皮沟—吉林—长春—乌兰浩特—阿尔山旅游线路。该线路将火山、温泉等自然风光与黄金、汽车工业旅游、红色旅游相结合,形成丰富多彩的旅游长线路。

线路 2:由内蒙古自治区和黑龙江省联合推出呼伦贝尔—满洲里—额尔古纳—漠河的精品旅游路径。这条线路结合了草原风景、边界河流风景、森林风景、蒙古文化、民族文化和俄罗斯风俗,是一条高质量旅游线路。

线路 3:大连—丹东—集安—长白山—延吉—珲春—绥芬河—兴凯湖—珍宝岛—抚远旅游线路,是由黑龙江省、吉林省、辽宁省联合开辟的跨省旅行(董琳,2014)。此长线也可分成短线进行,会聚了海滨、山地、湖泊、边境、口岸,是非常具有地方特色的文化之旅(董琳,2014)。

(3) 针对商务消费者和高端市场的旅游线路设计。

设计要点:高品位的旅游产品和舒适的交通住宿设施。

线路 1：由内蒙古自治区和黑龙江省联合推出阿尔山—呼伦贝尔—漠河旅游线路。该线路会聚温泉、草原、火山、湿地、湖泊等优美的自然景观，可以享受温泉浴、品尝蒙古族美食、欣赏民族歌舞、体验祖国"北极"风光。

线路 2：由内蒙古自治区、吉林省和黑龙江省联合推出阿尔山—北大湖—亚布力冬季滑雪度假旅游。该线路提供了滑雪、温泉、高档服务设施，给消费者带来极度舒适的旅游体验。

第十二章 价值共创视角下东北全域旅游协同发展效果评价

一、价值共创视角下东北全域旅游协同发展评价指标选择

(一) 选择原则

这些年来全域旅游业蓬勃发展，全域旅游发展战略逐步引起政府部门的重视。当前全域旅游理论还不够成熟，体系也不健全。因此，为了防止走入误区，形成一套标准指标体系是很有必要的。全域旅游在四川、辽宁等省的旅游规划中最早被提及。国家在 2016 年就提出了全域旅游的概念，主要是指区域内的各种资源包括旅游资源还有其相关产业和公共设施，对它们进行全面的发展提升，然后整合资源，实现区域协调发展，通过旅游带动经济的发展（丰晓旭，2018），全域旅游是在旅游产业有了一定发展后，通过总结之前的实践经验探索出来的。全域旅游概念有很强的综合性，囊括的国外研究热点，如图 12-1 所示。

理解全域旅游要回归到中国旅游产业发展实践中去，从多维度、多视域深入研究其内涵。为了使东北全域旅游评价体系更加标准化和规范化，应该遵循以下的八条原则，包括继承性原则，综合性原则，主导因子原则，科学性原则，系统性原则，可比、可操作、可量化原则，实用性原则，开放性原则，如图 12-2 所示。

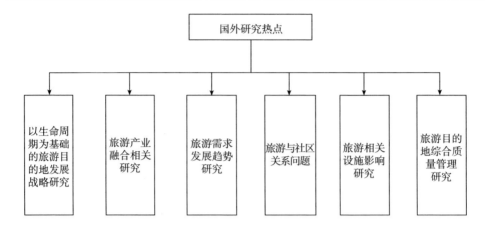

图 12-1　国外研究热点

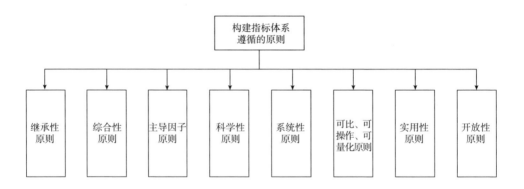

图 12-2　构建指标体系遵循的原则

（二）选择依据

旅游是综合性的学科，需要有很多不同学科理论作为支撑，每一个理论都需要有科学依据，这样才会有说服力。评价内容中主要包括美学的审美理论、规划中的区位理论、经济学中的地域分工与贸易理论、旅游市场学理论；评价方法主要基于价值判断统计理论和认知比较理论，如图 12-3 所示。

（三）评价指标体系构建

要解决全域旅游目前所面临的突出问题，我们就得找到一个区域旅游发展效果的评价方法，通过对全域旅游的评价有助于我们更好地认识当前中国旅游业的发展，"全域旅游"是近几年才出现的概念（龙明璐，2018），但它所讨论和需要解决的是中国存在许久的老问题，即区域旅游产业的转型升级。因此，探讨全域旅游的发展水平，实际上就是从高质量的视角看我国全域旅游的演进与发展。

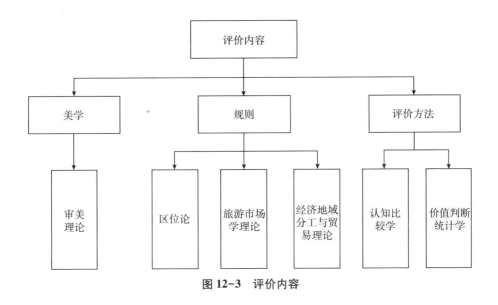

图 12-3　评价内容

评价全域旅游协调发展主要由五个部分组成，包括旅游政策因素指标、旅游资源条件指标、旅游建设条件指标、旅游社会因素指标和旅游经济效益指标（龙明璐，2018），如图 12-4 所示。评价全域旅游发展水平的目的是为今后的相关研究和实践提供一定的参考。

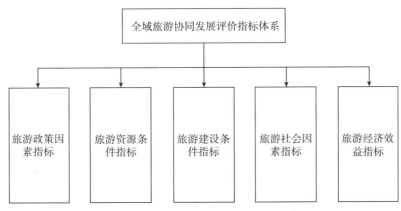

图 12-4　全域旅游协同发展评价指标体系

1. 旅游政策因素

旅游政策因素主要是指宏观调控，通过政府部门的相关政策来对旅游业发展提供项目或者资金的支持，往往政府在旅游业的发展中起着决定性作用（龙明璐，2018）（见表 12-1）。

表 12-1　全域旅游政策因素指标体系

一级指标	二级指标	三级指标
旅游政策	政策意见	相关部门支持力度
	土地政策	保障旅游项目的土地数量、旅游用地计划的完善程度
	旅游项目	督察、考核制度的完善程度；总投资规模；年投资额；重点项目数量；招商引资总额；招商的项目数量
	资金保障	旅游发展专项资金总额、逐年增长的比例、旅游项目库建立及更新相关情况、政府与社会多元投资情况

2. 旅游资源条件

旅游业发展涉及的资源包括自然资源、人文资源等，景区综合承载能力往往需要考虑到环境状况，旅游发展持续性需要考虑到环境保护（龙明璐，2018）（见表 12-2）。

表 12-2　全域旅游资源条件指标体系

一级指标	二级指标	三级指标
旅游资源	自然资源	风景游览区面积、世界自然遗产数量、世界地质公园数量、国家自然保护区数量、国家森林公园数量
	人文资源	红色旅游资源、宗教旅游资源、文化旅游资源
	资源等级	国家等级旅游景区点数（AAAAA 级、AAAA 级、AAA 级）
	环境状况	景区环境容量、景区环境质量
	环境保护	城市生活污水集中处理率；生活垃圾无害化处理率；机动车环保定期检验率；景区生活污水、生活垃圾集中处理达标排放率

3. 旅游建设条件

旅游建设条件主要是需要发展旅游业在吃和玩等方面的建设，尽可能地提高旅游的舒适度，提高景区的可玩性（龙明璐，2018）（见表 12-3）。

表 12-3　全域旅游建设条件指标体系

一级指标	二级指标	三级指标
旅游建设条件	旅游交通	公路等级、交通换乘无缝对接程度、公路沿线交通标识系统完善程度、绿道慢行系统的衔接程度、停车场的面积及其布局适宜性、旅游标识的完善程度
	旅游住宿	住宿接待设施规模与市场需求的适应程度；消费结构（高档、中档、低档）的完善程度；住宿设施和接待服务有地域文化特色；旅游饭店星级划分评定标准和民宿客栈评定标准的匹配程度
	旅游餐饮	餐饮企业单位数；产业企业规模、布局与旅游市场规模、布局的匹配程度；食品安全、卫生达标程度
	旅游购物	购物场所的容量和消费者购物需求的适应程度；有购物场所设置规划（有免税店规划）的完善程度；旅游商品类型多样性；农副产品转化为旅游商品的转化率
	旅游娱乐	文化娱乐和民宿节庆活动种类数、常态化运营的地方特色表演节目数量、娱乐企业单位个数、休闲企业单位个数、会展企业单位个数
	智慧旅游	旅游大数据中心建立情况；涉旅场所 WiFi、通信信号、视频监控覆盖程度；旅游景区流量监控、发布及其实现程度；自媒体发布平台的成熟度；线上导览、在线预订、信息推送、在线投诉等功能的完善程度
	导游建设	持证导游人员数、消费者对导游服务满意程度
	其他配套设施建设	金融企业单位个数；信息企业单位个数；物流企业单位个数；公共休憩空间布局的合理程度、对市场需求的满足程度；旅游集散咨询体系完善程度

4. 旅游社会因素

旅游社会因素更多地需要考虑到旅游地的安全文明状况，要综合考虑全域旅游的社会性（龙明璐，2018）（见表 12-4）。

表 12-4　全域旅游社会因素指标体系

一级指标	二级指标	三级指标
社会因素	安全文明	国家和省级旅游部门给予警告处理的次数、主要旅游场所重大安全事故次数、旅游投诉事件数量、严重旅游不文明现象出现次数
	共建共享	旅游志愿者人数；旅游人才培养、旅游理论研究的政策和资金保障力度；消费者、居民、员工的合法权益保障力度；公益性旅游休闲区的建设效果；对特定群体（未成年人、学生、教师、老年人、现役军人、残疾人等）的减免门票等优惠政策的保障力度；为孕婴、老年人、残疾人服务的设施完善程度

5. 旅游经济效益

市场经济下经济效益会对旅游发展提供良好的引导作用（见表12-5）。旅游经济效益主要是和GDP、就业等关系密切，并且对这些方面需要有一定的要求。它可以直观地反映旅游的整体趋势，也可以调节旅游的发展方向（龙明璐，2018）。

表 12-5 全域旅游经济效益指标体系

一级指标	二级指标
旅游经济效益	旅游业对当地 GDP 的综合贡献达到 15%
	旅游业对地方财政的综合贡献达到 15%
	旅游新增就业占当年新增就业的 20% 以上
	区域内农民年可支配收入 20% 以上来源于旅游收入
	区域内 20% 的建档立卡贫困户通过旅游实现脱贫

全域旅游还需要探索。全域旅游未来发展的方向、重点和模式将因时期和地点的不同而有所不同，具有同样特点的是，对全域旅游评价指标体系的研究也在不断深化和完善，这不仅要求评价指标具有全面性、科学性和实践性，而且要求能够实现与时俱进。合理有效的评价指标体系将为制定地方和区域旅游发展政策和规划提供有力的依据。

二、价值共创视角下东北全域旅游
协同发展效果评价模型构建

（一）基于信息熵的东北全域旅游协同发展效果影响因素权重测度

上一节分析的东北全域旅游协同发展评价指标体系过于复杂，若要进行具体分析，还需要简化。为确保数据的可获得性及真实性，拟提炼 16 项指标表征东北全域旅游协同发展水平，数据主要来源于国家统计局，辽宁、黑龙江、吉林三省旅游局官网和三省《2017 年国民经济和社会发展情况统计公报》等，如表12-6 所示。

表 12-6　东北全域旅游协同发展水平评价指标及相关数据

目标层	准则层	指标层	辽宁省	吉林省	黑龙江省
全域旅游协同发展水平	旅游资源	AA 级旅游景区（个）	116	65	123
		AAA 级旅游景区（个）	168	101	149
		AAAA 级及以上旅游景区（个）	53	57	113
	旅游产业	消费者接待量（万人次）	50597.2	19241.33	16408.1
		旅游总收入（亿元）	4740.8	3507.04	1909.0
		旅行社数量（家）	1443	998	775
		星级酒店（家）	671	176	208
	经济基础	区域总人口（万人）	4369	2717	3789
		GDP 总量（亿元）	23409.24	14944.53	15902.68
		第三产业增加值（亿元）	12307.16	6850.66	8876.83
		居民人均可支配收入（元）	27835.44	21368.32	21205.79
	旅游条件	旅客周转量（亿人公里）	939.83	425.36	452.05
		客运量（万人）	72483	32989	34670
		公路里程（万公里）	12.27	10.39	16.60
		邮电业务总量（亿元）	1000.1	557.75	676.6
		森林覆盖率（%）	38.2	40.4	43.2

　　熵值法最先起源于热力学，主要对各种要素进行权重的确定。通过信息熵来描述事物的随机性以及无序性，我们可以通过这个来判断离散程度，从而判断该要素的影响程度。信息量大的往往稳定性就高，熵会变低，信息量小的往往稳定性就低，熵会变高（陈勤昌，2018）。

1. 构建原始指标数据矩阵

　　构建原始指标数据矩阵：$X = \{x_{ij}\}_{m \times n} (1 \leq i \leq m, 1 \leq j \leq n)$，其中，$m$ 为评价样本数量，n 为具体评价指标数量，x_{ij} 为第 i 个评价样本在 j 项指标下的数值。

$$X = \begin{matrix} X_{11} & \cdots & X_{1m} \\ \vdots & \vdots & \vdots \\ X_{n1} & \cdots & X_{nm} \end{matrix}$$

2. 对数据进行标准化（无量纲化）处理

　　不同指标因为存在数量级的差异，因此我们需要进行量纲处理（王敬超，2018），得到新的评价矩阵 Y（其元素 Y_{ij} 表示第 i 个评价指标第 j 年无纲化评价值），计算如下：

如评价指标为正向指标（即越大越好），则有：

$$Y_{ij} = \frac{X_{ij} - m_i}{M_i - m_i}$$

如评价指标为逆向指标（即越小越好），则有：

$$Y_{ij} = \frac{M_{ij} - X_{ij}}{M_i - m_i}$$

若评价指标为适中指标，则取值在一定区间最好。其中，M_i 表示第 i 行最大值，m_i 表示第 i 行最小值。

进行无量纲化处理后，如果评价指标依然存在小于零的情况，必须对该指标进一步进行标准化处理。将坐标进行平移，令 Y 中所有 $Y_{ij} = Y_{ij} + 1$，可得到更新后的矩阵 Y。

3. 计算指标值的比重

计算第 j 项指标下第 i 个评价样本指标值的比重：$a_{ij} = \dfrac{Y_{ij}}{\sum\limits_{j=1}^{m} Y_{ij}}$（$0 \leqslant a_{ij} \leqslant 1$），由

此可建立数据的比重矩阵；$Y = \{a_{ij}\}_{m \times n}$，其中，$m$ 为评价样本数量，n 为具体评价指标数量。

4. 计算信息熵值

计算第 j 项指标的信息熵值：$E_j = -\dfrac{1}{\ln m} \sum\limits_{i=1}^{m} a_{ij} \ln a_{ij}$，其中，若有 $a_{ij} = 0$，则有 $a_{ij} \ln a_{ij} = 0$。

5. 计算变异度

信息熵 E_j 可测度第 j 项指标信息的效用价值，若整个系统处于完全无序状态，则 $E_j = 1$，第 j 项指标信息的效用值为 0。因此，某项指标的信息效用价值取决于 1 与该指标的信息熵 E_j 的差值 H_j（李佳，2016），从而得出第 j 项指标的变异度。公式如下：$H_j = 1 - E_j$。

6. 计算权重

熵值法本质是择取指标信息系数大小来测算其价值，而信息熵贡献值影响着第 j 项指标的权重（陈勤昌，2018）。公式如下：$W_j = \dfrac{H_j}{\sum\limits_{j=1}^{m} H_j}$。

通过对已收集的原始数据进行熵值计算，可以获得东北全域旅游协同发展效果的影响因素权重，如表 12-7 所示。

表 12-7　东北全域旅游发展水平权重值

目标层	准则层	准则层权重	指标层	指标层权重
全域旅游协同发展水平	旅游资源	0.2055	AA 级旅游景区（个）	0.0752
			AAA 级旅游景区（个）	0.0726
			AAAA 级及以上旅游景区（个）	0.0576
	旅游产业	0.2453	消费者接待量（万人次）	0.0577
			旅游总收入（亿元）	0.0684
			旅行社数量（家）	0.0615
			星级酒店（家）	0.0576
	经济基础	0.2488	区域总人口（万人）	0.0709
			GDP 总量（亿元）	0.0579
			第三产业增加值（亿元）	0.0625
			居民人均可支配收入（元）	0.0575
	旅游条件	0.3005	旅客周转量（亿人公里）	0.0576
			客运量（万人）	0.0575
			公路里程（万公里）	0.0608
			邮电业务总量（亿元）	0.0601
			森林覆盖率（%）	0.0645

（二）价值共创视角下东北全域旅游协同发展效果评价模型

模糊数学通常是用来对模糊信息进行处理，它已经是一种比较成熟的数学方法，运用数学的方法来对模糊现象进行解释说明。模糊数学方法在诸多领域都有了实际突破。灰色系统理论的数学方法主要是对信息的不完整性进行研究，通过总结规律来分析得出内部趋势，从而可以得到关联度。灰色关联度是在灰色系统中对事物和因素进行关联度的表示，我们可以通过该方法，定量得到事物间的影响程度以及关联度。本书是研究东北全域旅游的，由于其中涉及的很多因素难以量化，所以可以使用模糊的灰色因素，因此我们可以使用模糊评价法以及多层次模糊灰色聚类综合评级法，构建多层次评价指标体系（程静静，2016），建立东北全域旅游协调发展效果综合评价模型。

1. 多层次模糊灰色关联聚类分析综合评价模型

构建东北全域旅游综合指标体系需要构建评价指标的权重和因素集。

设 $B = (B_1, B_2, \cdots, B_m)$ 是一个因素集，表示一级指标：$W = (W_1,$

W_2, …, W_m) 表示一级指标的权重集（程静静，2016），其中 $W_i \geqslant 0$（$j = 1$, 2, …, r），且有 $\sum_{i=1}^{m} W_i = 1$。

设 $C_i = $（$C_{i1}$, C_{i2}, …, C_{ir}）（$i = 1$, 2, …, m）表示二级因素集，它隶属于一级评价指标 B_i；$W = $（$W_{i1}$, W_{i2}, …, W_{ir}）是权重集，表示 C_{ij} 在 C_i 中的权重（邓仁健，2010），其中 $W_{ij} \geqslant 0$（$j = 1$, 2, …, r），且有 $\sum_{j=1}^{r} W_{ij} = 1$。

权重 W_i 与 W_{ij} 可由专家调查法和层次分析法（AHP）确定。

设 $U = $（$U_1$, U_2, …, U_n）是一个评论集，评论集表示对一个事物进行评价，比如好或者不好。

对其中的每个 C_i 都一一评价，步骤如下：

我们可以通过 C_i 对它们中的每一个 C_{ij} 进行评价，然后得出每一个的评价程度，从而得到一个判断矩阵（邓仁健，2010）

$$R_i = \begin{pmatrix} X_1 \\ \vdots \\ X_n \end{pmatrix} = = \begin{bmatrix} X_{11} & \cdots & X_{1n} \\ \vdots & \vdots & \vdots \\ X_{r1} & \cdots & X_{rn} \end{bmatrix}$$

其中，X_{jk}（$j = 1$, 2, …, r；$k = 1$, 2, …, n）指的是隶属度，表示的是 C_i 中第 j 个评价因素的第 k 级评语。我们可以采用专家打分法求隶属度，可以用公式表示为：$X_{jk} = d_{jk}/d$，其中 d_{jk} 表示对因素集 C_i 中第 j 个评价因素作出第 k 级评语的专家人数，d 为专家组总人数，我们还可以通过模糊矩阵求评价结果，公式为 $Y_i = W_i \times R_i$，合成算子一般采用普通的矩阵乘法算子（张辉，2008）。

2. 多层次模糊灰色关联聚类分析综合评价模型

灰色关联分析主要是根据几何曲线来判断相似度的，如果曲线接近则说明关联度大。灰色关联聚类则是在此基础上加上聚类的理论，它是通过评价对象的模糊综合评价结果来使其作为比较序列，然后比较各个序列的关联度以及作聚类分析，最后根据优缺点进行排序，步骤如下文所述。

3. 构造比较数列和参考数列

比较数列是指通过评价对象的二级指标 C_i（$i = 1$, 2, …, m）得出的评价结果 Y_i。设有 L 个评价对象，则 $Y_i = \{Y_i(k) \mid k = 1, 2, \cdots, n; i = 1, 2, \cdots, m\}$；$Y_{ij}$（$j = 1$, 2, …, L）为第 j 个评价对象的因素集 C_i 所对应的模糊评价结果矩阵。构造 n 个参考数列：$Y_{oi} = \{Y_{oi}(k) \mid k = 1, 2, \cdots, n; i = 1, 2, \cdots, m\}$，其中，当 $i = k$ 时，$Y_{oi}(k) = 1$；当 $i \neq k$ 时，$Y_{oi}(k) = 0$。

关联系数的计算公式为：$\varepsilon_i(k) = \dfrac{\min\limits_{i}\left[\min\limits_{k}\Delta i(k)\right] + \rho\max\limits_{i}\left[\max\limits_{k}\Delta i(k)\right]}{\Delta i(k) + \rho\max\limits_{i}\left[\max\limits_{k}\Delta i(k)\right]}$，

$\Delta i(k) = |Y_{oi}(k) - Y_i(k)|$，其中，$\rho$ 为分辨系数，其取值区间为 $[0，1]$，ρ 越小则分辨率越大，一般取 $\rho = 0.5$；$\varepsilon_i(k)$ 为 $Y_i(k)$ 与 $Y_{oi}(k)$ 在第 k 个评语隶属度的关联系数。

由上式得到第 j 个评价对象的因素集 C_i 所对应的关联系数矩阵 Z_{ij}（邓仁健，2010）。

$$Z_{ij} = [\varepsilon_{ij1}，\varepsilon_{ij2}，\cdots，\varepsilon_{ijn}]$$

令 $Z = [Z_{1j}，Z_{2j}，\cdots，Z_{mj}]T$，利用矩阵的乘积计算出具有两级评价指标的第 j 个评价对象的最终关联系数矩阵 P。

$$P = W^\circ Z = [P_{j1}，P_{j2}，\cdots，P_{jn}]$$

（1）确定最大关联度和灰色关联聚类值。

通过评价对象以及最终关联度从而确定最大关联度，它对应的参考序列序号则是评价对象的灰色关联聚类值 $P_j^* = \max(P_{j1}，P_{j2}，\cdots，P_{jn})$。其中，$P_j^*$ 为第 j 个评价对象的最大关联度，其所对应的参考数列的序号即该评价对象的灰色关联聚类值 T_j^*（邓仁健，2010；单宏胜，2009）。

（2）对各评价对象进行优劣排序。

我们可以对 T_j^* 从小到大进行排序，然后对最大关联度 P_j^* 从大到小进行排序（张辉，2008），从而得到评价对象的优劣排序。

运用模糊数学和灰色理论的多层次评价方法构建东北地区全域旅游协调发展综合评价体系，对全域旅游的发展具有很重要的意义。东北地区全域旅游协调发展的模糊综合评价模型与传统的定性评价相比是很有优势的。该模型能够对东北全域旅游的协同发展进行定量评价，对提高乡村旅游发展水平很重要。

（三）价值共创视角下东北全域旅游协同发展效果结果分析

将全国各省的各项指标数据划分为五个等级，如表 12-8 所示。以下数据主要来源于国家统计局、各省旅游局官网和各省《2017 年国民经济和社会发展统计公报》等（张洪，2019）。

由此可得到辽宁省、吉林省、黑龙江省的数据属于哪个区间进而得到一个分值，如表 12-9 所示。

表 12-8　全域旅游协同发展水平评价等级标准

目标层	准则层	指标层	指标等级				
			I (80~100)	II (60~80)	III (40~60)	IV (20~40)	V (0~20)
全域旅游协同发展水平	旅游资源	AA 级旅游景区（个）	≥200	140~200	80~140	20~80	≤20
		AAA 级旅游景区（个）	≥200	150~200	100~150	50~100	≤50
		AAAA 级及以上旅游景区（个）	≥150	110~150	80~110	50~80	≤50
	旅游产业	消费者接待量（万人次）	≥50000	35000~50000	20000~35000	5000~20000	≤5000
		旅游总收入（亿元）	≥8000	5500~8000	3000~5500	500~3000	≤500
		旅行社数量（家）	≥2000	1400~2000	800~1400	200~800	≤200
		星级酒店（家）	≥600	450~600	300~450	150~300	≤150
	经济基础	区域总人口（万人）	≥10000	7000~10000	4000~7000	1000~4000	≤1000
		GDP 总量（亿元）	≥50000	35000~50000	20000~35000	5000~20000	≤5000
		第三产业增加值（亿元）	≥20000	15000~20000	10000~15000	3000~10000	≤3000
		居民人均可支配收入（元）	≥24000	22000~24000	20000~22000	18000~20000	≤18000
	旅游条件	旅客周转量（亿人公里）	≥1500	1100~1500	700~1100	300~700	≤300
		客运量（万人）	≥110000	80000~110000	50000~80000	20000~50000	≤20000
		公路里程（万公里）	≥25	20~25	15~20	10~15	≤10
		邮电业务总量（亿元）	≥3500	2500~3500	1500~2500	500~1500	≤500
		森林覆盖率（%）	≥80	60~80	40~60	20~40	≤20

表 12-9　东北全域旅游协同发展水平评价得分

目标层	准则层	指标层	辽宁省	吉林省	黑龙江省
全域旅游协同发展水平	旅游资源	AA 级旅游景区（个）	53	35	57
		AAA 级旅游景区（个）	66	40	60
		AAAA 级及以上旅游景区（个）	22	24	63
	旅游产业	消费者接待量（万人次）	80	40	35
		旅游总收入（亿元）	54	42	32
		旅行社数量（家）	61	46	39
		星级酒店（家）	90	24	28
	经济基础	区域总人口（万人）	42	32	38
		GDP 总量（亿元）	44	33	35
		第三产业增加值（亿元）	49	32	36
		居民人均可支配收入（元）	100	53	52

续表

目标层	准则层	指标层	辽宁省	吉林省	黑龙江省
全域旅游协同发展水平	旅游条件	旅客周转量（亿人公里）	52	26	27
		客运量（万人）	75	28	29
		公路里程（万公里）	28	20	44
		邮电业务总量（亿元）	30	21	23
		森林覆盖率（%）	38	40	43

　　通过第十二章第二节的多层次模糊综合评价模型的公式可以得出辽宁省、吉林省和黑龙江省的全域旅游协同发展水平结果，以辽宁省为例，如表 12-10 所示。同理，也可得出吉林省和黑龙江省全域旅游协同发展水平结果分别为 33.7076 和 40.5110。

表 12-10　辽宁省全域旅游协同发展水平结果

目标层	目标层结果	准则层	准则层结果	指标层	指标层结果
全域旅游协同发展水平	54.8993	旅游资源	10.0476	AA 级旅游景区（个）	3.9876
				AAA 级旅游景区（个）	4.7922
				AAAA 级及以上旅游景区（个）	1.2677
		旅游产业	17.2487	消费者接待量（万人次）	4.6162
				旅游总收入（亿元）	3.6937
				旅行社数量（家）	3.7534
				星级酒店（家）	5.1854
		经济基础	14.3389	区域总人口（万人）	2.9778
				GDP 总量（亿元）	2.5476
				第三产业增加值（亿元）	3.0631
				居民人均可支配收入（元）	5.7503
		旅游条件	13.2641	旅客周转量（亿人公里）	2.9935
				客运量（万人）	4.3155
				公路里程（万公里）	1.7021
				邮电业务总量（亿元）	1.8017
				森林覆盖率（%）	2.4513

　　通过第十二章第二节的多层次模糊灰色关联聚类分析的公式可以得出辽宁

省、吉林省和黑龙江省的各指标的关联系数，如表 12-11 所示。

表 12-11　东北全域旅游协同发展水平的关联系数

指标层	辽宁省	吉林省	黑龙江省
AA 级旅游景区（个）	0.4598	0.3810	0.4819
AAA 级旅游景区（个）	0.5405	0.4000	0.5000
AAAA 级及以上旅游景区（个）	0.3390	0.3448	0.5195
消费者接待量（万人次）	0.6667	0.4000	0.3810
旅游总收入（亿元）	0.4651	0.4082	0.3704
旅行社数量（家）	0.5063	0.4255	0.3960
星级酒店（家）	0.8000	0.3448	0.3571
区域总人口（万人）	0.4082	0.3704	0.3922
GDP 总量（亿元）	0.4167	0.3738	0.3810
第三产业增加值（亿元）	0.4396	0.3704	0.3846
居民人均可支配收入（元）	1.0000	0.4598	0.4545
旅客周转量（亿人公里）	0.4545	0.3509	0.3540
客运量（万人）	0.6154	0.3571	0.3604
公路里程（万公里）	0.3571	0.3333	0.4167
邮电业务总量（亿元）	0.3636	0.3361	0.3419
森林覆盖率（%）	0.3922	0.4000	0.4124

通过表 12-11 可以看出辽宁省的评价结果，由辽宁省、吉林省和黑龙江省全域旅游协同发展水平结果分别为 54.8993、33.7076 和 40.5110 可知，东北三省在全域旅游协同发展方面还很落后，需要加快发展。通过表 12-11 可以看出，居民人均可支配收入在辽宁省全域旅游协同发展中贡献最大，其次是星级酒店的数量；居民人均可支配收入在吉林省全域旅游协同发展中贡献最大，其次是旅行社数量；AAAA 级及以上旅游景区的数量在黑龙江省全域旅游协同发展中贡献最大，其次是 AAA 级旅游景区的数量。

第十三章 价值共创视角下东北全域旅游协同发展保障对策

一、宏观保障对策

东北地区旅游业所要做的就是抓住供给侧结构性改革的契机，抓住全域旅游发展的机遇，实现自身的突破式发展。

（一）产业融合促进东北全域旅游的复合型发展

在全域旅游发展视野下，通过不同产业之间的相互融合实现全域旅游符合旅游行业的整体发展需要，并能够进一步带动其他行业的发展。因此，对于一个地区来说，旅游行业的发展应该是一种复合型发展，通过地区内相关产业的整体发展推动实现地区旅游市场的兴旺发达。

1. 旅游产业复合发展的总体规划

区域经济的全面发展和其他产业的发展可以通过发展旅游产业来带动。通过旅游基础设施的建设改善区域发展软环境，是东北地区旅游产业发展的重要目标。针对东北地区旅游产业发展面临的问题，产业规划应着重从以下几方面入手：

（1）优化产业结构、完善产业体系。

东北地区要应对和解决旅游业发展的问题就要对其旅游产业结构进行优化。首先，重点扶持旅游产业链中薄弱环节的发展，主要可以通过以下几种方式：一是加快旅游文娱、旅游特色餐饮等薄弱环节的发展；二是要鼓励支持游览项目的深度开发与高层次参与性游览项目的开发，增长旅游产业链。其次，政府重点引导旅游基础设施建设，打破旅游行业发展的基础设施瓶颈，主要可以通过以下几种方式：一是改善旅游交通运力不足的现状；二是加快东北地区旅游信息服务体系的建设；三是建立起区内统一的旅游安全及质量监督管理服务体系等。

（2）提升旅游产业组织水平。

深化旅游行业内部机制改革，加快政企分开步伐，建立权责明晰、运转高效的现代化企业管理制度。改变旅游企业规模小的发展现状，处理好大、中、小企业的关系，实现规模化经营和集群化发展。一方面鼓励大企业规模化发展，积极引进区外信誉好、规模大、实力强的旅游企业，重点培育以区内重点景区（点）或骨干旅游企业为龙头的企业集团；另一方面扶持中小企业集群化发展，培育多元市场主体。

（3）培育旅游产业集群。

旅游企业规模小、景区分散、规模化效益低是东北旅游业发展面临的一个突出问题。旅游产业空间布局要着力培育旅游产业集群，形成各种设施集中的旅游集中地。首先，通过旅游行业不同部门在空间上的纵向集聚，形成具有影响力的旅游企业集群；其次，同一行业部门通过内部分工，形成旅游部门产业集群，实现旅游部门的规模化、集群化发展，克服旅游企业规模小的弊端。但产业集群的发展需要政府部门的有效引导，可选定特定区域作为增长点，根据地区特色进一步发展壮大已经初具规模的旅游产业集群，积极培育有潜力的产业集群（见图 13-1）。发挥这些集群的带动作用，带动周围地区旅游产业发展，进而带动国民经济的全面转型。

初具规模的旅游产业集群	富有潜力的旅游产业集群
• 大连——滨海休闲度假、时尚文化会展旅游产业集群 • 沈阳——历史文化、工业旅游，制造业会展旅游产业集群 • 长春——近代历史风情旅游，汽车、电影文化会展旅游产业集群 • 哈尔滨——冰雪文化、边贸、工业会展旅游产业集群	• 阿尔山高端休闲产业集群 • 长白山民族风情、山地观光休闲产业集群 • 五大连池火山温泉休闲体验产业集群 • 呼伦贝尔草原文化、休闲体验产业集群

图 13-1　东北全域旅游产业集群发展

2. 完善旅游公共服务体系

公共服务是以政府为主导的，目的是提升旅游基础设施水平，为旅游业健康发展提供保障。制约东北地区旅游发展的公共服务包括旅游交通、旅游安全、旅游质量保障、旅游营销等。因此打破基础设施瓶颈，可以推动东北地区旅游业迅速发展。交通状况是影响旅游业发展水平的关键因素，在交通设施不完善的状态下，消费者无法顺利到达旅游目的地，这就会直接限制旅游的消费者数量。世界上有很多国家已经验证了通过改善交通条件促进旅游业迅速发展的经验。为了改善东北地区的交通状况，要大力发展和提升支线机场的功能，完善以高速公路、铁路为主体的现代交通网络，提高口岸与旅游吸引物的通达性，建设立体化旅游交通体系。

（1）积极发展旅游航空交通运输业。

东北地区远离珠三角、长三角等国内市场，发展航空交通运输是开拓旅游市场的主要手段。要充分发挥现有航空设施的功能，升级部分支线机场功能，在机场建设和空中航线方面的改进措施，如表13-1所示。强化一些重要机场的核心功能，要深入挖掘支线机场在运输领域的巨大潜力，将国际和国内的线路进行整合。

表 13-1　东北地区旅游航空交通发展措施

机场建设	完善航空枢纽机场的功能	完善沈阳桃仙国际机场、大连周水子机场、哈尔滨太平国际机场、长春龙嘉国际机场航空枢纽功能，扩充机场容量和吞吐量，奠定门户城市的地位
	升级支线机场	升级二级、准二级旅游中心城市的支线机场，如海拉尔、满洲里、赤峰、通辽、丹东、佳木斯、牡丹江、黑河、延吉、锦州、通化、白山、锡林浩特机场
	新建机场	加快建设大庆、阿尔山、鸡西、伊春、加格达奇、二连浩特等支线机场，新建大连新机场、五大连池、抚远、白城、霍林郭勒支线机场
空中航线	增开通往主要客源地国际、国内航班	增加到日、韩、俄、美、东南亚（新加坡、马来西亚、泰国、缅甸等国）的国际航线；开辟港澳台航线；针对国内高端旅游市场，增加通往国内主要客源城市（上海、杭州、北京、广州等地）的航线；增加区内各等级机场之间的航线
	开通旅游包机	旅游旺季增加临时航班，保证客运需求，增加主要客源地旅游包机业务

（2）加强铁路路网建设。

铁路是服务于长线观光消费者的主要交通运输方式，对于面积辽阔的东北地区来说也是主要的区域旅游交通运输方式。通过新建、改善铁路运输条件，打通重要景区与中心城市的铁路通道（见表13-2）。交通运输条件要达到国际标准，可以通过提升车辆的硬件档次，改善乘车环境，在服务、设施、环境等各方面提升水平。最终使各主要景区、旅游中心城市之间的铁路交通实现网络化。

表13-2　景区与中心城市的铁路通道

建设升级沟通全区的区域旅游大通道	建成哈尔滨—大连高速旅游客运专线
	建成北京—沈阳—长春—哈尔滨客运专线
	建设张家口—锡林浩特铁路
	在内蒙古满归和黑龙江漠河之间修建铁路，将大兴安岭地区南北贯通
	升级京哈通道
打通重要景区与中心城市的铁路通道	建设二道白河—和龙铁路，打通延吉—长白山的铁路联系
	建设长春—烟筒山、桦甸—抚松铁路，开辟长春直达长白山的铁路线
	建设克什克腾旗—锡林浩特的铁路
	启动扎兰屯—柴河—阿尔山铁路建设，将扎兰屯、阿尔山地区的旅游景点和呼伦贝尔市各大景区连接起来，形成旅游环线

（3）优化公路路网。

要想通过公路建设提升哈尔滨、长春、沈阳、大连等中心城市的聚集和辐射功能，则要以区域旅游中心城市及资源分布状况为核心不偏倚，对外要连接周边省区建设，对内以沟通旅游中心城市和重要景区的建设项目为重点安排。打通区域公路通道、新建改造主要中心城市之间的公路干道以及提高重要景点与中心城市之间的道路通达性，从而形成较完善的区域公路网（见表13-3）。

表13-3　东北区域公路网完善线路

打通区域公路通道	沟通大连—鞍山—本溪—丹东—长白山—敦化—镜泊湖的"东便道"，建成贯穿东北三省东部的旅游通道
	新建哈尔滨—绥化—五大连池—黑河的高速公路，并与哈大高速公路连接，借此将哈大高速公路向北延伸至黑河，打造区域中部南北通道
	新建加格达奇—漠河—北极村公路，规划等级为一级，与111国道相接，打通区域西部南北向通道

续表

打通区域公路通道	新建乌兰浩特—阿尔山一级公路，升级 302 国道长春—白城、长春—乌兰浩特段为一级公路，形成横亘东西，经阿尔山—乌兰浩特—白城—长春—延吉的通道
	建设 303 国道集安—锡林浩特段，规划等级为一级公路
	向西延伸锦朝高速，连接克什克腾与锡林浩特
	新建额尔古纳—根河—满归—漠河的公路
新建改造主要中心城市之间的公路干道	新建同三国道主干线拉林河—长春段，等级为高速公路
	贯通同三国道主干线长春—珲春支线，等级为高速公路
	改造国道明水—沈阳段，规划等级为一级公路
	改造 201 国道鹤岗—大连，规划等级为二级公路
	新建伊春—鹤岗的公路，提高伊春、鹤岗、佳木斯等黑龙江沿线城市之间的公路等级
提高重要景点与中心城市之间的道路通达性	建设 201 国道杏山—镜泊湖—吉林敦化段
	延伸长营高速公路，经抚松至长白山，规划等级为一级公路
	提高大庆—五大连池的公路等级
	提高佳木斯—抚远的公路等级
	提高吉林—长白山的公路等级
	改造辽宁滨海一线重景区之间的公路路况
	提高加格达奇—漠河—北极村的公路等级
	提高牙克石—根河—满归的公路等级
	提高海拉尔—拉布大林—根河—鄂伦春阿里河的公路等级

（4）发展水路旅游航线。

建设水运旅游航线包括黑龙江、松花江、鸭绿江、乌苏里江和图们江等，形成的水运网络体系要能够联结各旅游功能区和旅游中心地。在具有地理位置优势的地方建立水运码头，如大连、珲春、临江、集安、绥滨等，形成能够沟通韩国、日本、朝鲜、俄罗斯的国际航线。

3. 建立统一的旅游信息平台

无论对于旅游经营者，还是对于消费者，旅游信息服务都是非常重要的。而且信息越详细、越形象，越便于消费者得到较好的旅游体验。建立统一的旅游信息平台是区域旅游合作的最有效途径，这包括统一的旅游门户网站、统一的营销平台、统一的数据库等。

（1）建立统一的东北旅游数据库。

资料丰富、更新及时的数据库是旅游信息得以传播、运用的基础，由各地旅游信息中心合作建立起综合大型动态数据库（见表13-4）。

表13-4　综合大型动态数据库内容

旅游信息数据库	建立数据库内容覆盖东北大区，包含所有旅游资源、旅游产品、旅游服务企业和旅游管理部门信息，进入互联网，向社会提供信息咨询服务
旅游商情数据库	建立包含吃、住、行、游、购、娱各种旅游要素在内的商情物价数据库，基本覆盖各大旅游目的地
人才信息数据库	建立以旅游人才库、旅游人才需求库、高校毕业生供需信息库为主子库，与全国主要人才市场联结，为本区域及全国的旅游人才交流和智力资源的开发提供信息服务
政策法规数据库	以现有国家法规库为基础，建立起包括东北地区全部与旅游相关的地方法规，并有全国各大城市地方法规的大型旅游法规数据库，向社会各界提供查询服务

（2）建立统一的旅游门户网站。

建议在原来"东北旅游网"的基础上进行改版，建设成包括黑、吉、辽及蒙东地区在内的新"东北旅游网"。由四地政府推动，在上述东北旅游数据库基础上，为区内旅游企业、政府、消费者搭建统一的电子化平台，将旅游电子政务和旅游电子商务有机融合，实现平等交流和诚信沟通。

1）四地旅游行政管理部门实现联网办公，开展网上咨询，为公众提供实时的、丰富的旅游信息。

2）开通网上旅游业务管理，开展网上投诉和处理业务，开展公众旅游诚信评价。

3）加强旅游电子商务平台建设。实现东北地区区内各主要旅游资源、旅游企业（旅行社、饭店等）、旅游交通等详细信息的数字化，实现住宿、餐饮、车船等服务的网络预订。广泛联系旅游企业、景区（点）、饭店和客运线路，提供信息咨询、联网售票、住宿预订等标准化服务，也可为自助旅游提供个性化服务，在东北地区要切实实现无障碍旅游。

（3）建设统一的旅游咨询公益服务网络。

国家旅游资讯公益服务工程要切实配合，以省为单位，按照统一技术标准建设和维护本地旅游数据库，由各省区市旅游局负责建设与运营（刘艳，2008），通过省区协商实现网络对接，形成统一的旅游咨询公益网络。

（4）规划建设移动信息服务系统。

规划建设可移动的数字旅游信息提供服务，以应对国际化、全球化的发展趋势，包括支持车载信息终端（主要针对私家车）、支持网络电视、整合地理信息系统（GIS），提供线路设计，按距离范围搜索功能等。与电信公司合作，实现手机旅游信息服务。开展城市和旅游区（点）手机导游；建立旅游区（点）"随身听"自助导游解说服务系统。

（二）东北全域旅游政府协调管理实现价值共创

政府在东北旅游行业发展环境转变过程中，有着十分重要的作用。政府又不能过分干预市场，因此应积极调整地方旅游法规文件，以适应环境的变化，为东北旅游业稳定持续发展制定有利的政策措施和完善的保障机制。

1. 政府的政策扶持措施

（1）培育区域内旅游市场。

政府应摒弃对于旅游业单一的经济功能的认知，把旅游活动当作居民的一项基本需要和福利，从提高生活质量、平衡区域发展和践行"以人为本的科学发展观"的高度来认识旅游活动，并调整旅游产业政策。为此，应积极推进和完善带薪假期制度，出台鼓励旅游的消费政策；在沈阳、大连、长春、哈尔滨及其他经济发达城市制订居民旅游计划，把居民的旅游消费作为社会发展的一项重要指标。同时借鉴国外经验，实行社会旅游政策，为低收入阶层提供福利旅游，保障每个公民的旅游权利；鼓励企业开展奖励旅游活动；为居民旅游提供贷款。

倡导公务旅行服务的社会化和专业化，国家机关、事业单位和社会团体可以委托旅行社安排其交通、住宿、餐饮和会务等服务事项，并以地方法规的形式明确其合法性。

（2）拓展区域外客源市场。

东北地区的消费者呈现明显的以区域内城镇居民为主的单极结构特点，各省区之间互为客源地，区域内消费者占造访消费者总数的比例高达95%。这种结构无法产生足够大的市场驱动力，无法使资源的效益最大化，旅游的综合功能也无法得到发挥。在这种情况下，东北各省区应制定协调统一的旅游发展政策，将产业增长的动力和战略重点向区外中远程客源地适度转移（见表13-5）。

表 13-5　区域外客源市场扩展策略

	巩固区域内客源市场的基础
将营销重点转向区外中远程客源市场	营销重点向国内经济发达地区转移
	以东北特色吸引物扩大南方市场

完善作为中远程目的地的接待服务体系	各省区在旅游发展的指导思想上达成共识
	形成东北地区的区域旅游目的地系统
	利用数据库营销找到创造利润的细分市场
提高城市旅游功能拉动中远程客源市场	以景区开发为主转向以旅游目的地开发为主
	调整旅游开发政策
	引导各级政府加大城市旅游功能建设力度

1）将营销重点转向区外中远程客源市场。在继续巩固区域内客源市场的基础上，适时地将营销重点向国内经济发达地区转移，如对长三角和珠三角地区消费者进行重点营销。东北地区应联合制定营销方案，以迥异于中国南方的气候特点、自然环境、旅游资源、民族风情等旅游吸引物形成对长三角和珠三角消费者的强大吸引力。

2）完善作为中远程目的地的接待服务体系。接待服务体系建设的关键是各省区在旅游发展的指导思想上达成共识，在政策层面达成一致性意见，通过基础设施的建设和完善、高中低档旅游设施的配给、区域旅游信息系统的建立，形成东北地区的区域旅游目的地服务系统。目的地系统利用数据库营销方法找到能创造利润的细分市场，为消费者提供符合市场需求的产品。

3）通过提升城市旅游功能拉动中远程客源市场。由于信息不对称和旅游消费的不确定性，旅行社成为产业中坚，形成点状经济体系。在这种旅游产业运行模式下，旅游开发将由以景区开发为主转向以旅游目的地开发为主，城市将成为旅游产业的重要空间。东北地区城市的旅游功能尚不完善，应通过调整旅游开发政策，引导各级政府加大城市旅游功能建设力度，为拉动中远程客源市场奠定基础。

（3）推动旅游企业集团化发展。

目前我国的旅游业转型正显现出旅游产业发展由单体企业组织向链条企业组织转型的突出特征（车玲，2008）。大的旅游企业集团出现是提高东北地区旅游业竞争力的市场选择。在当前严酷的市场环境下，政府可以通过相应政策对大型国企资产进行战略整合，对于已经有一定规模和影响力的民营旅游企业可以在金融政策、制度建设等方面采取相应的鼓励措施，推动集团化经营。具体措施如图13-2所示。

•深化企业制度改革 •坚持制度创新 •形成有效的动力机制和约束机制 •培育强大的制度竞争力 •构建良好的旅游经济运行微观基础	•加强各旅游企业集团之间的交流 •以开放的心态从事开放性的事业，达到参与者共赢的目标 •促进企业向集团化、网络化发展 •推进旅游立法	•加强与国际大型旅游集团的合作 •在"引进来"的同时，共同研究"走出去"战略 •建立东北区域旅游的海外接待体系 •培育东北地区跨国旅游集团

图 13-2　旅游企业集体化发展措施

2. 政府不断完善保障机制措施

政府主要从规划实施、法律法规、旅游人才、安全应急方面建立保障机制（见图 13-3）。

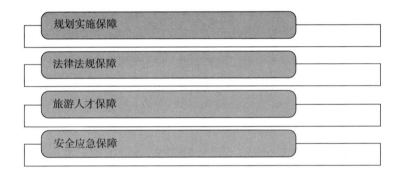

规划实施保障

法律法规保障

旅游人才保障

安全应急保障

图 13-3　有待完善的保障机制

（1）规划实施保障。

2010 年，国家旅游局制定了《东北地区旅游业发展规划》。该规划是东北区域旅游规划实施纲领。它将东北区域旅游一体化发展上升为国家和区域的共同意志，并以行政规章的形式对东北区域旅游一体化发展的重要意义、主要原则、发展目标和实施途径提出要求和建议。各省区根据指导意见的要求，研究制定切实可行的实施方案，落实各项工作任务。

（2）旅游人才保障。

东北地区旅游业发展必须解放思想，加快开放步伐，特别是要加大培养或者引进各类高层次复合型旅游人才的力度，通过人才带动战略，引导和促进区域内旅游企业走以"品牌和质量"为核心竞争力的发展道路。

首先，在法律层面，东北地区要制定旅游行业合理的薪酬制度，形成有效的激励机制；完善各类人才的社会保障制度，使其都能享受市民待遇；建立健全旅游人才引进测评机制；严格执行劳动合同制度，保护旅游人才作为劳动者的合法权益。

其次，在政策层面，东北地区联合制定旅游企业改制政策，形成以企业为核心的人才高地效应；加强和国际知名旅游企业的合作，实现四省区旅游人才资源共享；确定科学合理的旅游人才标准；旅游管理部门应加强和劳动人事等部门的沟通协调，争取户籍、居住证政策向旅游行业倾斜。

（3）安全应急保障。

旅游活动需要政府、职能部门、企业、从业人员、保险机构甚至全社会树立安全、质量风险意识与防范意识，同时要制定旅游安全事件和重大服务质量事件的应急保障机制。对各种旅游安全和重大服务质量事件，不仅要有应急保障预案，而且对于突发事件要有强力应对措施，确保事件得到迅速、有效、妥善的处理。东北地区应当联手打造四位一体的旅游安全保障机制，努力树立东北地区安全的旅游目的地形象。

（三）打造全球化视野维护国际区域关系

1. 明确东北地区的旅游优势

（1）地理优势。

我国东北地区包含辽吉黑和内蒙古地区，形成"泛东北3+1"。由于与蒙古、俄罗斯、朝鲜半岛相邻，与日本隔海相望，东北地区占据了国际旅游区域中的重要位置（何忠诚，2010）。东北地区与这些国家存在紧密的经济和文化往来。

辽宁省与日本隔海相望，许多城市都与日本的城市缔结了友好城市（何忠诚等，2010）；吉林省在地理位置上与朝鲜半岛接壤；辽宁省地理位置很关键，和许多城市都是相邻的，因此，它是通向全国甚至全世界的一个重要门户。当前辽宁省已经建成了比较完善的交通网络，同时，通过发展自身优势，辽宁省建成了诸多港口，其中大连港规模最大。辽宁省的铁路交通也十分发达，通过哈大线与京哈线这两条重要的铁路干线，辽宁省将东北和华北大部分地区联系起来。辽宁省的高铁线路开通对未来辽宁省旅游业的发展将会起到更大的促进作用。辽宁省也有发达的空运网络，大连、丹东、沈阳、锦州、朝阳这些城市都有机场，都开辟了同全国其他地区的航线。

（2）旅游资源优势。

东北地区有着丰富并且极具特色的旅游资源，其自然资源景区风格迥异，有各自的特点，绝不会让前往参观的消费者感到景致重复，可以说是各有千秋。旅游资源特色分为两种：一是生态旅游特色；二是历史文化旅游特色。例如，国家森林公园的旅游资源结合区包含冰雪文化旅游特色、历史文化旅游特色、养老休闲文化特色、生态旅游特色、宗教文化和民族文化特色。

（3）国家扶持政策优势。

东北地区由于历史原因具有良好的工业基础，所以成为新中国成立后重点投资的工业基地（张志元和王梓宸，2017）。作为中国粮食基地、曾经的重工业基地，东北是具有巨大发展潜力的。农业生态旅游和工业旅游的发展因为其黑土地和曾经的工业基础而潜力巨大。从这个角度看，"中国的粮食基地和工业摇篮"可以作为东北的形象定位，但由于地理位置等原因的限制，东北地区前进的脚步有所放缓。

除中央政府部门外，还包括地方政府部门的政策。地方政府把重点任务放在税收、投资促进、就业和地区稳定上。地方政府的主要责任是在严格保护东北地区旅游资源的基础上，制定科学发展规划，并指导其合理发展。同时，旅游开发的目的应该着眼于长远利益，而不是短期利益。在政府主导的旅游环境下，东北地区整体旅游业的健康发展应与地方政府的发展模式相协调。

2. 打造多主体共同维护的战略地位

加强区域经济合作是东北地区旅游业发展的必然趋势。东北地区应该明确旅游合作的机制及实现合作的主要机构，进一步提高旅游开发和建设的实践。可以通过市场手段对产品资源、人力资源和市场资本资源进行资源配置优化。整合不同类型的旅游资源，共同利用互补的资源，无疑是相互促进、互利共赢的标志。要开展国际旅游区域合作，首先需要建立中国东北地区的区域旅游合作。东北"3+1"的旅游区在空间上是完整的，在文化上是相同的，在资源上是互补的（何忠诚等，2010）。因此，它们成为高水平区域旅游板块共同建设的基础。但是，在很长一段时间里，各省和地区在没有地域特征的情况下为自己而战。近年来，中国东北地区也开始了一些创新和区域合作方面的尝试，例如，沈阳、大连、长春和哈尔滨作为中国东北地区的 4 个代表城市，主导了在中国的旅游区域合作联盟的设立；可以通过市场手段对产品资源、人力资源和市场资本资源进行资源配置优化，相互促进，优势互补，促进区域合作（何忠诚等，2010）。虽然各个省份和地区都制订了当地的旅游开发计划，但是这些计划都是基于当地的情况，没有考虑到东北整体的发展。

（1）吸引旅游投资，学习先进经验，改善旅游环境。

一个国家要与周边国家乃至全世界各国开展旅游合作，就要有具有竞争力的旅游产品、完善的基础设施、特色鲜明的旅游形象、良好的生态环境等，这些是开展合作的基础条件。但是，我国东北地区的许多港口的一些机制影响了友好国际形象的塑造。因此，东北地区在这个方面的建设还有很大的进步空间，如简化入境手续、加强对生态环境破坏问题的治理、改善社会治安环境等（何忠诚等，2010），为了改变外界对东北地区的"印象"，需要付出很多的努力。东北地区有必要向日本、韩国等发达国家学习经营经验，筹集资金进行旅游建设，开发高品质的产品，缩短与发达国家的差距。

（2）注重旅游人才培养，适应全域旅游合作的需要。

从东北各政府部门的领导到大型旅游公司的高层经理，他们的专业性不强，必然影响决策的质量。对于员工来说，也是同样的道理。例如，辽宁省约有80万名旅游从业人员，获得大学学位的不到3万人（不一定非得是旅游专业）。因此，如何培养一支高素质、专业的旅游队伍显得尤为重要。针对这个问题，解决方式包括：依托高效的专业培训（东北三省近100所大学都有相应专业），从其他地方（中国其他地区）或国外吸引人才；与其他国家互派人员学习，互相培养人才。随着这一地区消费者交流的扩大，迫切需要翻译和导游，各国家间完全可以交换人员异地培养，这样既学习了外语和专业知识，又熟悉了客源国的风俗民情，将来从事接待工作，才能担当重任。

（3）大力发展旅游信息化建设。

21世纪是信息时代，电子商务飞速发展，东北地区应该提高电子商务的整体发展水平，不能因为这一因素影响到整体旅游经济的发展（何忠诚等，2010）。很多旅游公司至今仍在使用没有与互联网完全整合的传统作业方法。虽然也有采用电子商务办公的企业，但只进行在线预约、离线确认的作业状态，更新网络信息的速度十分缓慢，服务项目单一。各主体之间信息不对称，不利于东北地区旅游业的发展。东北地区要把网络构建视为促进东北地区旅游行业发展的重要工程，并进一步促进建立国际旅游网络。可以与各国旅游组织建立友好的合作交流关系，通过与其他地区人员交流经验和旅游管理过程中难题的解决，学习日、韩在旅游业发展中危机处理的经验（何忠诚等，2010），这样既能交换信息，又能宣传自己，最终实现双赢。

二、中观保障对策

（一）发挥旅游行业协会的组织与监督作用

东北地区旅游业的发展需要有一定的监管措施。旅游行业协会的一个重要作用就是对旅游企业进行必要的监督，保障东北地区旅游行业协同发展的措施得到贯彻。

1. 东北地区旅游行业协会组织概况

东北地区旅游行业协会组织概况与发展的基本原则（见图13-4）：一是规范性，坚持按照组织理论的基本要求，规范组织各种流程、各要素的构建，各种规章制度的设立。关于组织机制的构建，第一，要建立完善的法人组织机制，包括组织结构和运行机制。第二，要按照法律规定或制度惯例处理好与外部利益相关者的关系。第三，内部组织和外部组织要协调发展，不可偏颇任何一方。

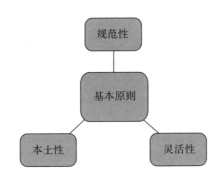

图13-4 东北旅游行业协会组织发展基本原则

二是本土性，通过多方对比分析，在借鉴国外协会组织经验的同时，要结合我国具体国情进行本土化改造，不可盲目照搬。西方国家的行业协会一直在民主政治构架内，是制约政府权力的力量，政府并不干预协会的自主决策和管理。我国政府与协会的关系较密切，协会的组织目标纳入政府目标体系不同模式的由来与各国历史制度的演进有关。

三是灵活性，针对实际情况，组织机制的构建要循序渐进，灵活处理。我国旅游业的发展存在区域失衡的情况，东部经济发达地区的旅游收入是欠发达地区的几十倍，旅游产业发展的阶段也不完全相同，因此，行业协会组织要分地区区别对待，在协会不同的发展阶段，也要有所侧重。

2. 东北地区旅游行业协会组织机制的改革

协会内部组织机制有多个组成部分，包含决策机制、约束惩罚机制和监督机制等。

（1）决策机制。

有条件的专业协会（分会）都要依据会员意愿进行新的入会登记和法人注册登记，最高权力机构为会员大会；理事会在会员民主协商下差额确定；会长理事会根据发展需要、实力与影响力等因素提名决定；副会长由会长提名提交理事会决定；秘书长由会长提名在副会长中产生；监事会由专业注册会计师、律师和专业人员及会员代表共同组成。不具备条件的分会可继续保留非法人地位，隶属于协会联合会管理。尚未注册的各类协会需要向民政部门登记注册，成为法人后方可申请加入协会联合会。

（2）约束惩罚机制。

在行业运行规则、惩罚措施、会费收取管理办法、协会信誉管理等方面都要制定相关的惩罚机制（见表13-6）。

表13-6　约束惩罚机制

行业运行规则	专业协会要加快完善行业运行规则。对年检不合格的要进行限期改正、内部通报、行业曝光、罚款、集体抵制、开除会籍等非法律惩罚形式
"用脚投票"的惩罚方式	专业协会可采取"用脚投票"的惩罚方式。对协会承担的各类星级评定严格执行标准，对未达标的企业或个人不予通过认定，严肃行业标准和经营秩序
会费的动态收取管理办法	专业协会可依据企业或个人遵守行规行约的程度，实行会费的动态收取管理办法。对表现不佳的可提高会费标准或取消给某些会员的优惠待遇
协会信誉管理	联合会对降低协会信誉的行业协会（分会）给予警告，并在承接政府职能转移和外包服务分配时予以考虑，降低参与度

（3）监督机制。

1）构建内部监督机制。内部监督可以采用问责制，以法规的形式确立下来。问责制度也就是使社会交代制度化，交代可以通过会员代表大会或者各种媒介来实现，并且形式多样（见表13-7）。

表 13-7　社会交代制度形式

协会内部员工对管理人员的问责交代
管理人员对职能部门或项目负责人的问责交代
职能部门或项目负责人对执行负责人的问责交代
执行负责人对董事会（理事会）的问责交代、董事会（理事会）对相关利益群体的问责交代

2）构建外部监督机制。时至今日，旅游业仍然未彻底摆脱散、小、乱的行业格局，市场秩序失范的问题仍然较为突出，大众对旅游业的满意度还不高。行业监管显得尤为迫切和重要，旅游行业协会作为最适合的管理结构，应该与政府、市场一起承接好旅游业内公共事务的管理监督工作。具体而言，协会要强化监事会职能。

（二）利用旅游平台整合多维资源

1. 东北地区旅游资源整合的必要性

（1）提升东北区域旅游整体竞争力的需要。

目前旅游市场的竞争已经不是单打独斗的形式，应该是综合各个方面的多层次一体化的竞争。21 世纪中国旅游发展要重视创新和一体化发展的重要作用（张丽等，2010）。但外界对东北地区拥有的众多高品质旅游资源的整体形象认知并不清楚。对于目前国内的旅游市场来说，消费者对东北地区的冰雪旅游都较为了解，而对于东北地区的其他极具特色的旅游产品却知之甚少，这已经成为制约东北地区的旅游业发展的重要原因。出现这种状况的原因如下：虽然东北地区的旅游资源种类和数量都很丰富，但是由于面积辽阔以及旅游资源大分散、小集聚的特点使得消费者对其整体了解较少（张宁等，2010）。东北区域内的旅游合作可以促进东北地区旅游资源的整合、信息共享、客源共享、优势互补、互惠多赢，使整个东北地区的旅游竞争力增强。

（2）提高东北地区旅游资源使用效率的需要。

东北地区旅游资源丰富，并且旅游产品的品质也较高，但是在将资源转化为具有吸引力的市场产品时，却遇到了很大的困难。其主要原因是产品缺乏特色，同质化严重，另外就是开发方式不当，很多资源遭到破坏（张宁等，2010），资源本身的价值无法发挥，影响了资源的利用效率。无序重复建设的问题可以通过区域间的分工解决。在对区域资源的整体评估和评价的基础上，各地重点开发具有比较优势或突出价值的旅游资源。鼓励具有旅游资源开发和保护经验的技术人员和管理人员在景区间流动，改善旅游资源开发水平，提高旅游产品质量。

2. 东北地区旅游业整合的机制

"众人拾柴火焰高",东北地区旅游业的发展要协调好各方资源,"劲儿往一处使,拧成一股绳",打造属于东北地区整体的旅游品牌形象,形成规模效应。通过产业集聚形成集聚效应互相依靠提高市场占有率,通过创新方法和思路提出旅游产品新设计以及针对消费者需求精准投放提高产品吸引力来体现旅游产品的整体规模效应(张元雄,2011);丰富旅游产品的种类;更好地营销宣传东北整体的旅游形象,通过政府和企业的共同努力,促进东北整体的旅游发展(见图 13-5)。

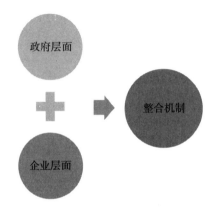

图 13-5 旅游整合机制

(1)整合资源建立东北地区旅游整体平台发力机制。

通过整体的旅游政策以及对应的行政部门具体的政策实施实现东北整体区域旅游产业发展,并打造有吸引力的东北整体旅游品牌,建立其对应的旅游整合资源调配的职能部门。通过以上措施的实施和政策的规范建立统一的市场、统一的政策法规和统一的品牌形象。集零为整,打破以前各地各自为政、小而多但是使不上力量,在全国旅游市场中难以建立统一的东北全域旅游品牌形象的局面,各地都为东北全域旅游发展贡献力量,从而促进东北全域旅游资源整合,在全国旅游市场中站稳脚跟并开拓属于自己的市场。

(2)因地制宜,分配旅游效益和对应的鼓励措施。

"合则两利",大家的目标都是通过合作实现盈利,但是每个地区特点不同、作用不同、能力不同,旅游产品的利益分配也要体现"按劳分配"、论功行赏。

但是同时也要顾全大局，对于弱小的地区要注意保护，来促进整体合作的正向循环以实现"共赢"。具体的措施可以通过减税、简化审批程序，以及在投资分配上注意从整体的合作大局出发实现各方的利益诉求。

（3）全力促进、大力鼓励东北地区旅游业的整体发展。

多措并举，想尽一切可以利用的有效的办法促进东北地区旅游业的整体发展，最主要的措施包括人才政策和投资政策。人才对于任何行业的发展都是极为重要的因素，目前各个城市也在各个领域发动"抢人大战"，东北地区的旅游业应该从本地区的优势出发并出台切实让人才感受到重视的政策鼓励和留住旅游业人才；同时还要建立良好的人才上升通道，唯才是举，通过政策和人才的优势促进东北地区旅游业的整体协同发展。另外是投资政策，资金的引进对于东北地区目前整体旅游业发展相当重要，要为投资商建立起完善的配套政策，极力营造良好的旅游投资环境。通过这两个重要举措提高东北地区整体旅游发展。

（4）打造东北地区全域旅游营销宣传品牌。

营销宣传是现代商业包括旅游业发展的重要举措，打造属于东北地区整体的旅游品牌形象是东北地区旅游业集中力量办大事、打造在国内极具品牌效应和吸引力的东北全域旅游的重要举措，打造统一的整体旅游品牌和规范化的宣传营销方式是具体措施。东北地区拥有丰富的旅游资源，对于广大的南方地区，冰雪旅游极具吸引力，打造东北旅游整体的品牌形象能够和江南、西北、西藏等地的旅游资源形成鲜明对比，从而占领这一市场；再通过统一并具有东北特色的宣传营销手段在广大国民心中建立稳固的形象，提升东北整体冬季旅游以及夏季的避暑胜地等形象，从而提升东北整体旅游在国内旅游市场的重要地位（张宁等，2010）。

（5）东北全域旅游的企业合作机制。

1）企业间的市场共建和客源共享机制，如表13-8所示。

表13-8 企业间的市场共建和客源共享机制内容

企业间的市场共建和客源共享机制	由东北地区政府牵头、企业布展，在各地轮流举办或到外地参加旅游商贸洽谈会
	在东北区域内实现旅游企业联盟共同开拓区域内和国内旅游市场
	某一省区内的旅游企业，有义务向前来进行观光或度假旅游的外地消费者免费宣传和提供其他省区旅行资料
	东北区域内旅游企业（主要指旅行社和酒店）应当加强彼此间联系，共同开发和建设东北区域内旅游市场，形成市场共建和客源共享机制

2）东北旅游企业之间的消费者信息共享机制，如表13-9所示。

表 13-9　东北旅游企业之间的消费者信息共享机制内容

东北旅游企业之间的消费者信息共享机制	建立东北区域消费者个人档案，对团队消费者和散客进行个人信息的分类统计，通过了解消费者的旅游偏好，为其提供更好的旅行服务
	便于旅游统计和旅游行为分析，为学术研究和市场分析提供支持。通过东北区域内旅游企业的消费者信息共享，有利于企业间开展合作，提升区域内旅游企业竞争力
	企业之间应相互通报旅游市场监察信息。东北地区旅游城市要建立区域内跨城市的重大旅游投诉处理情况，联合打击"零团费""负团费"等不正当竞争行为和"甩团""扣团"等侵害消费者权益的行为，建立东北地区旅游诚信体系，让东北地区消费者放心出游

3）不同企业的人力资源协调机制。人才是区域优势旅游项目实现高效运营和维持竞争优势及构成区域旅游核心竞争力的关键要素（郑赤建等，2006）。东北地区不同旅游企业之间的业务合作带动了它们之间旅游人力资源的协调合作，主要方式有两种（见表 13-10）。

表 13-10　企业的人力资源协调机制主要方式

导游的互认	在东北地区内，导游证可以互认，在东北区域内任何地方都可接受导游培训，到其他各地同样可以申领同级的导游证。这是导游市场突破地方保护、区域利益的坚冰，走向一体化重要的标志
企业间员工培训	在不同企业员工培训的过程中可以进行知识共享，也就是有先进管理经验的企业，可以积极地作为"老师"向其他企业传授课程，对于人才队伍建设进行培训。各个企业都会有值得学习的地方，在相互交流合作中，可以相互学习，资源优势互补（郑赤建等，2006）

3. 东北地区旅游合作重点领域

东北区域旅游合作没有必要全方位进行，如将东北地区旅游行业所有部门都纳入区域旅游合作体系中反而缺乏重点，影响了合作的效果。首先应该选取重点领域和关键性的点进行区域旅游合作，最终带动地区整体和全行业的进步，应将整合的重点放在交通网络、政策法规、旅游营销方面。

（1）交通网络的区域合作。

要建设"大东北旅游区"首先要有良好的可进入性和内部通达性，交通方面的合作最容易见成效，可作为东北区域旅游合作的先导，主要措施如图 13-6 所示。

1）加强东北区域内交通网络的建设。共同协调民航部门，四省区建设更多的支线机场。这有助于将各省区内的旅游景区串联起来，将会直接促进各省区旅游资源的联合开发和利用，形成完整的东北旅游圈。

加强东北区域内交通网络的建设

加强东北区域内交通的联合组织

共建道路标志系统

开通区域间城市旅游直通车

图 13-6 交通网络的区域合作措施

2）加强东北区域内交通的联合组织。各省区合作制定车辆养路费、路桥费、汽油价格标准，严禁各省区之间乱设卡、乱收费、乱罚款，保证道路交通的顺畅。

3）开通区域间城市旅游直通车。取消公路客车跨行政区域异地营运对接，实现客源互送；异地旅游客车在区域内出现交通事故，事故所在地从快、从简处理；推出针对消费者的观光巴士与旅游景区（点）门票联程优惠电子卡，为消费者提供更加方便快捷的服务。优先考虑开通的省区间直通车线路有沈阳—长春、长春—哈尔滨、朝阳—赤峰、沈阳—通辽、白城—乌兰浩特、牡丹江—敦化等。

（2）旅游营销的区域合作。

建立四省区旅游营销联合体，加强省区、城市间联合，加大区域旅游资源宣传力度，联合营销，分工营销。在东北地区内部进行旅游营销的日常分工。充分利用四省区与俄、蒙、朝相接，与韩、日相邻的地缘优势，积极开展边境风光游和出入境旅游营销。各省区根据自身地缘优势与历史文化联系，分头负责特定国家或地区的市场营销。例如，内蒙古自治区针对蒙古国和我国西北地区进行区域旅游营销，并联合黑龙江省开展对俄罗斯的营销；黑龙江省除与内蒙古联合对俄罗斯营销外，主要负责对我国华南、西南地区、港澳台地区以及东南亚地区的营销；吉林省负责对我国华东、华中地区和朝鲜、日本和韩国的营销；辽宁省主要与吉林省配合进行对朝鲜、日本和韩国的营销，并针对华北、中原及欧美地区开展旅游营销。四省区分工协作，成果共享。

4. 东北地区旅游合作维护

（1）建立良好的信息沟通机制。

只有建立有效的信息沟通，东北地区的旅游公司才能够更好地理解代理合同。此外，良好的信息沟通还能使参与合同的三方的目标利益趋于一致。旅游企业是整个东北地区旅游协调发展的中心，旅游企业之间的沟通是旅游产业发展的重要组成部分。在这种情况下，如果三者之间的信息传递不畅，参与"契约"链条的东北地区旅游经营者的利益就会受损，可能会影响东北地区旅游业的顺利发展。政府、行业协会可以通过一定的信息沟通平台促进旅游企业之间的相互竞争与合作关系。这样政府、行业协会、不同企业之间就能够真正听取来自不同方面的意见，并积极做出回应，自觉维护整个东北区域旅游的形象（见图13-7）。

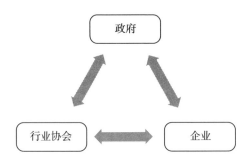

图 13-7　三方沟通循环图

（2）建立多方合作开发渠道。

1）政府和旅游企业合作。

政府旅游部门及相关产业部门通过与旅游公司合作，积极开发东北地区各类旅游资源。当地旅游局通过制定相应的规章制度，引导和促进东北地区旅游资源的健康发展。政府和旅游企业的合作能够带动一些处于困难阶段的旅游企业相互交流与合作，刺激它们深入开发东北旅游资源，调整东北旅游的产品结构。

2）不同旅游企业之间的合作。

通过投资发展旅行社、交通、餐饮和酒店等符合消费者需要的现代旅游业，作为景区发展的协同项目。东北旅游资源在同多家企业合作的同时，也要注意不同景区之间的合作，形成多样化的旅游产业合作。

不同旅游企业之间的竞争与合作是为了促进东北旅游市场的健康发展。在竞争与合作的过程中，一方面要遵守政府和行业协会颁布的法规与制度；另一方面则要讲究契约精神和公序良俗，合理开展竞争，稳定进行合作。旅游企业要认识到，只有通过一定的竞争与合作，东北旅游市场才能活跃，东北旅游品牌才能提升知名度。"一枝独秀不是春，百花齐放春满园。"只有相互竞争与合作，才能向消费者提供更好的产品，才能在全国乃至全世界打响东北旅游的招牌，才能实现更好的发展。

三、微观保障对策

（一）价值共创视角下东北全域旅游企业协同发展观念提升

全域旅游与五大发展理念。为了强化全域旅游企业的协调发展概念，首先需要让全域旅游企业理解全域旅游的发展概念。党的十八届五中全会提出了"创新、协调、绿色、开放、共享"的新发展理念（见图13-8）。无论是经济创新、调整、生态绿色，还是社会的开放与共享（王琴等，2019），这五个理念都是一致的。新发展理念与全国旅游工作会议提出的全域旅游发展战略有密切的引领与承载关系。新发展理念是全域旅游的引领性方针，全域旅游是贯彻新发展理念的载体。

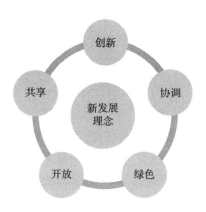

图 13-8　新发展理念

（1）全域旅游是创新发展的载体。

旅游本身是富有创造性的，旅游创新决定了旅游产业是否能够形成其竞争力。旅游创新不仅仅局限于对产品的创新和对营销模式的创新，它的范围是十分宽泛的。随着社会的进步与发展，人们对生活、文化等方面都提出了新的需求，传统的旅游产业"食品、住宿、旅游、购物、娱乐"也在悄然发生着变化。因此，人们对旅游产品供给和服务提供方式提出了更高的要求。为了适应市场的新要求和新需求，旅游业要进行不断的创新。旅游行业发展到什么高度和什么程度就要看其能不能将创新应用到其中。旅游市场的供需匹配也离不开创新所发挥的重要作用。

（2）全域旅游是协调发展的载体。

全域旅游强调相互协调发展、相互交流、相互学习形成良性的闭环（崔淼等，2019）。旅游的核心功能是愉悦人们的身心。如果存在不协调，人们喜悦的感觉就有可能受损。只有当人们身处多维、协调的环境中时，才会有无法用语言表达的爽快感。旅游是最个性化的产业，对于提高经济发展的质量和效益也是非常重要的。旅游开发中最忌讳的是景区同质化、旅游商品同质化、服务方式同质化，需要形成个性独特、特色互补、错位发展、协调互促的模式。例如，城市旅游的发展，旅游和商业购物、时尚和休闲、创立送餐和食品等要素自然集成，并制定新的业态，延长价值链，丰富现代服务产业的意义。

（3）全域旅游是绿色发展的载体。

绿色发展不仅是生态文明层面的概念，它还关系到经济、政治、文化各个方面，社会中各个方面的发展都离不开绿色和可持续发展。从生态环境开始，目前绿色概念已经升华到各个领域，包括全域旅游。

（4）全域旅游是开放发展的载体。

"旅游+"治理模式是一种综合治理的思维模式和管理方式，其在全域旅游发展中的作用日益显现。利用好"旅游+"，有利于将各个方面的信息整合实现综合性的管理效果。"旅游+"是中国的旅游产业更开放发展的过程中不能缺少的一个步骤和关键一环。

（二）发挥多要素融合作用提升消费者全域旅游体验

从微观角度提升全域旅游的消费者体验。宾馆、旅行社、游览娱乐业、餐饮业、旅游用品和纪念品行业是关系到旅游活动中吃、住、行、游、购、娱活动质量的重要部门。各行业的协调发展，不仅关系到旅游行业人员的整体素质，也影响旅游行业的收入水平。通过旅游商业服务业的关联作用，可以带动区域经济整体发展。

要形成完善的旅游发展格局，可以通过利用大数据技术以及现在互联网的线上推送功能，实现东北地区旅游业的飞速发展。旅游餐饮服务要与旅游业发展水平相匹配，相互提高，形成布局合理、规模适中的发展格局，如图 13-9 所示。首先，旅游住宿设施建设标准及开发模式应注意多样化，不仅要有经济型的饭店服务，也要有较为高档的饭店服务，以满足各类消费者的需求。其次，通过饭店空间布局的合理化，在主要景区和主要旅游城市发展三星级以上饭店，可以避免资源浪费和业界的不良竞争。在阿尔山、长白山、五大连池等重要景区及赤峰、海拉尔等缺乏高档次饭店的旅游中心城市新建四星级或五星级高档次饭馆。给消费者提供多种多样的住宿选择，不仅要有星级的住宿选择，也要有旅馆和客栈这类花费水平较低的选择。最后，积极培育大型高级酒店企业，提高其服务水平，使得层次与服务相互匹配。此外，也可以学习国内外先进的管理经验，学习先进的人才培养模式，吸引优秀的人才，提高饭店业的经营管理水平，塑造餐饮酒店的品牌。通过集团化经营使企业直接进入国际、国内旅游市场，扩大客源，提高经济效益。通过建立和完善现代企业制度，提高企业的竞争能力，塑造企业品牌形象。推行产权式公寓、分时度假饭店等国际度假饭店经营模式。

图 13-9 旅游饭店业发展路径

1. 开发多样化旅游商品

旅游活动中消费者一定不会缺少的就是购物环节。同时，旅游商品在增加区域旅游收入、带动就业、挖掘地区特色文化、宣传地区文化方面发挥着重要作用。在多样化旅游产品开发中，可利用东北多民族的优势条件，开发民族、民俗特色产品；利用东北独特的气候、土壤等自然条件将土特产产业做大做强（见表 13-11）。

2. 建立和规范旅游商品市场

根据不同的商品系列，重点扶持一批有潜力的旅游商品龙头企业，扩大生产经营规模，提高旅游商品的档次。旅游主管部门应严格规范旅游商品的销售活动，避免欺客、宰客等现象发生，彻底改变旅游区商品质次价高、假冒伪劣泛滥的现象。

表 13-11　东北地区多样化旅游产品

民族、民俗特色产品	少数民族服饰、鱼皮画、鱼皮鱼骨饰品、乐器、木刻画、根雕、桦树制品、刀、护身皮筒、布骆驼、布绵羊、玻璃沙漏、酒具、风味食品、牛角制品、日常金银用具等旅游商品
土特产系列	以人参、鹿茸等为主的中草药材等生态保健产品；山珍生态土特产品系列：利用东北地区山地森林优势，开发山珍土特产系列，如山野菜、木耳、蘑菇等各种林下产品；草原特色美食系列：乳制品、奶茶、风干牛肉等
传统工艺品系列	如伊春、大兴安岭的木雕、木画、工艺品等
旅游纪念品	反映景区特色的旅游形象纪念品系列。利用传统的和现代的工艺技术设计、生产出有地方文化符号的、反映景区形象的旅游纪念品
文物仿制、复制品系列	如赤峰红山区仿古制品，阿城金源文化铜镜、铜座龙仿制品等，依托丰富的文物资源开发旅游商品
具有地方文化特色的书画、美术、图书、音像系列	反映地方特色的光盘、图集、旅游指南等

3. 开发特色旅游餐饮

"饮食"是旅游六大活动要素中必不可少的环节之一，特色饮食也是重要的旅游吸引物，挖掘特色、提高餐饮服务质量是提升东北地区旅游竞争力的重要因素。东北地区有着独特的自然、社会、文化环境，形成了独特的饮食文化。目前东北地区虽然没有像"淮扬菜""粤菜"那样全国知名的品牌，但是许多独具特色的饮食文化也亟待开发。首先，可以创建"东北菜""蒙古族餐"等特色餐饮品牌。黑龙江省、吉林省、辽宁省主推"东北菜"，在各旅游中心城市借助饭店、营养协会，研究、开发"东北菜"的菜系及品种，通过加盟、连锁等方式，使经营东北菜的企业挂"东北菜"招牌，并向全国推广；蒙东地区主推"蒙古族餐"。餐饮企业应推出像"北京烤鸭""天津麻花"一样人尽皆知的特色餐饮产品，形成品牌，专门挖掘、发明新的特色餐饮品种。其次，要注意培育知名餐饮企业品牌。经过一段时间的发展，要建成集几家融美食、娱乐、营养研究为一体的餐饮企业，主营品种以东北特色餐饮为主，如东北菜、朝鲜菜、赫哲族鱼宴、蒙古族餐等。着手建设像"全聚德"这样的知名餐饮企业。餐饮企业在经营传统品种的同时，要吸纳融合东北本土的、民族的、外来的餐饮文化，不断创新，形成鲜明的自身餐饮特色。

（三）鼓励服务提供者通过角色转换确立角色定位

1. 旅游服务提供者角色换位体验

旅游服务是一种既有一般服务的特征，又有自身特色的一种特殊的服务形式，它是存在于消费者和旅游服务提供者之间的一种抽象化的、个体化的互动关系。在旅游活动中，旅游服务提供者作为服务提供者和利益获得者，而消费者是服务和信息的接受者和付出利益方，故体现了旅游服务提供者与消费者之间存在直接的利益关系。这层关系里，服务是无形无质的，但最后的利益交付，便是服务成功的具体化。旅游服务提供者的服务态度与服务质量，直接与消费者给予的评价挂钩。当前旅游服务提供者包括旅游供应商、旅行社、导游。

（1）旅游服务提供商。要建立良好的旅游供应商监督机制，保证市场内的旅游供应商提供产品的品质，保证消费者的合法权益，确保消费者不会出现"被宰"的现象。旅游服务提供商不应贪图眼前的蝇头小利，从长远出发，从而建立良好的旅游市场形象赢得消费者的信赖，促进旅游市场的健康循环发展。消费者到东北来旅游，购买相应的旅游服务，在这样一个旅游市场中，外地来的消费者通常处于信息不对等的弱势地位，如果发现自己购买的旅游服务出现较大的质量问题，则其对于整体的旅游市场信心肯定大为降低，从而牵一发动全身，影响东北全域旅游的整体品牌形象。消费者为了避免自己的利益受损通常会避开已经出现过问题的旅游风险地区。目前的旅游市场，国内各地不时出现"欺客宰客"的现象，是目前旅游市场亟待解决的一个重大问题，可以通过建立完善的监督投诉机制，实施严厉的惩罚措施来建立良好的旅游市场秩序，这样旅游服务提供商也可以通过健康的旅游市场带来的巨大消费者数量这样正向的循环来获得合法的利益。由此可以看出，建立健康的旅游市场是促进东北全域旅游整体健康发展的重要举措。

（2）导游。在整个旅游过程中，导游与消费者的接触是最多、最直接的，所以他们的服务态度、服务质量和处理旅游过程中问题的能力关系到整个旅游活动是否能够成功。当正当权益得不到切实的维护时，导游会处于一个十分弱势的地位。然而，当关系主体转变为导游和旅游者时，导游的地位也随之由弱势转变为强势。首先，相对于消费者，导游掌握了更多的信息和拥有更多主动权；其次，消费者难以通过对服务质量的评估对导游的薪酬产生有效的约束。另外，在旅游的过程中，不熟悉的环境和不同的文化会让消费者对导游有很强的依赖性。导游往往会利用消费者的这种心理，鼓励消费者参加一些不必要的活动和购物。外地消费者受到群体压力和所谓"面子"的影响，又加上缺乏政府和社会力量可以依靠，只能被动地接受导游的安排。然而，随着消费者维权意识的增强，旅游结束后，很多消费者会选择通过法律手段来维护自己受损的利益。但是，这种举动影响的不仅仅是导游的声誉、收入和权益，也会影响旅行社的声誉和权益。即便旅行社并没有直接的过错，也逃避不了责任。旅行社是消费者的官方负责人，但是却和导游之间缺乏强有力的约束和责权关系。

旅游供应商、旅行社、导游及消费者之间角色定位的准确性、相关方的利益诉求能否兼顾决定了他们之间关系是否均衡。旅游供应商、旅行社、导游及旅游者可以通过角色转换确立起准确的角色定位，这为他们在新型利益链中采取理性行动、协调相互关系提供了动机保障（见表 13-12）。

表 13-12 旅游各方主体角色新定位

旅行社新角色	网络时代的强势竞争者和消费者的直接契约人
导游新角色	旅游体验的制造者和自身职业生涯的开拓者
旅游供应商新角色	独立的旅游厂商
消费者新角色	理性的"旅游经历追求者"

2. 旅行社新角色：网络时代的强势竞争者和消费者的直接契约人

以王尔康为代表的一批学者认为，旅行社承担了旅游服务中的销售中介职能，但关于这一结论，学术界并没有达成共识。杜江等认为旅行社是起到在旅游环节中对旅游企业所提供的多种服务进行批量购买的作用（郭鲁芳和金慧君，2006），但它同时必须发挥组装职能，根据市场需求对以"原材料或矿石"形式存在的单项旅游资源、产品进行组装加工，并融入自身服务，才能最终把各单项产品或服务作为以旅游线路形式存在的复合产品出售给消费者。因此，"生产职能"才是旅行社的核心职能。杜江的观点为缓解传统旅行社的生存危机，使其成为网络时代的"强势竞争者"提供了新思路。以"生产"作为核心职能的传统旅行社，以"单纯削价竞争"作为利润增长的根本途径要转向"降低成本，创新产品"（见图 13-10）。

图 13-10 传统旅行社利润增长途径转变方向

在信息化时代，充分发挥网络信息的重大作用，旅行社通过与网络平台开展合作，整合自身优势，互相发挥长处，提高自身竞争力和吸引力。旅行社可以通过以下方法来获得消费者更大的认可，吸引更多的消费者：首先，可以通过个性化、定制旅游产品吸引消费者。在现代社会，城市的工作生活压力巨大，更多的消费者希望能在旅游过程中释放自己的个性，不再压抑自己，通过线上旅游网络平台让消费者能够获得有别于以往死板的旅游方式，可以根据自己的喜好以及自己看重的因素来定制属于自己的专属旅游产品。其次，要重视线下的服务质量。在旅游过程中，消费者最希望的是自己的身心得到放松，获得高质量的服务。在网络平台上得到订单之后在线下提供旅游服务一定要遵循"一切为了消费者"的理念，力争让每一名消费者都满意。最后，可以整合资源建立东北地区自己的线上线下旅游服务平台，通过传统的线下旅游服务商加上新兴的线上旅游服务平台，线上线下统筹，建立复合型的旅游服务，提高整体旅游服务竞争力和品牌力。

另外一个相当重要的中间环节是介于旅游服务提供商和消费者之间的中间人——导游，导游也应该肩负起自己在旅游市场中的责任，协调好消费者和旅游提供商之间的关系，为建立健康、正向循环的旅游市场贡献自己的一份力量。

3. 导游新角色：旅游体验的制造者和自身职业生涯的开拓者

（1）旅游体验的提供者。

旅行社服务质量水平的高低在很大程度上取决于导游这一关键角色。在学术界，许多学者都对导游所承担的角色和作用进行了研究分析，如"探路人和谋士""调停者""仲裁者""文化经济人"等（郭鲁芳和金慧君，2006）。一般来说，人们总是认为导游的知识水平是决定导游服务质量的最重要因素。目前，我国导游受教育程度偏低，似乎导致其服务质量较差，存在"欺骗、敲诈消费者"的行为。要转变这一现状，首先要提高导游的整体受教育水平。旅游体验的提供者现在被认为是导游所承担的重要角色。学历水平的高低并不是限制导游服务水平的核心要素，关键是要看导游在提供旅游服务时对自身的定位如何。即使学历水平较低，导游如果能了解消费者的需求，提供完善的服务，也能给消费者带来较好的旅游体验（郭鲁芳等，2006）。因此，导游要扮演好"旅游体验制造者"的角色，最终促使旅游服务质量得以提升，除了要不断加强自身的业务学习与培训外，更为重要的是必须准确定位自身角色，把握住服务的"关键时刻"，尽量避免"服务七宗罪"的出现，力争实现导游服务质量和职业道德的同步跟进，在热情地为消费者提供可靠的建议和帮助的同时，尽可能地降低消费者接受导游服务的"心理成本"。

（2）自身职业生涯的"开拓者"。

受导游职业是自由或兼职职业、淡旺季明显的特征影响，导游队伍表现出极强的不稳定性，且多以年轻人为主，大部分导游很难在全年或毕生都从事此职业。这严重阻碍了导游服务质量和职业道德的提升。走出该困境的关键是导游要转变自身观念，积极探寻新的职业发展路径，使自己成为单一导游职业前景多元化发展的"先锋"。虽然中国很少涉足这方面，但西方对"单一导游职业扩展"已有很好的实践。在西方的一些旅游业发达的国家，导游一般在做导游工作的同时也兼职做其他的工作，如表13-13所示。

表13-13　单一导游职业拓展方向

教学或演讲工作	导游经常去教授当地历史、地理等课程，而当地的一些这方面的教师或教授若有兴趣也可经常做兼职导游
写作	导游可以将导游经历等方面的内容进行记录整理，也可创作有关行业工作经验、游客旅游攻略等方面的作品
旅游业中的其他工作	如自己开办旅行社，在这方面赚钱最多、最有创新精神的典范当属珍妮·福格尔，她创立了旅游公司，专门从事徒步旅游、发行出版物等业务

4. 旅游供应商新角色：独立的旅游厂商

长期以来，我国旅游供应商由于自身产品雷同化现象严重、缺乏品质保证，因而在客源市场获得对旅行社和导游的依赖性很强。随着我国旅游市场监管体系的不断完善，以往供应商过度依赖于旅行社和消费者的状况必须要得到改变。供应商如果想要获得可持续发展的能力，在市场上能够站稳脚跟，提高其盈利能力，就要转变以往过度依赖的角色（郭鲁芳和金慧君，2006），重新确立起"独立旅游厂商"的角色定位，以"培育诚信经营氛围，不断提升服务水平"为宗旨，逐渐回归到正常的市场竞争轨道上来。通过不断加强自身产品创新，力争在保证产品质量的前提下，不断推陈出新，为消费者提供质优价廉、富有特色的旅游产品。争取凭自身实力挤入由旅游当局或旅游协会确定的"旅游供应商推荐名单"之列。而一旦被确定为推荐单位，旅游供应商就应抓住契机展开配套宣传攻势。

5. 消费者新角色：理性的"旅游经历追求者"

在旅游行业，消费者在货比三家的过程中并不会只关注价格水平的高低。因为相较于其他的有形产品而言，旅游产品是一种更加注重体验的产品，消费者不会只是为产品的实用功能买单。一般的产品的价格是由其成本决定的，当市场发生波动时，各个构成原料的价格的变动都会直接影响到产品的价格。但是对于旅游产品来说，它是不能简单地被有形的原料的价格来估计的，旅游产品中所包含的文化特色、整体设计过程中，影响消费者旅游体验的投入都会被算入其价格当中的。旅游产品的价格包含了消费者在整个旅游过程中所体验到的交通、食宿、景点基础设施完备程度等。深究旅游产品的科技成本时，是不能与有形商品尤其是电子科技产品相比较的。旅游行业的恶性竞争也是存在的，其价格竞争严重制约了旅游业的发展，为了能够在竞争中占得优势，企业就会挤压其服务成本，这就会降低其自身的服务水平，进而会降低消费者的口碑和复游率，严重影响了旅游业的可持续发展。

此外，旅游行业要加强自身的风险防范和抵御能力，积极投保"旅游意外险"应是理性的旅游经历追求者的自觉行为。旅行社应该加强与保险行业的合作。保险公司主要应从两方面入手：一是旅游保险产品不能局限于某种形式，应该根据旅游行业可能产生风险的各个门类进行分析，设计出针对各个领域的风险产品，这样能够提高风险产品的针对性，更能够满足旅游行业的需要，可以使消费者根据各自的需要做出选择。另外，在完成旅游产品的设计工作之后要开展宣传活动，使得旅游企业能够准确地购买到适合自身的保险产品。二是在旅游保险的销售方面也要提供能够满足消费者的保险产品，可以使得消费者根据自身的需要自由选择。在销售渠道方面，可以开展线上和线下相互结合的方式。线上和网络平台合作或者建立自己的平台，为那些偏好网络购买的消费者提供便捷的途径。另外，线下销售途径中，可以设置多个分散的销售点，能够给需要购买保险的消费者提供及时的服务。

参考文献

［1］Dogru T, Bulut U. Is tourism an engine for economic recovery? Theory and empirical evidence ［J］. Tourism Management, 2018, 67.

［2］Kevin X. Li, Mengjie Jin, Wenming Shi. Tourism as an important impetus to promoting economic growth: A critical review ［J］. Tourism Management Perspectives, 2018 (26): 1.

［3］Li Sheng. Taxing tourism and subsidizing non-tourism: A welfare-enhancing solution to "Dutch disease"? ［J］. Tourism Management, 2011, 32 (5).

［4］McIntosh R W. Book review: Tourism, principles, practices, philosophies ［J］. Journal of Travel Research, 1973, 11 (3).

［5］Prahalad C K, Ramaswamy V. Co-creation experiences: The next practice in value creation ［J］. Journal of Interactive Marketing, 2004, 18 (3).

［6］Ramírez R. Value co-production: Intellectual origins and implications for practice and research ［J］. Strategic Management Journal, 1999, 20 (1).

［7］Selin S, Kim B. Interorganizational relations in tourism ［J］. Pergamon, 1991, 18 (4).

［8］Vargo S L, Lusch R F. Evolving to a new dominant logic for marketing ［J］. Journal of Marketing, 2004, 68 (1).

［9］Vargo S L, Lusch R F. Institutions and axioms: An extension and update of service-dominant logic ［J］. Journal of the Academy of Marketing Science, 2016, 44 (1).

［10］2013 年 FGT 喜迎韩国济州乐园加盟 ［J］. 世界高尔夫, 2013 (5): 154-155.

［11］白然．全域旅游视角下承德市乡村旅游发展路径研究［J］．旅游纵览（下半月），2016（14）：91．

［12］白忠凯．吉林省与俄蒙朝日韩人文社会经济等合作交流的研究［J］．东北亚经济研究，2017，1（4）：66-76．

［13］卞显红．长江三角洲城市旅游资源空间一体化分析［J］．江南大学学报（人文社会科学版），2006（1）：76-84，107．

［14］曹子伟．旅游发展新模式·修学旅游——以内蒙古为例［J］．内蒙古科技与经济，2016（23）：8-9．

［15］车玲．促进中国旅游业升级转型［J］．发展研究，2008（4）：82-83．

［16］陈峰．大型国际体育赛事对现代城市建设的影响效应［J］．体育与科学，2011，32（4）：60-65．

［17］陈科灶，崔永红，陈信旺，朱哲康，方晓敏．国家森林步道规划中的利益相关者分析——以武夷山国家森林步道总体规划为例［J］．林业勘察设计，2020，40（1）：66-70．

［18］陈丽威．黑龙江旅游资源的优势及开发对策［J］．黑龙江省社会主义学院学报，2007（4）：62-64．

［19］陈勤昌，陈丽军，杨凯．黄冈市县域旅游发展水平综合评价［J］．黄冈师范学院学报，2018，38（2）：88-92．

［20］陈淑兰，张宏乔，穆桂松．基于中部旅游合作的六省省会城市旅游交通网络分析［J］．河南大学学报（自然科学版），2009，39（3）：275-279．

［21］陈炜，黄碧宁．非物质文化遗产旅游开发与保护协同发展研究——以广西北部湾地区为例［J］．中南林业科技大学学报（社会科学版），2018，12（5）：92-99．

［22］陈曦．黑龙江省冰雪旅游客源市场开发探讨［J］．哈尔滨学院学报，2011，32（11）：21-24．

［23］陈征，徐莹，何峰，唐京华．我国历史文化村镇的空间分布特征研究［J］．建筑学报，2013（S1）：14-17．

［24］程静静，张圆刚．基于模糊数学和灰色理论的多层次旅游村发展综合评价［J］．统计与决策，2016（2）：186-188．

［25］程晓丽，胡文海．安徽省旅游发展空间错位的模型分析［J］．地球信息科学学报，2015，17（5）：607-613．

［26］程英魁，于翠香，娄琦，刘井莉．吉林省食用百合产业发展前景分析

[J]．吉林蔬菜，2014（10）：34-35.

[27] 程钰，刘雷，任建兰，来逢波．济南都市圈交通可达性与经济发展水平测度及空间格局研究[J]．经济地理，2013，33（3）：59-64.

[28] 揣佳凡，王红光．江苏沿海地区体育旅游发展的策略研究[J]．淮海工学院学报（社会科学版），2011，9（12）：120-122.

[29] 崔淼，郑宏丹，周艳丽．"全域旅游"视阈下的京津冀旅游公共服务发展研究[J]．中国商论，2019（22）：77-78.

[30] 崔庠，王宠，崔楠楠．新形势下吉林省旅行社业发展探讨[J]．吉林工商学院学报，2011，27（2）：8-10，14.

[31] 崔莹．吉林全域旅游发展方向选择[J]．开放导报，2016（6）：94-96.

[32] 崔郁，牛自成，闵勇．皖南国际文化旅游示范区旅游经济差异测度[J]．内江师范学院学报，2019，34（8）：87-93.

[33] 代福昌．湖南省旅游业发展的空间错位研究[J]．云南地理环境研究，2018，30（1）：28-34.

[34] 邓仁健，任伯帜，陈军．小型污水厂工艺选择的多层次模糊灰关联聚类分析[J]．中国给水排水，2010，26（11）：64-67.

[35] 邸欣然，梁宏．发展龙江红色旅游——学习习近平总书记重要讲话和重要指示精神[J]．世纪桥，2018（11）：4-5.

[36] 刁贝娣，陈昆仑，丁镭，曾克峰．中国淘宝村的空间分布格局及其影响因素[J]．热带地理，2017，37（1）：56-65.

[37] 丁敏，林源源．旅游经济与旅游资源的空间错位现象分析——以皖南国际文化旅游示范区为例[J]．开发研究，2018（5）：65-70.

[38] 董琳，徐淑梅，高原．黑龙江省旅游产业转型升级研究[J]．边疆经济与文化，2014（3）：24-28.

[39] 董庆雪，吴静，孙杨，赵玲．城乡统筹下吉林省土地利用的研究[J]．吉林农业，2013（2）：55-57.

[40] 董婷婷，方世明．县域旅游发展的时空分布特征及其影响因素分析——以武汉市黄陂区为例[J]．湖北大学学报（自然科学版），2017，39（1）：65-71.

[41] 樊祥义．吉林省泥炭沼泽现状分析与评价[J]．林业勘察设计，2017（1）：26-27.

［42］范秋梅，苏立．辽宁区域旅游合作模式的选择及开发对策［J］．商业时代，2008（9）：101，112.

［43］方澜．论旅游产品创新开发的主要途径［J］．企业经济，2010（3）：137-139.

［44］房进军，刘玲．基于Shapley值法的旅游供应链利益分配［J］．物流技术，2015，34（16）：114-117.

［45］丰晓旭，夏杰长．中国全域旅游发展水平评价及其空间特征［J］．经济地理，2018，38（4）：183-192.

［46］冯健，尤文忠，丁彪．辽宁省发展油用牡丹前景分析［J］．辽宁林业科技，2016（1）：46-49.

［47］甘露．解析韩国旅游业成功的因素［J］．乐山师范学院学报，2007（12）：81-82，98.

［48］高春艳．全域旅游背景下旅游政务微信的传播策略创新［J］．传媒，2018（3）：78-80.

［49］龚绍方．制约我国文化旅游产业发展的三大因素及对策［J］．郑州大学学报（哲学社会科学版），2008，41（6）：67-69.

［50］关志民，李淼焱，丁战．辽宁省旅游资源区域优势分析及开发对策［J］．东北大学学报（社会科学版），2002（1）：32-34.

［51］郭鲁芳，金慧君．旅行社及其核心利益相关者均衡发展机制探究——基于和谐社会的视角［J］．旅游学刊，2006（12）：58-64.

［52］郭伟，薛耀文．基于全域旅游的龙头景区带动型模式研究——以山西省临汾市为例［J］．改革与战略，2019，35（2）：71-81.

［53］郭英之，邹蓉蓉．论"韩流旅游"及对中国旅游业的启示［J］．韩国研究论丛，2008（1）：247-261.

［54］郭贞．旅游景区利益相关者利益诉求分析［J］．商业文化（学术版），2009（4）：97-98.

［55］何忠诚，郑颖，柯珊芳．东北地区在东北亚旅游区域合作中的对策研究［J］．广东农工商职业技术学院学报，2010，26（3）：55-58.

［56］胡琰．文旅深度融合背景下湖州乡村旅游国际化发展策略研究［J］．江西科技师范大学学报，2020（5）：68-73.

［57］胡钟楷．山东省文化企业投融资管理的研究［J］．金融经济，2017（6）：158-159.

［58］黄静波．基于 AHP 法的南岭山地旅游资源定量评价［J］．经济地理，2009，29（5）：866-870．

［59］黄蕊，侯丹．东北三省文化与旅游产业融合的动力机制与发展路径［J］．当代经济研究，2017（10）：81-89．

［60］贾志琦，董建忠，朱政江．山西省矿产资源开发利用现状及发展建议［J］．科技和产业，2013，13（5）：29-32．

［61］江渺渺．沈阳　壮志未酬的遗憾［J］．国学，2010（9）：38-40．

［62］蒋丽芹．泛长三角地区旅游协同发展研究［J］．商业时代，2011（22）：124-126．

［63］晋军，刘顺通，孙倬，王宗水，赵红．全域旅游品牌影响因素及关系研究：以新疆昭苏县为例［J］．数学的实践与认识，2020，50（8）：270-280．

［64］鞠巍．面向全域旅游的旅游公共信息服务发展策略［J］．美与时代（城市版），2019（11）：75-76．

［65］李东．网络营销与传统营销的比较［J］．对外经贸实务，2003（11）：20-23．

［66］李佳，付保红，陈维治．云南省红塔区资源环境承载力评价［J］．安徽农业科学，2016，44（14）：61-64．

［67］李雷，简兆权，杨怀珍．在电子服务环境下如何实现价值共创：一个有中介的交互效应模型［J］．管理工程学报，2018，32（2）：34-43．

［68］李丽娟．旅游体验价值共创影响机理研究——以北京香山公园为例［J］．地理与地理信息科学，2012，28（3）：96-100．

［69］李培军．邹城市旅游业发展的 SWOT 分析［J］．济宁学院学报，2012，33（6）：106-110．

［70］李茜燕．吉林省文旅融合发展的基础与模式研究［J］．江苏商论，2020（12）：56-60．

［71］李淑娟，梁姣娇．基于 GIS 的山东半岛蓝色经济区旅游交通网络结构研究［J］．中国海洋大学学报（社会科学版），2014（4）：21-25．

［72］李文勇，谭通慧，刘莉．旅游网站用户"体验感知-契合行为"关系研究——基于价值共创视角［J］．科技创新与应用，2018（26）：42-44，46．

［73］李燕，骆秉全．京津冀体育旅游全产业链协同发展的路径及措施［J］．首都体育学院学报，2019，31（4）：305-310．

［74］李燕，赵政华．全域旅游营销模式研究——以南通为例［J］．市场周

刊（理论研究），2017（10）：37-39，58.

［75］李子东，史永靓，杜晓宇，李佳丽，郑妍娇．长春市特色旅游路线规划研究［J］．智库时代，2019（25）：125-126，131.

［76］梁欣，王俊杰，王铁学．黑龙江省冰雪旅游资源空间结构研究［J］．经济研究导刊，2014（23）：152-156.

［77］林明水，廖茂林，王开泳．国家全域旅游示范区竞争力评价研究［J］．中国人口·资源与环境，2018，28（11）：83-90.

［78］林文凯，林璧属．区域旅游产业生态效率评价及其空间差异研究——以江西省为例［J］．华东经济管理，2018，32（6）：19-25.

［79］令狐克睿，简兆权，李雷．服务生态系统：源起、核心观点和理论框架［J］．研究与发展管理，2018，30（5）：147-158.

［80］刘丽梅，吕君．内蒙古 A 级旅游景区空间结构研究［J］．干旱区资源与环境，2016，30（11）：203-208.

［81］刘娜，李存金，刘营．基于价值链模型的我国乳品企业创造共享价值路径探讨［J］．价值工程，2015，34（29）：75-78.

［82］刘少才．大连东海公园海之韵［J］．海洋与渔业，2008（9）：55-56.

［83］刘寿臣．青岛地方传统文化在驻青高校人才培养中的作用［J］．当代音乐，2015（17）：130-132.

［84］刘书畅，宋晓丽．海口市演丰旅游小镇共生发展路径研究［J］．中国集体经济，2017（3）：54-55.

［85］刘文慧．南京市自驾游旅游吸引物体系的构建［J］．商业经济，2018（10）：42-44.

［86］刘晓峰．黑龙江省冰雪旅游品牌的建设与完善［J］．北京第二外国语学院学报，2004（5）：97-99+103.

［87］刘艳．构建旅游呼叫中心的设想［J］．旅游科学，2008（3）：36-40.

［88］刘志友．东北三省旅游资源整合策略［J］．黑龙江对外经贸，2008（11）：105-107.

［89］龙飞．全域旅游推进旅游数字资产化［J］．信息化建设，2017（3）：52-53.

［90］龙明璐，唐业喜，周雅金，陈艳红，张汝娇，程灿，卓琦．全域旅游开发建设评价指标体系研究［J］．农村经济与科技，2018，29（11）：108-110.

［91］楼芸，丁剑潮．价值共创的理论演进和领域：文献综述与展望［J］．商业经济研究，2020（8）：147-150.

［92］卢小丽．川南旅游资源空间格局分析研究［J］．内江师范学院学报，2009，24（4）：75-79.

［93］鲁宜苓，孙根年，刘焱，黎娇．区域旅游双核结构与川渝旅游协同发展［J/OL］．资源开发与市场，［2021-10-05］．http：//kns.cnki.net/kcms/detail/51.1448.N.20210930.1624.002.html.

［94］吕俊芳，李悦铮，江海旭．辽宁省滨海城市入境旅游发展研究——基于GM（1，1）模型［J］．海洋开发与管理，2013，30（2）：31-35.

［95］罗芳，刘晓辉，沈宁．吉林省与东北亚地区能源合作的基础条件分析［J］．工业技术经济，2007（10）：141-142.

［96］马庚存．论山东半岛区域旅游体系的完善与发展［J］．青岛海洋大学学报（社会科学版），2002（2）：40-43.

［97］马静．金武一体化下的武威旅游空间结构优化的几点思考［J］．经济研究导刊，2010（35）：81-84.

［98］马舒霞，吴伟光，王磊．全域旅游要素评价及其绩效分析［J］．重庆交通大学学报（社会科学版），2018，18（4）：62-70.

［99］马艳．东北地区区域旅游合作研究［J］．时代经贸（下旬刊），2008（8）：80-81.

［100］马园园．大数据背景下的旅游精准营销分析［J］．旅游纵览（下半月），2015（18）：23.

［101］满卫东，刘明月，王宗明，毛德华，田艳林，贾明明，李想，任春颖，欧阳玲．1990~2015年三江平原生态功能区水禽栖息地适宜性动态［J］．应用生态学报，2017，28（12）：4083-4091.

［102］毛慧．全域旅游视角下地区旅游发展路径研究——以临海市为例［J］．江苏商论，2019（6）：51-54.

［103］潘芬萍，王克喜，曾群华．武陵山片区旅游竞合发展研究［J］．民族论坛，2012（18）：39-43.

［104］盘锦红海滩湿地公园［J］．兰台世界，2016（20）：3.

［105］裴星星，谢双玉，肖婉霜．山西省旅游业发展的空间错位分析［J］．地理与地理信息科学，2014，30（2）：102-106.

［106］裴星星，谢双玉，肖婉霜．山西省旅游业发展的空间错位分析［J］．

地理与地理信息科学, 2014, 30 (2): 102-106.

[107] 彭利中, 滕晓云, 李媛. 内蒙古生态旅游资源开发前景展望及环境保护的对策 [J]. 内蒙古林业调查设计, 2002 (2): 13-15, 35.

[108] 曲少康. 葫芦岛 海滨名城港口名城文化名城名靓世界 [J]. 中国地名, 2013 (7): 66-67.

[109] 曲婷婷. 长白山生态旅游开发及营销推广研究 [J]. 现代营销 (经营版), 2018 (5): 67.

[110] 全文景. 旅游大数据挖掘及其在旅游行业中的应用方向研究 [J]. 度假旅游, 2019 (2): 12, 15.

[111] 单宏胜, 黄文杰, 赵春雨. 基于粗糙集和模糊灰关联聚类分析的供应商评价研究 [J]. 商场现代化, 2009 (3): 51-52.

[112] 邵明亮, 张洪滔, 王天云. 十年践行绿色产业强国梦——东联集团成为内蒙古文化产业的领跑者 [J]. 实践 (党的教育版), 2013 (9): 46-48.

[113] 盛浩. 浅析整合区域资源对振兴东北经济的重要作用 [J]. 商场现代化, 2008 (21): 217-218.

[114] 石长波, 徐硕. 对黑龙江省冰雪旅游发展的分析及策略研究 [J]. 商业研究, 2007 (1): 170-172.

[115] 时秀梅, 孙梁, 高艳锋. 外商直接投资在辽宁省的发展现状及特点 [J]. 大连民族大学学报, 2016, 18 (4): 311-318.

[116] 宋丽娜. 旅游资源整合与品牌打造问题研究——以辽宁省中南部城市为例 [J]. 商场现代化, 2006 (6): 198.

[117] 苏杭. "形象遮蔽" 与 "形象叠加" 视角下沈阳故宫旅游形象发展研究 [J]. 现代营销 (经营版), 2019 (10): 95-96.

[118] 孙宏斌, 周文翠. "大东北" 区域旅游合作模式及对策研究 [J]. 经济研究导刊, 2015 (15): 237-238.

[119] 孙剑锋, 李世泰, 纪晓萌, 秦伟山, 王富喜. 山东省文化资源与旅游产业协调发展评价与优化 [J]. 经济地理, 2019, 39 (8): 207-215.

[120] 孙丽莹. 分析旅游产业与文化创意产业融合发展 [J]. 旅游纵览 (下半月), 2014 (24): 51-52.

[121] 孙晓. 黑龙江省旅游业发展的空间错位研究 [J]. 西北师范大学学报 (自然科学版), 2017, 53 (4): 124-128, 134.

[122] 汤宁滔, 李林, 齐炜. 中国家庭旅游市场的消费特征及需求——基于

中国追踪调查数据 [J]．商业经济研究，2017（2）：40-43.

[123] 汤姿，石长波．文化自信视域下黑龙江省湿地旅游发展研究 [J]．资源开发与市场，2017，33（5）：630-634.

[124] 田春荣．对辽宁省旅游客源市场的分析与探讨 [J]．福建质量管理，2016（1）：68-69.

[125] 王宝，关丽娜．阿尔山——柴河旅游区环境本底情况、主要污染物种类、排放水平及污染防治对策 [J]．内蒙古环境保护，2006（4）：11-15.

[126] 王博．吉林省土地整治规划效益分析与评价 [J]．中小企业管理与科技（下旬刊），2016（10）：97-98.

[127] 王恒，李悦铮．大连市旅游交通空间结构分析与优化 [J]．海洋开发与管理，2009，26（9）：95-98.

[128] 王恒，李悦铮．大连市旅游景区空间结构分析与优化 [J]．地域研究与开发，2010，29（1）：84-89.

[129] 王红艳，马耀峰．基于空间错位理论的陕西省旅游资源与入境旅游质量研究 [J]．干旱区资源与环境，2016，30（10）：198-203.

[130] 王虹，胡胜德．基于 Tobit 模型的"一带一路"旅游产业效率投资影响因素及策略研究 [J]．中国软科学，2017（12）：62-70.

[131] 王洪桥，袁家冬，孟祥君．东北地区 A 级旅游景区空间分布特征及影响因素 [J]．地理科学，2017，37（6）：895-903.

[132] 王慧．经济新常态下辽宁旅游产业关联带动效应提升研究 [J]．社会科学家，2016（1）：108-113.

[133] 王慧敏，宋玉玲，刘艳芳，焦利民．武汉城市圈公路交通网络结构及其演变 [J]．地理信息世界，2015，22（5）：21-26.

[134] 王敬超．城市交通与土地利用相容性评价研究 [J]．智能城市，2018，4（13）：6-8.

[135] 王军，刘晶，孙利辉．基于 DEA 系统潜力损失的决策单元全排序方法 [J]．河南科技大学学报（自然科学版），2010，31（2）：100-104，113.

[136] 王丽萍，孟雨浓．乡村振兴战略下吉林省家庭农场成长影响因素的研究 [J]．吉林农业科技学院学报，2020，29（1）：39-42.

[137] 王琪延，罗栋．中国城市旅游经济影响因素结构研究——基于 291 个地级以上城市的统计调查资料 [J]．统计与信息论坛，2010，25（1）：97-102.

[138] 王琴，黄大勇．涪陵旅游业转型升级路径探究——基于全域旅游的视

角［J］．长江师范学院学报，2019，35（2）：41-49，126.

［139］王世旭．山东省旅游资源可持续利用探讨［J］．山东行政学院山东省经济管理干部学院学报，2005（3）：83-85.

［140］王雯萱，谢双玉．湖北省 A 级旅游景区的空间格局与优化［J］．地域研究与开发，2012，31（2）：124-128.

［141］王潇苒．旅游特色小镇电子商务应用模式与发展探讨［J］．时代金融，2018（20）：281，286.

［142］王延春．混乱的"朝鲜战争"［J］．咬文嚼字，2014（9）：23.

［143］王莹，李树岭，刘国飞，杨志明，邵帅．辽宁省气候规律与农业生产发展的关系［J］．安徽农业科学，2011，39（34）：21314-21315.

［144］王祖红，赵中辉．吉林省旅游服务贸易发展的现状、问题及对策［J］．税务与经济，2019（3）：108-112.

［145］魏晓宇，陈雪琼，刘丽梅．顾客旅游虚拟社区中价值共创行为对品牌信任的影响［J］．广西经济管理干部学院学报，2018，30（1）：71-76.

［146］闻娟，汪维清，王晓腾．国外旅游价值共创的内涵界定、演进逻辑与实现机理评述［J］．商业经济研究，2018（13）：185-188.

［147］吴有进．乡村民宿旅游发展对农业经济的带动作用［J］．农业经济，2018（5）：140-142.

［148］夏海明．长江三角洲区域旅游资源整合初论［J］．改革与战略，2006（1）：18-21.

［149］肖利斌，邓文，罗忠恒．基于 DEA-MI 模型的四川省区域旅游效率测评分析［J］．重庆文理学院学报（社会科学版），2017，36（4）：132-140.

［150］谢春山，于霞．文化旅游的利益相关者及其利益诉求研究［J］．旅游研究，2016，8（4）：14-19，26.

［151］邢晓玉，李爱兰．基于协同理论的济宁市旅游产业发展研究［J］．宜春学院学报，2011，33（9）：26-28，39.

［152］徐丹．辽宁文化旅游开发的 SWOT 分析［J］．农家参谋，2018（14）：293-294.

［153］徐宁，张香．西藏边境旅游扶贫多元主体协同机制研究［J］．延安大学学报（社会科学版），2019，41（4）：65-71.

［154］徐彤，陈晔，龙潜颖．旅游感知与地方依恋对主-客价值共创的影响［J］．商业研究，2020（7）：1-7.

［155］许宝利．旅游资源丰裕度与旅游经济空间错位思考［J］．农村经济与科技，2020，31（22）：61-63，74．

［156］许韶立．论焦裕禄精神发祥地旅游开发［J］．经济研究导刊，2010（13）：145-146．

［157］杨璧竹．对康养特色小镇的思考与建议——以三水南山为例［J］．现代经济信息，2019（4）：374．

［158］杨超．本溪和尚帽自然保护区生态旅游资源评价初探［J］．绿色科技，2018（6）：149-150．

［159］杨春风，闫晓晨．高速公路与城市化发展的耦合度分析［J］．铁道科学与工程学报，2018，15（2）：530-536．

［160］杨德进，徐虹．京津冀协同发展背景下景区供应链合作共赢模式研究［J］．河北学刊，2017，37（3）：145-150．

［161］杨凤，陈征，周晓世．"互联网+"与辽宁省旅游产业发展［J］．科技展望，2016，26（2）：211-212．

［162］杨光辉，张冬有．基于GIS的黑龙江省市域交通可达性分析［J］．测绘与空间地理信息，2019，42（3）：58-60，64．

［163］杨丽春．养生保健导向的东北休闲旅游产品开发路径探讨［J］．商业经济研究，2017（2）：214-215．

［164］杨絮飞．全域旅游视域下的东北文旅产业融合发展模式研究［J］．东北亚经济研究，2020，4（6）：69-78．

［165］杨引弟，李九全．沙漠型旅游区——银肯响沙湾景区生命周期分析［J］．资源开发与市场，2008（4）：358-360．

［166］叶成林．系统科学与后现代主义——远程教育的理论基础［J］．远程教育杂志，2003（1）：27-30，60．

［167］殷晶，高峻．基于社会网络理论的客源流对比分析——以沪宁杭团队客源流网络为例［J］．旅游论坛，2012，5（4）：80-85．

［168］殷勇．东北亚区域内多边跨境旅游合作现状与对策建议［J］．西伯利亚研究，2018，45（4）：63-67．

［169］印岩．时刻牢记总书记殷切嘱托　奋力走好绿色化转型发展新路［N］．伊春日报，2017-07-21．

［170］于爱敏，林兰钰，尚广萍．"十二五"地表水国家环境监测网络吉林省水环境国控监测点位布设的构想［J］．北方环境，2011，23（Z1）：93-

94，110.

［171］于洪雁，刘继生．供给侧改革背景下的黑龙江省旅游需求和旅游供给耦合协调发展［J］．地理科学，2017，37（9）：1374-1381.

［172］袁毅，陈云川．旅游产学研合作协同创新研究——以川藏旅游发展论坛为例［J］．中国科技产业，2021（7）：56-60.

［173］张春丽，刘鸽，刘继斌．东北地区文化旅游资源系统开发研究［J］．人文地理，2006（1）：116-119.

［174］张春香．加快全域旅游发展策略的思考——以河南全域旅游发展为例［J］．河南社会科学，2018，26（8）：105-109.

［175］张洪，石婷婷，鲍涵．中国5A级旅游景区空间结构特征研究［J］．华侨大学学报（哲学社会科学版），2019（4）：80-90.

［176］张辉，高德利．基于模糊数学和灰色理论的多层次综合评价方法及其应用［J］．数学的实践与认识，2008（3）：1-6.

［177］张靖雯．浅谈山东文化产业发展与传统文化传承的关系［J］．大众文艺，2015（9）：257-258.

［178］张丽，段圣奎，沈伟丽．苏北区域旅游资源整合策略研究［J］．商业时代，2010（33）：133-134.

［179］张丽梅．黑龙江省旅游区域合作存在的问题及解决对策［J］．经济研究导刊，2009（35）：94-95.

［180］张林．东北地区旅游业振兴与转型发展的路径［J］．沈阳大学学报（社会科学版），2018，20（6）：673-676，680.

［181］张娜，于洁，朱正杰，刘琳．文化力推动黑龙江省冰雪旅游品牌整合研究［J］．边疆经济与文化，2017（2）：1-3.

［182］张宁，王煜琴，马继刚，李飞．东北地区与长三角等地区域旅游合作对比研究［J］．生态经济（学术版），2010（2）：329-331+340.

［183］张廷龙，房进军．收益共享契约下旅游供应链竞争与协调［J］．系统工程，2017，35（1）：124-129.

［184］张新，谢盟月，孙慧娟．东北三省区域入境旅游客源市场结构变化研究——基于SSM模型的分析［J］．哈尔滨商业大学学报（社会科学版），2016（2）：99-106.

［185］张元雄．区域旅游资源整合驱动机制的分析框架研究［J］．商业文化（上半月），2011（7）：192.

［186］张志刚，王丽芳，苏建军，黄解宇．山西旅游业与经济增长的空间错位及其演变分析［J］．特区经济，2018（6）：134-139.

［187］张志国．内蒙古旅游资源评价及形象定位［J］．中国民营科技与经济，2007（8）：87-88.

［188］张志元，王梓宸．推进东北老工业基地供给侧结构性改革的思考［J］．改革与战略，2017，33（5）：111-116.

［189］赵昌文．如何看待当前东北地区的经济状况［J］．人民论坛，2015（24）：20-22.

［190］赵金金．基于交通可达性的山东省旅游经济空间格局研究［J］．资源开发与市场，2016，32（10）：1263-1268.

［191］赵维峰．黑龙江省旅游市场分析及营销对策研究［J］．赤子（上中旬），2015（1）：152.

［192］赵伟韬，叶璇．沈阳城区皇家园林艺术价值的研究［J］．理论界，2007（6）：206-207.

［193］赵雪，徐淑梅．哈尔滨养生旅游研究［J］．边疆经济与文化，2017（3）：9-11.

［194］郑赤建，张河清，霍生平．基于区域旅游协作背景下的旅游人力资源管理——以"大湘西"为例［J］．经济地理，2006（4）：702-705，709.

［195］郑媛媛．吉林省冰雪旅游文化产业发展问题及推动对策［J］．现代营销（下旬刊），2019（12）：146-147.

［196］周蓓．四川省民用航空网络的拓扑结构特征及其演化机制［J］．经济地理，2006（4）：577-580.

［197］周文昌，庞宏东，杨国祥，郑兰英，朱兆泉．湖北省水鸟的种类和数量［J］．湿地科学，2018，16（1）：9-16.

［198］朱承亮，岳宏志．中国地区经济差距的演变及区域分解［J］．云南财经大学学报，2014，30（1）：40-51.

［199］朱豆豆，李晓东，王雅慧．新疆旅游资源与入境旅游质量的空间错位研究［J］．安徽师范大学学报（自然科学版），2020，43（2）：168-173.

［200］朱义东，王飞，周吉刚，张远博．基于气象及风压数据的辽宁电力系统风区分级研究［J］．东北电力技术，2014，35（12）：1-4.

［201］朱元秀，伍艳玮．区域旅游合作的动力机制探讨［J］．经济研究导刊，2009（19）：143-144.

［202］邹时林，阮见，刘波，郭先春．最短路径算法在旅游线路规划中的应用——以庐山为例［J］．测绘科学，2008（5）：190-192.

［203］左文君，明庆忠，李圆圆．全域旅游特征、发展动力和实现路径研究［J］．乐山师范学院学报，2016，31（11）：91-96，136.